VON ORT ZU ORT
DURCHS **HAVELLAND**

Klaus-Dieter Wille

VON ORT ZU ORT
DURCHS **HAVELLAND**

mit Fotos von Helga und Klaus-Dieter Wille

für Helga

Sinnbild städtischer Freiheiten
und Gerichtsbarkeit ist der Roland –
hier die 1474 aus Sandstein geschaffene
5,30 Meter hohe Figur
vor dem Rathaus in Brandenburg.

17.04.1996, 02:46

Vielen Dank! ...

für die Hinweise und Tips, die dem Autor und Verlag von den Leserinnen und Lesern dieses Titels gegeben worden sind. Ohne diese Hilfestellung wäre es dem Autor schier unmöglich, die Entwicklungen und Veränderungen im Havelland aufzuspüren.

Schreiben Sie uns! Manchmal genügt ja schon ein Kärtchen!
Die Zuschriften mit den besten Hinweisen belohnen wir mit einem Freiexemplar der nächsten überarbeiteten Auflage.
Vielen Dank!

Barockes Portal an der
1712 erbauten Dorfkirche
von Markau.

CIP-Titelaufnahme der Deutschen Bibliothek

Wille, Klaus-Dieter
Von Ort zu Ort durchs Havelland / Klaus-Dieter Wille.
Fotos von Helga Wille, Klaus-Dieter Wille. -
1. Aufl. – Berlin : Stattbuch-Verl., 1996
  ISBN 3-922778-57-7
NE: GT

Redaktion Klaus Esche
Lektorat Cordula Rinsche
Herstellung & Pläne Klaus Esche
Belichtung Satzart Berlin
Druck Duo Druck Leipzig

Vertrieb (D) Rotation Berlin

Inhalt

Geleitwort

des Ministerpräsidenten des Landes Brandenburg,
Dr. Manfred Stolpe

*Das Havelland ist lebendig! Das beweist dieses Buch, mit dem
sich der Leser auf Wanderschaft durch eine der ältesten
Kulturregionen Deutschlands begibt.*

*Wer zwischen Potsdam und Oranienburg unterwegs ist,
erlebt einen Landstrich, in dem seit Jahrhunderten die Menschen im Einklang mit der Natur leben. Das den Sümpfen
abgetrotzte Land diente der Großstadt Berlin und den Brandenburgern als Obst- und Gemüsegarten. Landwirtschaft spielt
immer noch eine große Rolle im Havelland. Denn was hier
angebaut wird – das haben auch die Berliner wieder entdeckt –
hat Qualität und schmeckt.*

*Windmühlen und Rittergüter, gemütliche Wirtschaften und
mittelalterliche Dorfkirchen prägen das Bild ebenso wie
unzählige kleine und größere Seen und die Havel mit ihren
Niederungen.*

*Wer dieses Buch liest, lernt nicht nur viele Sehenswürdig-
keiten des Havellandes kennen, die man erst beim zweiten
Hinsehen entdeckt, sondern kann auch bei Gesprächen mit
Menschen, die hier leben, zuhören. Und das lohnt sich ganz
besonders. Denn im Havelland leben Menschen, die sich trotz
der Schwierigkeiten des Alltags, trotz der Umbrüche und
großen Veränderungen, von denen hier jeder betroffen ist,
nicht entmutigen lassen. Sie wissen, daß in der viel-
hundertjährigen Geschichte dieses Landes schwere Krisen
bewältigt worden sind. Mit hochgekrempelten Ärmeln blicken
sie in die Zukunft.*

Einleitung und Geschichte
des Havellandes

Wiese, Wasser, Sand,
Das ist des Märkers Land;
Und die grüne Heide,
Das ist seine Freude.

Dieser alte märkische Spruch charakterisiert mit wenigen Worten das Landschaftsbild der Berlin umgebenden Region. Das Land Brandenburg, oder um den traditionsreichen Namen zu nennen: die "Mark Brandenburg", die einst als "Streusandbüchse des Heiligen Römischen Reiches Deutscher Nation" bezeichnet wurde, besitzt außer ihren naturräumlichen Eigenarten auch ein vielfältiges historisches Antlitz. Natur und Kultur vereinen sich hier zu einer Symbiose, in die, einem Mosaik gleich, sich der ereignisreiche Werdegang von Adel und Bürgertum, von Bauernstand und Militär einfügt.

Das zur Norddeutschen Tiefebene gehörende, während der Völkerwanderung von den Semnonen besiedelte, später von den slawischen Stämmen der Heveller, Lutizen, Redarier und Wilzen besiedelte Land, unterlag einer wechselvollen Geschichte, und von dieser märkischen Geschichte soll hier kurz die Rede sein.

927 fiel es an den ersten deutschen Kaiser *Heinrich I.*, der die am Havelübergang liegende Bastion Brennabor bezwang. Unter *I.*, den man bereits zu Lebzeiten den Großen nannte, wurde aus der wendischen Festung ein Bistum, das zusammen mit dem zweiten Bischofssitz Havelberg das Karolingerreich festigen sollte. Beide Bistümer gingen verloren, als sich der Nachfolger Otto des Großen, *Otto II.*, nach Italien wandte. *Lothar von Supplinburg* folgte ihm auf dem Kaiserthron. Doch der wohl glückloseste deutsche Kaiser vermochte nicht das Land vor den erneuten Eingriffen der Wenden zu bewahren. Erst mit der starken Persönlichkeit *Albrechts des Bären* aus dem Hause Askanien vollzog sich ein Wandel. Brennabor wurde zurückerobert und der Name des geistlichen Sitzes Brandenburg ging auf den Landstrich über. Von 1134 bis 1320 hielten die Askanier das Markgrafentum Brandenburg, in dem sich nun verstärkt das Christentum durchsetzte. Das Kreuz löste vorerst das Schwert ab. Mönchsorden, Prämonstratenser, Benediktiner und Zisterzienser zogen ins Land, bauten Klöster und kultivierten den kargen Boden. Von den geistlichen Zentren Chorin, Lehnin, Zinna, Jerichow u.a. wurde die Mark verändert, die schon unter Albrecht in die Gebiete Prignitz, Zauche, Spree- und Havelland aufgeteilt worden war.

1320 erlosch mit dem Askanierfürsten *Waldemar* das Geschlecht in Brandenburg. Die in Bayern sitzenden Wittelsbacher traten die Nachfolge an, bis der in Prag residierende Kaiser *Karl IV.* das inzwischen wieder stark gebeutelte Land an die Luxemburger vergab. Anders als die Wittelsbacher verhielten sich die neuen Landesherren: Sie festigten nicht nur den Deutschen Orden mit dem Bau des Marienschlosses an der Nogat, sie gründeten auch die erste deutsche Universität in Prag, förderten die Hanse, stabilisierten den Handel und brachten den Kaiser dazu, sich in Tangermünde eine Residenz einzurichten. Doch der Kaiser blieb nach wie vor in Prag, und die Mark Brandenburg war von der Moldaustadt weit entfernt. Im Land brodelte es. Die aufsässige, von niemanden direkt regierte Bevölkerung war verunsichert, der rebellische Landadel begann aufzubegehren. Unter den *Quitzows* und *Knesebecks*, den *Putliz'* und *Itzenplitz'* gewann der märkische Adel und mit ihm das Raubrittertum Einfluß und Macht.

In die sowohl wirtschaftlich als auch politisch durcheinandergeratene Landschaft trat *Friedrich von Hohenzollern*, Burggraf von Nürnberg, ein. Er wurde Verweser, dann Hauptmann der Mark. 1415 erhielt er die erbliche Würde des Kurfürsten von Brandenburg. Mit fester Hand griff er durch, brach den Stolz der Raubritter, gab Bürgern und Bauern mehr Sicherheit. Fortan nahm das Leben im Land einen anderen Lauf. Die Hohenzollern bauten es aus und auf, prägten es auf eine ganz besondere Art. 600 Jahre lang währte deren Einfluß, der den Wirren der Jahrhunderte trotzte und aus der einstigen "Streusandbüchse" ein blühendes und von Kultur durchdrungenes Land machte.

Das Land Brandenburg entwickelte sich auf vielen Gebieten zur vollen Blüte. Potsdam wurde Residenz. Unter den Hohenzollern-Herrschern kamen Fremde ins Land, vornehmlich Holländer und Hugenotten. Sie gründeten Manufakturen, bauten Handel und Wandel aus, kanalisierten das sumpfige Land, machten es zusammen mit den Brandenburgern urbar. Und in diese aufblühende Region zogen Gelehrte und Künstler ebenso wie Alchimisten und Scharlatane. Die Liste der Namen ist lang. Sie reicht vom Schweizer Mathematiker *Leonhard Euler* über den in Schlesien geborenen Chemiker *Franz Karl Achard*, vom Sachsen *Paul Gerhard* über *Moses Mendelssohn* aus Dessau, von den Gebrüdern *Grimm* bis zu *Antoine Pesne*, dem in Paris geborenen preußischen Hofmaler und von *Voltaire, Lessing, Mozart, Quantz* bis zu *Carl Philipp Emanuel Bach*. Aber auch Baumeister und Landschaftsgärtner beeinflußten das Werden und Wachsen der Mark: *Knobelsdorff, Schlüter, Persius* und *Schinkel, Lenné, Pückler-Muskau, Fintelmann* und *Sello* gaben der kargen Landschaft ein kultiviertes Aussehen, schmückten sie mit ihren Schöpfungen, ließen die Welt auf die einst geschmähte Region blicken.

Die Mark Brandenburg mit ihrer Residenzstadt Potsdam, mit ihren verträumten, aber dennoch von Gewerbefleiß erfüllten

Ackerbürgerstädten, mit ihren zwischen Wiesen, Feldern und Waldstücken liegenden Dörfern, in denen jahrhundertealte Bauerngeschlechter dem Boden Erträge abrangen und den Schlössern und Gutshäusern des auf viele Generationen zurückblickenden Landadels, war inzwischen zu einem Berlin schmückenden wie beeinflussenden Land geworden.

Erste Anzeichen einer Veränderung brachten dann die Jahre nach 1918. Die Hohenzollern traten zurück. Und was danach kam, läßt sich mit den beiden Kürzeln "NS" und "DDR" umschreiben. Fast fünfzig Jahre dauerte der letzte Einfluß, und was in dieser Zeit geschah und zerstört wurde, ist oft nicht mehr zu ersetzen. Zwar blieb einiges erhalten was genehm war, um es als Aushängeschild in die Welt zu tragen, doch die historische Tradition – gemessen an Architektur, Landschaftsgestaltung und Kultur – ist vielfach vernichtet worden.

Seit 1989 also liegt die brandenburgische Tradition wieder offen – für jedermann sichtbar. Was an den Geschichte erzählenden Gebäuden zu reparieren ist, wird vielerorts in Angriff genommen. Was zerstört wurde, beflügelt mancherorts den Gedanken des Wiederaufbaus. Und hier muß vieles getan werden. Das meiste an den zum großen Teil aus dem Mittelalter stammenden Sakralbauten, aber auch an den alten Gutsschlössern, deren frühere Besitzer 1945 das Feld räumen mußten und heute in vielen Fällen das Erbe der Väter wieder übernehmen wollen. Viel anders sieht es nicht mit dem bäuerlichen Besitztum aus. Auch hier saßen die Bauern seit Generationen auf derselben Scholle, zuerst als Leibeigene, dann als freie Landwirte. Viel gab der Boden der Mark nie her, mühevoll war seine Bewirtschaftung. Doch er ernährte die Menschen, ließ sie auf den angestammten Höfen über Jahrhunderte verbleiben.

Und dieser Boden wuchs im geologischen Zeitalter des Alluviums, wurde geprägt durch die letzte Eiszeit, die Weichsel-Eiszeit. Wo heute die weiten Flächen des Havelländischen Luchs sich ausdehnen, bildeten sich nach dem Rückzug der Eismassen breite, sandige Täler, in deren tiefen Rinnen Wassermassen flossen. Während der Regenzeiten und der Schneeschmelze schwollen die Flüsse an, beluden sich mit dem von den Hochflächen heruntergespülten feinsten tonigen Schlamm und setzten ihn in den ruhigen Buchten und auf überschwemmten Gelände ab.

Wie die tieferen Teile der großen Urstromtäler vom Wasser, so wurden die höher gelegenen Teile der Täler, der Sanderflächen und der Hochflächensandgebiete vom Wind beeinflußt. Im alten Spreetal bei Fürstenwalde, bei Woltersdorf und in der Friedersdorfer Forst; westlich von Berlin im Spandauer Forst, der Bauernheide nördlich von Falkenhagen, im Ländchen Bellin und anderswo ist es zu Dünenbildungen gekommen. Südlich des Schwielowsees ist das alte Havelurstromtal durch Dünen der Kemnitzer Heide völlig verschüttet worden. Der Flugsand breitete sich über dem Geschiebemergel, dem Hauptbestandteil des märkischen Bodens, während des Rückganges der Eiszeit aus. Ihr nachfolgend herrschte ein kaltes und trockenes, steppenartiges Klima, das schließlich in ein feuchtes, später in ein gemäßigtes Klima überging. Mit vermehrten Niederschlägen stieg der Grundwasserstand in den Tälern, der feuchte Boden überzog sich mit Vegetation, es entstanden allmählich weite Moorflächen.

Im Übergang vom Alluvium zum Diluvium, der nachfolgenden erdgeschichtlichen Periode, vollzog sich an vielen Stellen eine Vertorfung der Niederungen und Flußtäler, die 1835 *Karl Friedrich Klöden* zu der Feststellung veranlaßte, daß "das Havelländische Luch dem Auge eine weite, große, sehr ebene Grasfläche darbietet, die bis zum Jahr 1718 eine wilde Urgegend war".

Und zu diesem Gebiet, das von der Niederung des durch das Obrabruch über Krossen, Fürstenberg/Oder, Müllrose, Fürstenwalde/Spree, Berlin, Nauen und Friesack verlaufende Warschau-Berliner Urstromtal und den beiden Hochflächen des Barnim im Norden und des Teltow im Süden geprägt ist, erstreckt sich das Havelland. Begleitet wird es im Norden vom Thorn-Eberswalder Urstromtal, das über Bromberg, Küstrin und Eberswalde ab Oranienburg mit dem Ländchen Glien und dem Ländchen Bellin in das Havelland eintritt. Südwestlich von Rathenow tangiert schließlich das Glogau-Baruther Urstromtal die Region. Sie ist eine flache Landschaft, in der vereinzelt leicht geschwungene Höhenzüge eiszeitliche Ursachen erkennen lassen. Das gleiche gilt für die Gewässer: Eine schier endlose Zahl von Bächen und Seen durchzieht neben Havel und Spree das Land, die von großen und kleineren sumpfigen Niederungen begleitet werden. Viele von ihnen sind dem Natur- und Landschaftsschutz unterstellt, genießen als Biosphären-Reservate einen überregionalen Schutz. Ergänzt wird diese Landschaft durch weite Wiesen- und Ackerflächen, durch Wald- und Forstgebiete.

All das macht den Reiz des Landes Brandenburg aus. Viele Fremde haben sich inzwischen in den neustrukturierten Landkreisen umgesehen und dabei die landschaftliche Schönheit wie auch das kulturelle Erbe der Mark bewußt erlebt. Dies gilt natürlich auch für das Havelland, dessen historische Vergangenheit begleitet wird von einer Vielzahl lokalgeschichtlicher Ereignisse. Und sie alle stehen unter dem märkischen Leitspruch "Hie gut Brandenburg allewege".

Klaus-Dieter Wille

Gedanken zum Buch

Ob Havelland oder Spreewald, ob Oderbruch, Hoher Fläming oder die Prignitz – die Landschaften um Berlin, jahrzehntelang dem auf der politischen Insel wohnenden Berliner verschlossen, später dann nur gegen einen unfreiwilligen finanziellen Beitrag einen Spalt breit geöffnet, gehören seit dem Niedergang der DDR wieder zu den traditionellen Zielen der Wochenendausflügler. Der Fall der Mauer löste einen Ansturm auf die Regionen um Berlin aus. Seit 1989 wurde das Land Brandenburg erklärtes Ziel der Tagestouristen. Mit oder ohne Familie besuchte man all jene Orte, denen man sich verbunden fühlte, oder die aufgrund ihrer historischen Bedeutung so sehenswert sind, daß es einfach Pflicht war, dorthin zu fahren.

Uns ging es nicht anders. Waren zwar einige der westlich von Berlin liegenden Gebiete durch verwandtschaftliche Beziehungen bereits vor der Wende bekannt und teilweise sogar vertraut, so boten sich jetzt ungeahnte Möglichkeiten, die Regionen Brandenburgs zu erforschen. Und daß dieses Kennenlernen sich auf breiter Basis vollzog, ging letztlich auf die Initiative der Berliner Tages- später Wochenzeitung SPANDAUER VOLKSBLATT zurück, in deren Auftrag wir das "Lebendige Havelland" häufig durchstreiften.

Zwischen Oranienburg und Potsdam, vom Rhinluch über Friesack bis ins Werdersche zogen sich unsere Bahnen. Mehr als siebzig Dörfer, ehemalige Ackerbürger- und Kreisstädte und natürlich auch Brandenburgs Landeshauptstadt Potsdam wurden aufgesucht und die sie umgebene Landschaft durchwandert. Über 6000 Kilometer haben wir zwischen 1991 und 1993 zurückgelegt, sind über Bundes- und Landstraßen, über Feld- und Sommerwege gefahren, haben Station gemacht vor Dorfkirchen und Gutsschlössern, auf Dorfangern ebenso wie auf Dorffriedhöfen, wanderten durch Wald und Heide.

Preußische Vergangenheit schlug uns überall entgegen – mal beeindruckend, mal bescheiden. Allerorten tat sich das brandenburgische Mosaik vor uns auf, facettenreich und außerordentlich interessant. Ständig waren wir neugierig – und ebenso ortsunkundig. Dies sollte aber keine Abkehr vom Meister aller märkischen Chronisten bedeuten. Uns erschien es lediglich sinnvoll, mal etwas zu tun, was die meisten Reiseschriftsteller vermeiden, nämlich auch jene scheinbar unbedeutenden Dörfer aufzusuchen, an denen der "märkische Wandersmann" vorübergegangen ist. Behilflich war uns schließlich Alexius Kießling, dessen "Wanderbücher" wir lange vor dem Jahr 1989 erworben hatten. Und diese aus der Zeit von 1892 bis 1925 stammenden Büchlein erwiesen uns große Dienste auf den Wegen in und durch die Mark.

Doch was wären alte Literaturstellen ohne menschliche Begegnungen? Solche hatten wir in jedem Dorf, in jeder Stadt. Äußerst motiviert, doch ohne jemanden zu kennen, traten wir in die Kommune ein, suchten das Gespräch mit den Märkern. Der Pastor wie der Kneipenwirt, der alte Traktorist wie die Hausfrau, der hochdekorierte ehemalige LPG-Vorsitzende ebenso wie der Lehrer, der Handwerker oder der Gemeindearbeiter – sie alle gaben gerne Auskünfte, erzählten von ihren momentanen Lebensverhältnissen und über die historische Vergangenheit ihres Dorfes.

Diese persönlichen Kontakte auf der Dorfstraße, im Gemeindebüro oder in der "guten Stube" haben uns unendlich viel gegeben. Sie haben gezeigt, daß unsere Gesprächspartner überwiegend optimistisch in die Zukunft blicken und sich gerne auch einem Fremden mitteilten. Und das war schließlich der Grund, weshalb wir diese Artikel und letztlich das Buch "Von Ort zu Ort durchs Havelland" nennen – aus Dankbarkeit den Menschen gegenüber, die trotz oft vielfältiger Schwierigkeiten die traditionsreiche Entwicklung ihrer Dörfer nicht vergessen und diese in ihren Herzen bewahrt haben.

Wenn nun zwischen den vorliegenden Zeilen – der aufmerksame Leser wird es bemerken – auch so manche Kritik laut wird, so geschieht es in voller Absicht. Denn trotz aller geschichtlicher Orientierung und der von ihr ausgehenden guten Wünsche für die Zukunft, haben wir den Blick für die Realität nicht verloren. Einiges mußte gesagt werden, auch wenn es den oder die Betreffenden nicht gefällt. Doch vielleicht helfen diese Randbemerkungen, Veränderungen herbeizuführen?

Die hier in einer Art Tagebuch wiedergegebenen, teilweise mit einem Nachsatz versehenen Ortsbeschreibungen konnten nur mit Unterstützung vieler von uns angesprochenen Menschen niedergeschrieben werden. Dafür sind wir ihnen zum besonderen Dank verpflichtet.

Ein herzlicher Dank gilt dem Ministerpräsidenten des Landes Brandenburg, Herrn Dr. Manfred Stolpe, der bereitwillig das Geleitwort zu dem Buch geschrieben hat.

Darüber hinaus dankt der Autor seiner Ehefrau Helga sehr herzlich für ihren unermüdlichen Einsatz und ihre Bereitschaft, mit mir die Mark zu erkunden. Mit ihrer Hilfe haben die Recherchen einen besonderen Spaß und viel Freude gemacht.

Möge dieses Buch den Lesern eine ebensolche Freude bereiten, ihnen die Schönheit der Landschaft vor Augen führen und ihnen die märkischen Kleinode näherbringen. Dies wünschen wir uns, und hoffen, daß die Mark Brandenburg wieder zu einem blühenden Land wird, in dem seine Bewohner ohne große Sorgen leben können.

Zum **Gebrauch**

Um die im folgenden beschriebenen Dörfer und Städte kennenzulernen, kann nach dem Satz "Viele Wege führen nach ..." verfah-
ren werden. Wer mit dem Auto das Ziel erreichen will, sollte sich
ein eigenes havelländisches Menü zusammenstellen. Ideal zur
Erkundung des Havellandes ist die Benutzung der S-Bahn und/
oder der Regionalzüge, mit denen in die Nähe der Orte gefahren
werden kann, um dann mit dem Fahrrad die einzelnen Gebiete zu
erkunden,– sicherlich eine der günstigsten Ausgangspositionen
für derartige Unternehmungen. An den Anfang der das Havelland
in einzelne Abschnitte aufteilenden Kapitel sind daher die öffent-
lichen Verkehrsverbindungen gestellt. Wahlweise kann man unter Benutzung aktueller Karten und Netzspinnen sich diejenigen
Stationen aussuchen, von denen man seine Tour beginnen will.
   Die Gliederung des Buches erfolgte in sieben Kapitel, deren
räumliche Aufteilung abhängig von den angegebenen Reiserou-
ten ist. Die auf diesem Wege mit der Bahn, dem Rad oder zu Fuß
durchfahrene oder durchwanderte Landschaft zeigt auf den ersten
Blick kaum Gegensätzliches. Aber dennoch wird bei genauerem
Hinsehen deutlich, daß das Havelland Unterschiede sowohl in
seiner landschaftlichen Beschaffenheit, als auch in ihrer Infrastruktur aufweist. Weite Luch- und Seengebiete, Flußniederungen,
Kanäle und Wassergräben stehen dichten Waldungen und weiten,
trockenen Acker- und Weideflächen gegenüber. Siedlungsgeo-
graphisch gibt es ebenso Gegensätze: dörfliche Ansiedlungen, oft
in unmittelbarer Nähe, wechseln sich mit weit auseinander-
liegenden Altsiedelgebieten und von Industrie und Gewerbe
geprägten Kleinstädten ab. Dasselbe gilt für die Bereiche Architektur und Kultur. Zentren sind hier die größeren Kommunen –
allen voran die Landeshauptstadt Potsdam – aber auch viele ländliche Gemeinden, in denen eine Vielzahl von Veranstaltungen die
Menschen anlocken. Man denke nur an die inzwischen Tradition
gewordenen, über das ganze Land verteilten "Brandenburgischen
Sommerkonzerte" oder beispielsweise an die Landwirtschafts-
tage in Paaren/Glien. Und hier bilden alte Klosterkirchen oder
ländliche Sakralbauten ebenso den Rahmen wie Gutsschlösser
und Herrenhäuser mit ihren romantischen Parkanlagen.
   Unter diesen Gegebenheiten wurde das Buch geschrieben. Die
Markierungslinie ist die Havel. Vom Westrand des Flusses beginnt der Weg durchs Land bei Oranienburg, geht dann von dort
bogenförmig in westliche Richtung über die Luchlandschaft auf
Friesack zu, um über Rathenow die südlich liegende Landeshauptstadt zu erreichen.
   Inmitten dieses Gebietes trifft man auf naturräumliche Beson-
derheiten. Es sind einmal die zwischen den Höhenzügen Barnim

und Teltow in glazialer Zeit unter dem Einfluß des Wassers entstandenen Landrücken am Zusammenschluß des Warschau-Berliner Urstromtals mit dem Thorn-Eberswalder Urstromtal. Die sich aus der flachen Landschaft abhebenden kleinen Hochflächen sind die Ländchen Bellin, Friesack, Glien und Rhinow. Ein anderes geologisches Merkmal sind die um sie herum bzw. zwischen ihnen entstandenen weiten Luchgebiete, die als Havelländisches Luch und Rhinluch bekannt sind.

Diese Landschaftsteile liegen westlich der Havel. Das Havelländische Luch, das sich von Barnewitz nach Norden erstreckt, um sich dann mit dem bei Kremmen beginnenden, nach Westen verlaufenden wesentlich größeren Rhinluch in Höhe von Friesack zu vereinen, ist in seiner Landschaftsstruktur weniger ausgebildet. Beide Gebiete jedoch sind durch ihre Geschichte eng miteinander verknüpft, sowohl geologisch als auch durch ihre Kultur. Bereits Ende des 17. Jahrhunderts wurde versucht, die Luchniederungen zu entwässern und urbar zu machen. Zwischen 1718 und 1725 entstand als erste wasserbauwirtschaftliche Maßnahme der Große Havelländische Hauptkanal. Ins Blickfeld der Geschichte traten die Luchgebiete Mitte des 18. Jahrhunderts. 1747 wurde unter *Friedrich II.* die Urbarmachung der durch reiche Torflager bekannten Luchflächen begonnen, die dann 1786-1791 mit der Anlage des 19 Kilometer langen, den Rhin mit der Havel verbindenden Ruppiner Kanal vorläufig ihren Abschluß fand. Nach Beendigung des Ersten Weltkrieges erfolgten weitere Meliorationsarbeiten in den Luchflächen, bei denen u.a. eine von Wustrau nach Flatow mitten durch das Luch geführte Chaussee gebaut wurde, für deren Brückenschlag über den Rhin man die abgetragenen Steine der alten Weidendammer Brücke aus Berlin verwendete. Zur selben Zeit entstand eine zweite Chaussee, die von Wall nach Beetz verläuft. Heute umfaßt ein weitgespanntes Netz von Entwässerungsgräben und Stichkanälen mit einer Gesamtlänge von 700 Kilometern das Gebiet.

*Bestimmen die Landschaft
der Mark: hochstämmige
Kiefern auf leicht
gewelltem Sandboden.*

NÖRDLICH
DES **HAVELLANDES**

Beim Verlassen der Berliner Stadtgrenze kurz hinter dem S-Bahnhof Frohnau erkennt man augenblicklich den abrupten Übergang von der innerstädtischen zur Vorort-Bebauung. Wurden bereits in der vornehmen Gartenstadt kleinteilige, sich unter dunklen Kiefern kuschelnde Villen und Landhäuser wahrgenommen, so trifft man jetzt auf Gebäude, die zwar dieselbe Geschoßhöhe haben, die aber durch ihre Proportionen und ihrem baulichen Zustand weit weniger beeindrucken. Dennoch gehört hier alles zusammen: die Häuser und Bäume, die Wiesen, Felder und Bäche.

Von Station zu Station können Eindrücke unterschiedlicher Art auf- und mitgenommen werden. Doch schnell, viel zu schnell fliegt die Landschaft an uns vorbei, läßt aber erkennen, daß das durchfahrene Gebiet uns einiges erzählen könnte. Am Anfang der Route begleiten uns Wald- und Wiesenflächen, zwischen denen die roten Dächer vieler kleiner Häuser schimmern. Noch versunken in der Betrachtung merken wir dann, daß der Zug in einen Bahnhof einfährt.

__Hohen Neuendorf__ bei Berlin heißt die Station. Sie ist der verkehrstechnische Haltepunkt der Vorstadtsiedlung, die als nieder-barnimsches Dorf 1349 mit dem Namen "nygendorf" erstmals urkundlich erwähnt wurde. Auf dem Nachbargleis verläßt in diesem Augenblick der Fernzug den Bahnhof in Richtung Rostock. Dann geht es bei uns weiter. Tief in die Erde eingeschnitten sind jetzt die Gleise, sie liegen weit unter Straßenniveau. Der Zug "taucht" nach oben. Wieder erkennt man eine Ansammlung kleiner Häuser, nahebei ein Weiher mit der ihn umgebenen Schilflandschaft. Dann der nächste Halt.

Die Bahnhofsanlage von __Birkenwerder__, die nicht so recht zum aufblühenden Ortsbild der Gemeinde paßt, macht einen maroden Eindruck. Der Anblick des Stationsgebäudes der "Ansiedlung auf einer mit Birken bestandenen Anhöhe inmitten einer Sumpflandschaft", die 1355 zum ersten Mal als "tu Bergkenwerder" in einer Urkunde benannt worden ist, wird schnell vergessen, denn das Schild "Waldschlößchen" lenkt ebenso den Blick ab wie der dahinter inmitten eines Luch- geländes liegende See. Diese Landschaft gehört zum ebenso wunderschönen wie erlebnisreichen Natur- und Landschafts- schutzgebiet "Briesetal", das für einen Moment vom Verkehr auf der jetzt überquerten Autobahn E55 durchbrochen wird.

Dann nähern wir uns **Borgsdorf**, an dessen Peripherie sich Wald, danach Lauben und kleine Wohnhäuser anschmiegen. Das Wartehäuschen auf dem Bahnsteig bietet dasselbe Bild wie in Birkenwerder. Die Scheiben sind zerbrochen und der schöne Kachelofen im Innern strömt eisige Kälte aus. Der als "Borcharstorff" 1375 beurkundete Ort fliegt wieder schnell an uns vorbei. Jetzt öffnet sich ein Kiefernwald. Ihm folgen, umgeben von Wiesen und Schonungen die Kolonie Wilhelmstal, danach ein großes Militärgelände.

Nächste Station ist **Lehnitz**. Die 1350 mit der urkundlichen Eintragung "mit allen dorpern ... Lentzen" genannte, ab 1805 als Erbzins-Vorwerk Lehnitz bekannte Siedlung, wird allenfalls für einen Augen"blick" wahrgenommen. Auffallend für uns war eine schöne, allerdings reparaturbedürftige Gründerzeit-Villa in der Nähe der Bahntrasse. Der Ort am gleichnamigen See verschwindet wieder in der märkischen Landschaft. Vor Erreichen eines Oranienburg vorgelagerten Neubaugebietes überquert die Bahn einen kanalisierten Wasserlauf, der die Verbindung zum Oranienburger Kanal herstellt.

Dann läuft der Zug in **Oranienburg** ein. Eine große Zahl gelber Arbeitslokomotiven weisen den Bahnhof als einen Standort der Deutschen Bahnen aus. Die Silhouette der Stadt erscheint in unserem Blickfeld. Doch der Betrieb auf den anderen Gleisen lenkt für einen Moment unsere Aufmerksamkeit von der Stadt ab. Regionalzüge unterschiedlicher Bauart beherrschen die Bahnhofsanlage. Ob russische "Taiga-Trommel" oder die aus DDR-Produktion stammende "Ferkel-Taxe", es macht Spaß, mit ihnen Exkursionen durchs Havelland zu unternehmen. Von Oranienburg kann man mit dem Fernzug nach Löwenberg fahren. Dort findet man Anschluß an die Züge nach Templin, Neustrelitz, Rheinsberg und Herzberg. Von dort geht es weiter nach Wittstock bzw. von Neuruppin nach Neustadt/Dosse.

Anfahrt:
Von Berlin mit der
S-Bahn (S I) nach
Oranienburg.

HOLLÄNDISCHE MINIATUREN AUF MÄRKISCHEM BODEN ORANIENBURG

Uwe Beckmann sprach leise. Durch den dichten Vollbart drangen seine Worte gefiltert an unser Ohr. Man mußte aufpassen, damit das von ihm Gesagte auch akustisch rüberkam.

Uwe Beckmann ist eigentlich Maler und Graphiker, hat in Berlin (Ost) studiert, wurde arbeitslos und bewarb sich schließlich über eine Ausschreibung als ABM-Kraft beim **Oranienburger Heimatmuseum**.

Dieses 1932 vom Lehrer *Max Rehberg* gegründete "Heimat- und Schiffahrtsmuseum" war die erste Haltestelle in Oranienburg. Wir waren zu diesem Zeitpunkt die einzigen Besucher, konnten ungehindert gezielte Fragen an den uns begleitenden Beckmann stellen, der dann langsam seine Irritation verlor.

Mit Bewunderung schauten wir uns die Räume an, waren angetan von den zahlreichen Ausstellungsstücken, vor allem auch von der wirklich hübschen Gestaltung des Museums. In mehrere Abteilungen ist die Heimatschau gegliedert. Man durchläuft zuerst die mit einem Polyphon und einem wunderschönen "Hamburger Schapp" geschmückte Eingangshalle, erreicht dann den Gartensaal, in dem ein aus dem ersten Viertel des 19. Jahrhunderts stammender Fayenceofen steht. Anschließend trifft man auf die ur- und frühgeschichtliche Sammlung, danach auf einen Raum mit Dokumenten aus der Zeit, als Oranienburg noch eine Ackerbürger- und Residenzstadt war. Kunsthandwerk und -sammlungen schließen sich an, ebenso Zeitzeugen aus der Entwicklung der Siedlung von einer Villen- zur Industriestadt.

Herausragend für uns waren zwei Exponate bzw. Abteilungen. Zum einen war es die als Allegorie dargestellte Gründung Oranienburgs, die der niederländische Maler *Willem van Honthorst* um 1660 auf einem überdimensionalen Gemälde für das Oranienburger Schloß malte, zum anderen die Erinnerungen an den 1794 in Billwerder bei Hamburg geborenen und 1867 in Oranienburg verstorbenen Chemiker *Friedlieb Ferdinand Runge*.

Vom oberen Gartensaal fiel der Blick in den **Schloßpark** und auf die **Orangerie**. Alles mögliche war einmal dort zu finden, vom Jugendlager bis hin zum Gerümpel. Jetzt ist der Bau schwer in Mitleidenschaft gezogen, soll aber wiederhergestellt werden. Schön wär's, denn dann hätten die Parkbesucher sowohl an der Anlage als auch am restaurierten Gebäude ihre helle Freude.

Abschließend stiegen wir auf den Boden des Dachgeschosses. Modellboote, -schuten und -segelschiffe sind Originalen nachgebildet. Sie erzählen vom Leben der Binnenschiffer, werden be-

Schloß Oranienburg – barocker Glanz einer vergangenen Zeit.

Ihr zu Ehren wurde Bötzow 1652 in Oranienburg umbenannt – Kurfürstin Louise Henriette von Brandenburg aus dem Hause Nassau-Oranien.

Im Ovalen Saal des Oranienburger Schlosses.

gleitet von den hier ebenfalls ausgestellten Urkunden und Wappen, Siegel und Stempel. Beim Abstieg ins Souterrain fragten wir nach dem Träger des Museums. Es ist der Landkreis, der neben dem Haus in der Oranienburger Breite Straße 1 noch die südlich von Velten in Vehlefanz liegende Bockwindmühle unterhält.

Wir blieben beim Thema, kamen dann aber auf das nahebei stehende Schloß und die Besucherzahlen zu sprechen. Beckmann berichtete, daß in dem 1651 von *Memhardt* und *Smidts* erbauten barocken Gebäude bis zur Wende die "Grenztruppen der DDR" saßen, nach deren Abzug dient es nun der Verwaltung. Und auf die Frage, ob das Museum von der Bevölkerung angenommen

Erinnerungen an Louise Henriette – das 1665 erbaute Waisenhaus in der Habelstraße.

wird, sagt er, daß die Besucherzahlen ständig steigen. Vor allem die Berliner aus den westlichen Bezirken und Holländer natürlich kommen hierher.

Daß es unsere nordwestlichen Nachbarn nach Oranienburg zieht, ist verständlich, denn schließlich verdankt die Stadt ihr historisches Gepräge der Kurfürstin *Louise Henriette*. Sie war eine Prinzessin aus dem Hause Nassau-Oranien und mit dem brandenburgischen Kurfürsten *Friedrich Wilhelm* verheiratet. Ihr zu Ehren wurde dann 1652 aus dem bescheidenen "Bötzow" Oranienburg. Ihr später durch *Nering, Grünberg* und *Eosander von Göthe* umgebautes Schloß steht ebenso an alter Stelle wie das von ihr 1665 gestiftete Waisenhaus an der Havelstraße 29. Beide Gebäude, aber auch viele andere Architekturen und Denkmäler kann man bei einem Bummel durch die Stadt bestaunen. Es gibt eine Menge zu sehen, auch das, was sich neuerdings im täglichen Leben der Oranienburger tut. Uns schien, daß die Wende das Gemeinwesen beflügelt. Überall entstehen neue Geschäfte, werden alte Läden modernisiert.

Oranienburg ist eines Besuches wert. Ein Gang durch die Straßen kann ebenso empfohlen werden, wie eine Besichtigung des Heimatmuseums. Im benachbarten "Schloß-Café" an der Breite Straße kann man sich dann ausruhen. Auch wir taten es, bevor sich unser Weg in Richtung Bahnhof fortsetzte.

EIN "SOZIALISTISCHES" DORF MIT VERGANGENHEIT NEUHOLLAND

Anreise:
Von Oranienburg mit dem Fernzug 280 bis Grüneberg oder mit dem Regionalzug R 8 bis Liebenwalde, dann jeweils weiter
a) vom Bf. Grüneberg in östliche Richtung durch die Luchlandschaft über Hertefeld bis Neuholland (20 km)
oder
b) vom Bf. Liebenwalde über den Voßkanal und die Havel bis Neuholland (8 km).

Durch "Kießling" wurden wir auf einen Landstrich im Brandenburgischen aufmerksam gemacht, der einiges zu bieten versprach. Es war die nördlich des Eberswalder Urstromtals zwischen Oranienburg und Liebenwalde liegende Landschaft um Neuholland, die ähnlich dem Havelländischen Luch und Rhinluch im ersten Viertel des 18. Jahrhunderts von holländischen Wasserbaufachleuten unter Leitung des Oberjägermeisters *Samuel von Hertefeld* (1667-1730) urbar gemacht worden ist.

Unser Wanderführer aus dem Jahr 1892 sagte weiter, daß man "von Nassenheide auf der Chaussee, die sich lange Zeit an den Waldrand hält, bald die zerstreuten Gehöfte der seit 1652 von Jobst Gerhard von Hertefeld angelegten Gemeinde Neuholland erreicht. Am Ende des Waldes auf einem Gehöft ein Denkmal für eine Wohltäterin; etwas weiter, in Hecken versteckt, das Forsthaus Neuholland. Von der weitverstreuten Gemeinde geht es dann weiter zuerst über die Havel dann über den 1823/24 erbauten Voßkanal nach Liebenwalde ..."

Außerdem war uns von einer anderen Literaturstelle bekannt, daß die Urbarmachung des Sumpfgebietes an der Havel durch clevisch-holländische Siedler begonnen wurde, und daß 1708 neun weitere reformierte Familien sich hier angesiedelt hatten. 1805 bewohnten das "Coloniedorf" 50 Holländer und 14 Einlieger. Aber auch etwas anderes hatte uns neugierig gemacht: Vor der Abfahrt in Richtung Neuholland hatten wir mehrere Karten miteinander verglichen und entdeckten dabei, daß nach 1950 erstellte Landkarten den Ort als geschlossenes Dorf angeben, während die älteren die Gemeinde als Streusiedlung ausweisen.

Mit dieser Erkenntnis landeten wir an einem Vormittag in Neuholland. Ellyptisch umschließt die Dorfstraße den Ortskern, der beiderseits von meist eingeschossigen Wohnhäusern umgeben ist. Nur am nördlichen Ende stehen mehrere zweistöckige Putzbauten jüngeren Datums, gespickt mit Parabol-Antennen. Sie sind Barriere und Kontrast zugleich.

Neben den genannten Haustypen entdeckten wir am nördlichen Dorfausgang einen großen Bauernhof, der ein wenig an die für diese Landschaft charakteristischen **Vierseithöfe** erinnerte. Dieser hier machte jedoch infolge der Nutzung durch eine LPG einen ziemlich mitgenommenen Eindruck. Nicht viel anders sah es auf dem nur wenige Meter von ihm entfernt liegenden Hof aus. Das gut zweihundert Jahre alte Anwesen würde, hätte man es mit der nötigen Sorgfalt behandelt, ein klassisches Beispiel für einen Vierseithof abgeben. Das Haupthaus mit dem an seiner Hofseite

Zweckentfremdet – alter Käsespeicher auf einem Vierseithof in Neuholland.

Historisches Dokument – ein Vierseithof aus dem 18. Jahrhundert in Neuholland.

angebauten Käsespeicher, wie auch die rechtwinklig zueinanderstehenden Nebengebäude zeigen das gleiche Bild wie der zuerst betrachtete Bauernhof. Diese traurige Bilanz, die wir leider ziehen mußten, ist das Resultat einer vierzigjährigen Vernachlässigung, einer staatlich beeinflußten Gleichgültigkeit gegenüber bäuerlicher Kultur.

Noch am Überlegen, ob dieser Hof eine Chance haben könnte, in sein ursprüngliches Aussehen zurückversetzt zu werden, trafen wir auf Gerd Steeger, den Bürgermeister des Dorfes, der aus der Geschichte der Gemeinde erzählen konnte und in seiner bisherigen kurzen Amtszeit einiges "bewegt" hat. Als Beispiele fügt er seine Bemühungen um die fachgerechte Entsorgung der Gülle an, ebenso wie seinen Einsatz für eine moderne Energieversorgung und sein ständiges Bestreben, den Neuholländer Naturraum zum Landschaftsschutzgebiet erklären zu lassen.

Wir sprachen ihn auf die Geschichte des Ortes an, und erfuhren, daß es eigentlich ein "sozialistisches Dorf" sei, denn erst 1950 wurde die jetzt einen geschlossenen Bereich bildende Siedlung angelegt. Nun wurde uns klar, weshalb auf unseren alten Landkarten das Dorf nicht aufgeführt war. Wir mußten uns demnach in Neu-Neuholland befinden. Und so war es. Die alte Gemeinde ist eine Streusiedlung. Die Vierseithöfe liegen zum Teil weit voneinander entfernt, auch die Dorfkirche steht abseits.

Von dieser, einem quadratischen Putzbau mit übergiebelten Westeingang erzählt Gerd Steeger dann, daß er noch zu DDR-Zeiten mit sowjetischen Soldaten den um die Kirche liegenden **Friedhof** vom üppigen, die alten Gräber überwuchernden Sträuchern befreit hat, um so dem Begräbnisplatz ein würdigeres Aus-

Abgenagt – Rest eines von Bibern gefällten Baumes in Neuholland.

sehen zu geben. Geärgert hat es ihn damals, daß nicht nur plastischer Grabschmuck, sondern auch die bronzene Zier des Gefallenen-Denkmals abgerissen worden ist. Jetzt aber macht der Friedhof und die 1710 erbaute **Dorfkirche** wieder einen passablen Eindruck.

Im weiteren Verlauf des Gespräches erfuhren wir von Steeger, daß seine große Liebe dem Naturschutz gilt. Wie als Beweis zeigte er eine Mappe mit Farbfotos, die, aus der Luft aufgenommen, die Landschaft um Neuholland sehr schön dokumentiert. Außerdem wies er auf den abgenagten Baumstamm hin, der unter einem Tisch im Bürgermeisteramt liegt. Dieser Baum stand in einem Biberrevier. Er hatte die Biber beim Dammbau beobachtet und von jeder Arbeitsphase Fotos gemacht, bis der Baum schließlich von ihnen gefällt wurde. Danach hat Steeger die Bruchstelle abgesägt und sie hier zusammen mit den Fotos zur Anschauung aufgestellt.

Letzte Station an diesem Tag sollte noch ein Vierseithof werden. Doch welchen sollten wir ansteuern? Die Höfe liegen in der Gegend verstreut, getrennt durch Felder und Waldgebiete. Und noch etwas: Wo stand das bei "Kießling" genannte Denkmal für die Wohltäterin?

Auf dem Weg in Richtung Liebenwalde wies ein Schild mit der Aufschrift "Spargel" auf ein in der Ferne versteckt hinter einer Baumgruppe liegendes Gehöft, das nach unserer Meinung einer jener für die Gegend typischen Vierseithöfe sein mußte. Bald darauf standen wir nicht nur vor den Gebäuden, sondern auch der putzmunteren Bäuerin gegenüber. Beinahe ohne Übergang be-

1710 wurde die Dorfkirche von Neuholland erbaut.

richtete auch sie aus ihrem Leben, erzählte, daß sich der Hof seit
mehr als zweihundert Jahren im Besitz der Familie befindet und
daß sie nun wieder freie Bauern geworden sind.

Doch nun kam der Höhepunkt unserer Fragen: "Kennen Sie
das Denkmal der Wohltäterin?" – Verschmitzt lachte die Bäuerin:
"Natürlich. Das stand auf dem Hof der Frau Saaland, meiner
Tante. Aber ihr Anwesen ist bei den letzten Kriegshandlungen in
Brand geschossen worden, und das Denkmal hat man später in
den Wald geschleppt. Vor einigen Jahren habe ich es noch gesehen. Ob es heute noch da liegt, weiß ich nicht."

Wir ließen nicht locker, wollten wissen, welche Geschichte
sich um das Denkmal verband. Doch genau wußte es unsere
Gesprächspartnerin nicht, sie erzählte lediglich, daß ein Neffe der
damaligen Besitzerin einmal in Not geraten und dann von dieser
unterstützt worden sei. Er wanderte später nach Amerika aus, kam
aber nach Jahren in seine Heimat zurück und ließ seiner inzwischen verstorbenen Wohltäterin ein Sandsteindenkmal setzen.

Das war es also. Wir hatten die gewünschte Information, beschlossen, in der nächsten Zeit gezielt den Wald abzusuchen, in
der Hoffnung, das Bildwerk zu finden. Für heute allerdings war
unser Tagesprogramm abgeschlossen. Mit einem Kilo Spargel,
vielen guten Wünschen und dankbar, daß uns unbekannte Menschen überaus behilflich bei unseren Recherchen waren, verließen wir Neuholland und seine Vierseithöfe.

DURCH DAS
NÖRDLICHE **HAVELLAND**

ZWISCHEN **RHINLUCH** UND **LÄNDCHEN GLIEN**

Anfahrt:
Mit der Regionalbahn
R14 von Oranienburg
nach Nauen.

Daß man vom Bahnhof Oranienburg in mehrere Richtungen gelangen kann, erfuhren wir von zwei Radfahrern, die nach dem Zug nach Rheinsberg fragten. Wir standen vor den 1961 gebauten Doppelstockwagen, die von der "Taiga-Trommel" gezogen wurden und an der das Schild "Nauen" hing. Na, dieser Zug konnte es nicht sein, möglich wäre allerdings die Passage mit der auf dem anderen Gleis stehenden "Ferkel-Taxe". Und so war es auch. Die beiden verschwanden im Bahnbus und wir im völlig überheizten Doppelstockwagen. Der Pfiff ertönte und ab ging die Fahrt nach Birkenwerder.

Dann im spitzen Bogen gen Westen, also erst einmal wieder in Richtung Birkenwerder, bewegt sich der Zug gleich darauf auf **Hohen Neuendorf** *(West) zu. Ein Kirchturm auf der einen, ein Wasserturm auf der anderen Seite der Gleise grüßen herüber. Die 1349 erstmals beurkundete, 1608 als "Hogennigendorff" erwähnte, dann 1861 endlich zum Hohen Neuendorf gewordene Siedlung wurde wenig später mit der märkischen Landschaft vertauscht. Laubengrundstücke und die Autobahn E26 blieben hinter uns. Die Stolper Heide öffnet sich und die Bahn taucht wieder in einen Erdeinschnitt ein. Noch haben wir das Landschaftsschutzgebiet nicht hinter uns gelassen. Ein von Kiefern, Weiden und Birken umstandenes Moorbiotop wird durch den Hohenzollernkanal abgelöst. Danach wieder ein Bahnhof.*

Die im Mittelalter als slawische Fischersiedlung gegründete, 1375 als "Heynekendorf" urkundlich aufgeführte heutige Industriestadt **Hennigsdorf**, *von der man mit der Regionalbahn (R 11) leicht in die historische "Ofenstadt"* **Velten** *gelangen kann, zeigt sich von ihrer technischen Seite. Unübersehbar die Stahlwerksanlagen und die ihnen zugeordneten Betriebe. An ihrem Rand wüste Flächen. Nach einem kurzen Aufenthalt auf dem Bahnsteig geht es weiter durch die märkische Landschaft. Sie ist hier "pur"! Verzaubert blicken wir aus dem Fenster, genießen den Anblick der Landschaft, in die jetzt die Dörfer* **Wansdorf** *und* **Bötzow** *treten. Doch sie sind weit entfernt. Nah dagegen die Feldflur, die an diesem Tag unter Wasser steht. Die "Wansdorfer Wiesen", wie dieser Teil der Landschaft genannt wird, ist grundwassernah. Koppelzäune,*

Bäume und Sträucher stehen knietief im Wasser. Ganz hinten Tiere. Eine kleine Herde Galways steht wiederkäuend im nassen Gelände. Der nächste Bahnhof wird erreicht.

Es ist **Schönwalde**. *Die "Siedlung am schönen Walde" trägt ihren Namen zurecht – zumindest glaubt man es beim Betrachten der Landschaft, in die der Bahnhof eingebettet ist. Wir fahren weiter, weiter über weite Flächen, überqueren irgendwann den Havellandkanal, sehen auf eine Schleuse und jede Menge Angler und stoßen dann auf den Nieder Neuendorfer Kanal. Ja, wasserreich ist die Gegend, romantisch die zwischen riesigen Feldflächen liegende Fließlandschaft. Auch hier steht das Wasser hoch, Strohballen modern vor sich hin. Weshalb sie nicht verwertet werden, – wir wissen es nicht. Doch auch diese Gedanken verfliegen während der Fahrt, die uns durch die sogenannten "Falkenhagener Alpen" führt. Über uns lenkt dann der Verkehr auf der die Autobahn E55 verbindenden Bundesstraße von der bäuerlichen Landschaft ab. Der Zug verlangsamt das Tempo und hinter einem großen Holzplatz kommt er zum Stehen.*

Falkenhagen/*Kreis Nauen steht auf den Bahnsteigschildern. Aber außer dem Verkehrsbauwerk ist nicht viel zu sehen, auch kein Hinweis auf die Ortsteile* **Waldheim**, **Falkenheim**, **Finkenkrug** *oder* **Finkenherd** *– man muß schon ortskundig sein, um nicht in die falsche Richtung zu laufen. Zum Ort gehört auch ein See, ebenso die Geschichte der Zacharia von Falkenhagen, die 1330 als Priorin dem Spandauer Benediktinerinnen-Kloster vorstand. Das Rodungsdorf "stagnum Valkenhaghen" aus dem Jahr 1336 hat sich längst zu einer stattlichen Gemeinde gemausert. Doch bevor wir uns zum Aussteigen entscheiden, geht die Fahrt weiter. Jetzt gabeln sich die Gleise und bald darauf stehen wir auf dem Bahnhof* **Brieselang**. *Oma und Opa verlassen den Zug, werden von den Enkeln mit einem Blumenstrauß empfangen. Die Familienidylle weiter zu betrachten bleibt uns verwehrt, der Zug setzt sich wieder in Bewegung.*

Erneut tritt das bekannte Landschaftsbild vor unser Auge. Neben den von kleinen Gräben durchzogenen Feldfluren fliegen Kiesberge, Neubaugebiete und Fabrikanlagen an uns vorbei. Dann auf dem den Nauen-Paretzer Kanal mit dem Havelkanal verbindenden Wasserweg Motorboote, schließlich wieder die Autobahn E55 und dann ein Verkehrsschild mit der Aufschrift "Nauen-Bredow-Brieselang". Der spitze Turm der neogotischen Dorfkirche von Bredow grüßt aus der Ferne herüber. Jetzt wird der Nauen-Paretzer Kanal überquert, dann die in Richtung Wustermark führende Eisenbahnstrecke unterquert. An Klärteichen und einer mächtigen Baustelle vorbei rollt der Zug in **Nauen** *ein.*

DER GROSSE SCHNURRBART
VEHLEFANZ

Zum ständigen Begleiter entpuppte sich inzwischen der "Märkische Wanderführer" aus den Jahren 1892 bis 1925, ein, wie sich nun herausstellte, unverzichtbares Requisit unserer havelländischen Touren. Kurz und knapp sind seine Informationen; so auch über Vehlefanz, den Ort der nächsten "Visitation".

Im nunmehr über sechzig Jahre alten Reisehandbuch lesen wir folgendes: "Vehlefanz, Restaurant am Bahnhof. Nahebei ist im Vorwerk V ein Remontedepot. Das Dorf (1.013 Einwohner; Vogels Gasthaus) liegt 1/4 Stunde westlich; in der Kirche mehrere Grabsteine der Herren von Bredow und Putlitz aus dem 16. und 17. Jahrhundert sowie ein Schnitzaltar von 1585. Östlich von der Kirche birgt das jetzige Amt einige Reste der ehemaligen Bredowschen Burg. Am Anfang der Chaussee nach Perwenitz links hinter den Häusern der burgwallartige Botscheberg."

Viel Zeit ist seit dieser Darstellung vergangen, sie hat Land und Leute verändert, hat Historisches niedergehen und neue Generationen hervorkommen lassen. 1241 wurde das Dorf mit der Eintragung "B(urchardus) de Velewan" erstmals genannt – also vor ziemlich genau 750 Jahren, ein Anlaß, den die Gemeinde zu feiern gedachte und für den der Ortspfarrer fleißig an der Dorfchronik schrieb.

Wir aber sind wieder völlig unvorbereitet, witzeln über den uns komisch erscheinenden Ortsnamen, machen aus ihm "Firlefanz" – was die Vehlefanzer verzeihen mögen. Aber bestimmt sind wir nicht die einzigen, die den aus dem Französischen stammenden Begriff für "Tand, Kram oder Posse" diesem märkischen Dorf anhängen. Allerdings ist die etymologische Interpretation des Ortsnamens nicht weniger amüsant, übersetzt man ihn doch mit der "Siedlung von Leuten mit großen Schnurrbärten"! Sprachforscher sind nämlich der Auffassung, daß die aus dem polabischen bzw. slawischen Sprachschatz stammenden Silben "veli" und "vas" für "groß" und "Schnurrbart" stehen. Demnach muß der 1241 als Locator genannte Burchardus de Velewan einen gewaltigen Schnurrbart gehabt haben – oder?

Gleichwohl, die 1651 aus "einem Rittersitz mit Wassergraben und 2 Zugbrücken, einem Vorwerk, je einem Obst-, Kohl- und Hopfengarten, einem Bleichgarten, dem Burgwall und dem Weinberg am Eichholz sowie einem Brennofen, einer Windmühle und einer Schäferei mit 900 Schafen" ausgestattete Gemeinde, deren land- und forstwirtschaftliche Flächen 1947 enteignet und 1955-60 in LPG's vom Typ III umgewandelt wurden, hat längst (symbolisch gesehen) die überdimensionale Gesichtszier abgelegt. Mit ihr leider auch den größten Teil der historischen Vergangenheit.

Anreise:
vom Bf. Vehlefanz (R 11: Hennigsdorf-Neuruppin) durch das Dorf.

Sofern man noch in Oranienburg ist, kann man mit der R14 bis Hennigsdorf fahren, und dann dort auf die R11 umsteigen. Der Regionalzug erreicht auf der Fahrt nach Neuruppin die Stationen Hennigsdorf/Nord, Hohenschöpping, Velten/Mark, Bärenklau, Vehlefanz, Schwante, Kremmen, Beetz-Sommerfeld, Wall, Radensleben, Karwe/Kr.Neuruppin, und Gnewikow.

Einziger Rest der Bredowschen Burg ist der aus dem 16. Jahrhundert stammende Stumpf eines Backsteinturms.

Als Museum genutzt – die Bockwindmühle in Vehlefanz.

Um 1740 erhielt die auf mittelalterlichen Fundamenten errichtete Dorfkirche von Vehlefanz ihre heutige Gestalt.

Von der ehemaligen **Bredowschen Burg** steht als einziger Rest der Stumpf eines aus dem 16. Jahrhundert stammenden **Backsteinturms**. Ziemlich vergammelt auch das mit einer barocken Gliederung versehene **Amtshaus** aus der Zeit um 1765. Lediglich die etwas erhöht auf einem Hügel stehende **Dorfkirche** zeigt, abgesehen von einigen Blessuren, ein relativ intaktes Bild. Drei **Grabdenkmäler** der Geschlechter *von Putlitz, von Bredow* und *von der Lüttke* erinnern hier an die frühere Patronatsherrschaft.

Obwohl die Vehlefanzer die geschichtliche Entwicklung ihres Dorfes kennen, ruhen die steinernen Zeugen der Vergangenheit noch im Abseits. Diese aufzufrischen, sie attraktiv für geschichtsbewußte Zeitgenossen herzurichten, würde sicherlich so manchen Touristen ins Dorf bringen. Ein Anfang ist gemacht: Er betrifft die beiden Gasthäuser im Ort, von denen wir zuerst das **Alte Brauhaus** der Ortmanns aufsuchten, um später dann in die **Lindenschenke** einzukehren. In letzterem wird ein Gästebuch geführt, das der Wirt gern interessierten Besuchern zeigt. Mit Stolz verweist er dann auf eine Eintragung. Sie zeigt die altersbedingt zittrige Handschrift Gustav Büchsenschütz', dessen "Märkische Heide, märkischer Sand ..." inzwischen zur Brandenburger Nationalhymne erklärt worden ist. Der hochbetagte Komponist war unlängst Gast in Vehlefanz. Man ehrte ihn mit einem Gedenkstein im benachbarten Neu-Fahrland, wo er vor mehr als sechzig Jahren als "Wandervogel" auf der Laute dieses Lied zum ersten Mal seinen Wanderkameraden vorgetragen hatte.

Die wenigen Eindrücke von Vehlefanz, die wir auf der Straße und in den Dorfwirtschaften eingefangen hatten, stimmten uns, auch was die in dieser Region spürbaren Intentionen um den

Amtshaus von Vehlefanz

"sanften Tourismus" betrifft, optimistisch. Und wenn nun alle
Vehlefanzer so denken und vielleicht noch etwas für ihr kulturel-
les Erbe tun würden, dann könnte ihnen kaum etwas schief gehen.
Übrigens: Vehlefanz liegt zwischen Hennigsdorf und Kremmen,
nördlich der E55 bzw. der A10, ist also ein Durchgangsort, und
zwar einer, in dem es sich lohnt, eine Rast einzulegen.

"HEILIGER SEE"
SCHWANTE

Anreise:
vom Bf. Schwante
(R 11: Hennigsdorf-
Neuruppin) durch
das Dorf.

Zwischen Velten und Kremmen liegt an der B273 Schwante, ein
im Jahr 1355 mit "in villa Swant" beurkundetes Straßendorf. Die
Gemeinde, wie auch der weiter nördlich mitten im Wald angeleg-
te Gutsbezirk Sommerswalde, sollten die nächsten Stationen auf
unserer Tour sein. Sozusagen "aus dem Stand heraus", d.h., ohne
große Vorbereitung, wollten wir beide Orte anfahren, wollten
wissen, ob die Eintragungen in unserem alten Wanderbuch noch
Gültigkeit besitzen.
    Die Darstellung bei "Kießling", die die Zeit von 1892 bis 1925
abdeckt, war jedoch, wie zu erwarten war, überholt. Das bezieht
sich nicht allein auf die politische Entwicklung nach 1945, sondern auch auf wirtschaftliche und familiäre Veränderungen bei so
manch einer Gutsherrschaft. Für uns stand damit fest, daß es in
Schwante und Sommerswalde nicht anders sein wird.
    Dennoch folgten wir der historischen Wanderroute, über die
folgendes zu lesen ist: "... nun verlassen wir den Wald, dessen von

einzelnen Gehöften belebter Rand uns die schönsten Landschafts-
bilder bietet, und wandern durch die Felder in einem flachen
Bogen über das Remontedepot Klein-Ziethen und die Siebbrücke
... nach dem schon lange sichtbaren Dorfe Schwante mit alter
Kirche, Rittergut und großem See, dessen Frösche der Sage nach
zu ewigem Stillschweigen verdammt sind."

Das Niedergeschriebene stellte sich schnell als romantische
Erinnerung dar. Zwar stand das **Schloß** der Herren von Redern
noch, doch war es ja längst kein Rittergut mehr. Auch der
prachtvolle alte Baumbestand im **Gutspark** war vorhanden und
die zum Schloß führende Allee mit dem Portal, an dem einst
jedem Fremden der Zutritt verwehrt wurde. Verschwunden dagegen der See, der bis in die zweite Hälfte unseres Jahrhunderts das
Dorf von Nord nach Süd umschloß.

Daß das Gewässer dem Ort seinen Namen gab, haben wir
hinterher erfahren. Schwante heißt nämlich im urslawischen
Sprachgebrauch "svat", was soviel wie "heiliger See" bedeutet.
Und da wir gerade in der Vergangenheit weilen, sei angemerkt,
daß im Jahr 1756 der adelige Hof in Schwante mit "je einem
Schreiber, Schäfer, Kuhhirten, Jäger, Gärtner und Einlieger"
besetzt war, und daß neben der Redernschen Familie noch "14
Bauern incl. Krüger und Schulze, 13 Groß- und 3 Kleinkossäten,
je ein Prediger, Küster und Schmied sowie 5 Viehhirten" im Dorf
wohnten. Insgesamt lebten damals in Schwante 283 Seelen.

Soweit der winzige Rückblick. Wie sieht nun die Wirklichkeit
aus? Das sich lang hinziehende Dorf erscheint auf den ersten
Blick gefällig, auch wenn es hie und da etwas zu tun gibt. Auf-
fällig die Kirche im Ort, deren älteste Bauteile dem Spätmittelalter zugeordnet werden und deren quadratischer Westturm hell
durch die Baumwipfel leuchtet.

Weniger erfreulich dagegen das Schloß, das abseits der Dorfstraße liegt und das wir nur durch einen an einen Baum gehefteten
Zettel mit der Aufschrift "Zum Schloß" gefunden haben. Die in
der ersten Hälfte des 18. Jahrhunderts erbaute Dreiflügelanlage
wirkt stabil, kann jedoch ihre Schäden an der Putzhaut nicht
verbergen. Daß sie lange, viel zu lange Jahre unterschiedlichen
Zwecken diente, und daß sie ob der in dieser Zeit herrschenden
politischen Mentalität als reiner Zweckbau, den man seiner guten
Bausubstanz wegen wohl nicht abreißen wollte, genutzt wurde,
ist dem Gebäude anzusehen. Dem äußeren Erscheinungsbild
gleicht offenbar auch das Innere, dessen Ausstattung nach dem
Krieg in alle Winde verstreut wurde. Der Anblick des alten
Gutsschlosses stimmte nachdenklich, in Gedanken versunken,
versuchten wir den Blick von den blinden Fensterscheiben zu
lösen, um vorbei an den beiden, die Auffahrt schmückenden
Sandsteinlöwen die entrückte Vergangenheit einzuholen.

*Löwen bewachen den
Eingang des Schwanter
Schlosses, das von
1741-43 erbaut wurde.*

Selbst im frühen Frühjahr ist die zum Schloß führende Allee stimmungsvoll.

Schloß Schwante – eine imposante Anlage mit brandenburgi-
scher Geschichte, die nun hinter dicken Mauern verborgen ist und
die uns im Augenblick unerreichbar schien. Doch das Glück des
Tages blieb uns hold: Ein rüstiger alter Mann in Arbeitsanzug und
Gummistiefeln kam auf dem Fahrrad daher. Eine Aktentasche
baumelte am Lenker; keck saß ihm die Mütze auf dem Haupt. Und
genau so schaute er zu uns herüber, strahlte uns an, ließ erkennen,
daß er zur Auskunft bereit war.

Natürlich hatten wir jede Menge Fragen, die Erich – so heißt
der Achtzigjährige mit Vornamen – beantworten konnte. Denn,
wenn er die Schwanter Geschichte nicht kannte, wer denn sonst?
Schließlich ist Erich der letzte noch lebende Gutsarbeiter der
alten gräflichen Herrschaft!

Es sprudelte aus ihm heraus: Bis 1927 hatte er hier gearbeitet,
dann hat *Vicco von Bülow* (dies war nicht Loriot!) das Gut ver-
pachtet. Er wurde Botschafter in Brüssel. Und zwei Tage vor dem
Zusammenbruch verließ er endgültig Schwante. Das Schloß
selbst war von 1741-43 erbaut worden. Zur selben Zeit entstand
auch der Gutshof, der jedoch 1903 wegen Baufälligkeit abgerissen wurde. Dann trat *Richard Sommer*, der Berliner Spekulant,
auf den Plan. Er hatte sich um die Jahrhundertwende in der Nähe
von Schwante das Schloß 'Sommerswalde' erbauen lassen, und
ließ nun einen neuen Gutshof südwestlich vom Bülowschen
Schloß anlegen.

Erich erzählte, steigerte sich in die Erlebnisse seines reichen
Lebens hinein. Wir hörten gespannt zu, waren fasziniert von
seinem Gedächtnis. Unmöglich, alles wiederzugeben und zeitlich
auch nicht mehr drin, nach Sommerswalde weiterzufahren. Und

Gutshof mit Wasserturm in Schwante aus dem 19. Jahrhundert.

wieder waren wir in Gedanken, bis uns ein Buchfink mit seinem Lied in die Gegenwart zurückholte ...

Im Februar 1993 waren wir erneut in Schwante. Das Dach des Schlosses war gedeckt (Kosten: DM 450.000) und einige Räume im Untergeschoß für eine Ausstellung hergerichtet worden. Inzwischen weht die Fahne einer diplomatischen Vertretung vor dem Haus: Schloß Schwante ist Sitz des Honorarkonsuls von Grenada.

Anreise:
a) vom Bf. Schwante (R 11) nach Groß Ziethen (8 km),
b) vom Bf. Kremmen (R 11) über Charlottenau nach Groß Ziethen (8 km) oder
c) vom Bf. Nauen durch den Nauener Stadtforst und den 42 m hohen Petersbergen nach Börnicke (11 km), dann weiter über Staffelde ins Dorf (8 km).

EIN VERTRÄUMTER WINKEL ZWISCHEN LUCH UND HEIDE
GROSS ZIETHEN

Von Nauen kommend, fuhren wir am Kienberg vorbei auf Börnicke zu. Eine einzige und zudem noch magere Literaturstelle versprach uns im Dorf das um 1910 von *Alfred Messel* erbaute Gutshaus der geadelten *Mendelssohns* zu finden. Für uns war klar, daß wir unseren Exkurs wieder bei der Kirche beginnen müssen, um von dort sternförmig durch den Ort zu streifen. Gesagt, getan – doch vergebens hielten wir Ausschau nach dem Gutsschloß, sahen außer dem spätgotischen Sakralbau und den sorgfältig wiederhergestellten Bauernhäusern kein Gebäude, das einem Herrenhaus ähnlich sah.

Eine ältere Frau mit Blumenkorb kreuzte den Weg: "Sagen Sie bitte, wo steht das Gutshaus der Mendelssohns?" – Im ersten Augenblick glaubten wir, die Gute fühlte sich von uns auf den

Arm genommen – so streng war ihr Blick. Aber dann: "Hier gab und gibt es keinen Herrensitz. Aber vielleicht meinen Sie das Dorf Börnicke bei Bernau?" – Ach die liebe Güte! Tatsächlich waren wir auf der falschen Fährte, hatten die Randnotiz im alten Wanderführer völlig ignoriert.

Unser Gesichtsausdruck muß ziemlich verdattert gewesen sein, und irgendwie taten wir der Bauersfrau leid, denn: "Wenn Sie im Havelland der Geschichte nachgehen wollen, dann fahren Sie doch nach Groß Ziethen. Da gibt es ein großes Schloß." – Dankend nahmen wir den Tip entgegen, vergewisserten uns allerdings schnell in der mitgeführten Literatur, ob nicht auch hier ein Mißverständnis vorlag. Uns war nämlich in Erinnerung, daß ein Groß Ziethen auf dem Teltow lag – aber das konnte es ja nicht sein, da die gute Frau mit Sicherheit ihre Umgebung kannte und uns bestimmt nicht dorthin schicken würde.

Also auf nach Groß Ziethen. Nach einigen Kilometern standen wir im östlich von Staffelde liegenden Dorf, und hier, unübersehbar, das **Schloß** der Bredows. Der zweigeschossige Putzbau aus der ersten Hälfte des 18. Jahrhunderts mit seinem seitlichen, von einer flachen Kuppel bekrönten Vorbau beherrscht die Dorfstraße. Breit und behäbig wirkt der Bau, ungepflegt außerdem. Der Anblick des vernachlässigten Gebäudes stimmte traurig, hatten wir doch im Havelland bereits eine Reihe von Gutsschlössern gesehen, die einen durchaus gepflegten Eindruck auf uns machten. Wir dachten an Wustrau, an Sommerswalde und an Reckahn. Aber Groß Ziethen?

Der Rundgang um das Haus änderte nicht unsere Meinung. Wäsche hing im alten Schloßgarten, Gerümpel weit und breit, dazwischen plärrende Kinder und eine keifende Frau. Und die war es, die wir um Auskunft ansprachen. Doch sie wußte nichts, verwies uns an eine Bewohnerin des Gemäuers, führte uns auf unsere Bitte bis vor deren Wohnung, meinte abschließend nur, daß diese Frau seit mehr als vierzig Jahren im Schloß wohne und viel erzählen könne.

Es war in der Tat so. Aber leider gingen die Ausführungen der Neunzigjährigen an unseren Fragen vorbei. Sie erzählte viel über die Zeit nach der Wende, vom Undank der Menschen, die nicht begriffen haben, daß jetzt alles viel freier ist, aber auch von sozialistischen Tagen, in denen die alten Leute sorgloser lebten. Ihr Antlitz verklärte sich bei der Frage, wer hier früher der Gutsherr gewesen ist: Das war *Fritz von Bredow*, ein vielgeliebter Patron!

Fast überflüssig war dann die abschließende Frage, ob sich schon einer aus der Familie von Bredow hier in Groß Ziethen hat sehen lassen. – Selbstverständlich waren sie hier. Aber die wollen das Schloß nicht mehr, es ist zu sehr runtergewirtschaftet und sie

Langgestreckt – das in der ersten Hälfte des 18. Jahrhunderts erbaute Bredowsche Schloß in Groß Ziethen.

müßten sehr viel Geld aufbringen, um alles wieder herzurichten. – Daß daran kein Zweifel besteht, muß selbst der oberflächlichste Betrachter zugeben. Später auf der Dorfstraße erfuhren wir dann, daß eine neue Ära für den alten Bredowschen Besitz beginnen soll. Die in Bayern beheimatete Familie von Thüngen hat ihre Fühler nach Groß Ziethen ausgestreckt. Das Schloß wird zu einem Hotel umgebaut und der drei Hektar große Schloßpark wieder hergerichtet. Verbunden mit diesen Aktivitäten sind Arbeitsplätze, über die sich die Groß Ziethener mit Recht freuen, denn jetzt steht keiner von ihnen mehr auf der Straße.

Wir schlenderten abschließend über die Dorfstraße. Herrliche alte Bäume umkränzen die meist mehr als hundert Jahre alten Bauernhäuser. Ein Bild des Friedens lag über dem Dorf, von dem wir gelesen hatten, daß es 1313 mit der Eintragung "Nycolao plebano in Cyten" erstmals urkundlich in Erscheinung getreten und daß der Ortsname dem polabischen Wort "sit'n" = "Ort, wo Binsen wachsen" entlehnt ist.

Letzter Halt in Groß Ziethen war dann der rote, in gotisierenden Formen errichtete Backsteinbau der **Dorfkirche**. In ihrem Schatten entdeckten wir ein **Erbbegräbnis**. Hier sind Angehörige der Familien *von Trotha* und *von Massow* begraben – keine Bredows merkwürdigerweise, jedenfalls fanden wir keinen Hinweis. Mit der untergehenden Sonne verließen wir Groß Ziethen, das Dorf zwischen Luch und Heide.

Versteckt – die Dorfkirche von Groß Ziethen aus dem 19. Jahrhundert.

Dörfliche Ruhe – auf der Dorfstraße in Groß Ziethen.

ERINNERUNGEN AN EINEN TRABERKÖNIG
STAFFELDE

Anreise: vom Bf. Kremmen (R 11) über Charlottenau nach Staffelde (5 km).

Eigentlich sollte die Fahrt durch das Ländchen Glien in Richtung Kremmen und dann weiter nach Oranienburg gehen. Doch in Staffelde blieben wir hängen. Der unvorhergesehene Halt erwies sich bald als Glücksfall; wir trafen zwei Menschen, die einiges aus dem Ort zu erzählen wußten.

Der erste war etwa zwölf Jahre alt, putzmunter und vom Charme einer Berliner Göre. Er kurvte mit seinem Fahrrad über den **Gutshof**, den wir gerade betreten hatten, bremste abrupt und stellte sich den ersten naiven Fragen. Aus dem erhitzten Pausbackengesicht von Fritzchen (wir nennen ihn so, da wir vergessen hatten, ihn nach seinem Namen zu fragen) kam schnell die Antwort. Eine Pferdezucht, ein Gestüt, war hier früher untergebracht. 38 Pferde sind noch eingestellt, davon zehn Schulpferde. Die meisten gehören zur alten LPG, auch West-Berliner haben schon ihre Pferde in Pension gegeben. Allerdings ist die Zukunft des Staffelder Gutes ungewiß. Im Gespräch ist eine Hotelanlage und ein Golfplatz.

Der Knirps sagte es nonchalant. Sein kindliches Gemüt vermochte die Ausmaße von Marktwirtschaft und Spekulation nicht ermessen und auch nicht auseinanderzuhalten – weshalb auch? Doch Fritzchen blieb uns keine Antwort schuldig: "Ach ja, der Besitzer. Das war *Charly Mills*, der bekannte Traberchampion."

Das war also die erste Information aus Staffelde. Aber was sagte uns "Kießling" oder Fontane über das Dorf? Nichts! In

Gartenseite des Staffelder Gutshauses.

keiner der Literaturstellen fanden wir einen Hinweis. Merkwürdig, dabei mußte das vor uns liegende Gut einmal eine durchaus repräsentative Anlage gewesen sein.

Nur der DDR-Kunstführer von 1978 vermerkte, daß "das ehem. Gutshaus, ein zweigeschossiger Putzbau von 11 Achsen unter Krüppelwalmdach, im 18. Jahrhundert erbaut und durch einen Anbau Ende 19./Anfang 20. Jahrhundert verändert wurde." Darüber hinaus hieß es an einer anderen Stelle, daß in Staffelde 1968 das "VE Trabergestüt" eingerichtet worden war. Und das war bereits alles; viel zu wenig für unsere Berichterstattung.

Wir schlenderten weiter über die vom Verkehr durchflutete Dorfstraße. An der nächsten Kreuzung stand ein **Giebellaubenhaus**. **Zum alten Dorfkrug** heißt es an der Vorderfront des Gebäudes. Und da hier weder VEB noch LPG, sondern ein Familienname daneben steht, wollten wir uns Fritzchens Aussagen bestätigen oder ergänzen lassen. Es klappte. Frau Marzoch ist die Wirtin, die wir vom Herd weggelockt hatten. Mehr als fünfzig Jahre ist sie in diesem Haus, das einmal eine an der alten Poststraße Berlin-Hamburg liegende Ausspannung gewesen ist. 1701 wurde das Gebäude gebaut. Die Gäste, die aus der Postkutsche stiegen, konnten bei Regen trockenen Fußes in die Gaststube gelangen. Nun, reichlich primitiv war es schon, damals. Oben auf dem Boden lag Heu, hier nächtigten die Kutscher und Bediensteten. Inzwischen ist der Gasthof ausgebaut.

Der Krug strömt Atmosphäre aus. Und in dieser Umgebung interessierte uns die Vergangenheit des Besitzes, das als Rittergut bis etwa 1936 existierte. Der damalige Besitzer war ein Baron *von Blaschke*. Als er starb, schaffte es seine Frau zusammen mit ihren beiden Söhnen, den Besitz herunterzuwirtschaften; sie machten bankrott. 1936 hat dann *Charly Mills* das Schloß gekauft. Die Ländereien des Gutes wurden zu selben Zeit aufgesiedelt. Seinerzeit gab es die 'Eigene Scholle'. Aus vielen Teilen Deutschlands kamen Bewerber, die Grundstücke kaufen wollten – vornehmlich aus dem Rheinland und aus der Schneidemühler Gegend.

Als dann nach 1945 neue Wirtschaftsformen eingeführt wurden, wollten die meisten der alten Besitzer die Grundstücke nicht mehr haben. Vor allem die Rheinländer blieben weg – sie hatten etwas gegen Kolchosen. Und *Charly Mills*? Der berühmte, in Mariendorf und Karlshorst seine Rennen gefahrene irische Trabrennfahrer, ist 1945 auch nicht zurückgekommen. Danach kümmerte man sich kaum noch um das Gut, es wurde mehr und mehr vernachlässigt.

Auf die Frage, ob sich bereits Nachkommen des Champions gemeldet haben, meinte die Dorfkrug-Wirtin, daß Mills zwei Söhne hat, von denen einer als Pfarrer beim Vatikan tätig ist, der

1701 als Ausspann an der Poststraße Berlin-Hamburg erbaut, ist der mit einem Laubengang versehene Gasthof seit langem Baudenkmal.

andere wohl in München lebe, und sich nun bemüht, Sponsoren für den Erhalt des väterlichen Erbes aufzutreiben.

Schade, so konstatierten wir, daß das einst schöne Gutsschloß mit seinem Park so verwahrlost ist. Derweil verabschiedete sich unsere Gesprächspartnerin, der Gäste wegen. Wir hockten noch für einen Augenblick in der Wirtschaft, dachten an *Charly Mills*, den 1888 in Irland geborenen und 1972 in Paris verstorbenen achtmaligen Derbysieger, dem zu Ehren in Mariendorf jedes Jahr ein "Memorial" gewidmet ist. Dann verließen wir Staffelde, um andernorts weitere interessante Einzelheiten zu erfahren.

EIN KREUZ AM WEGESRAND
KREMMEN

Anreise:
direkt bis Bf.
Kremmen (R 11)

Wer sich in der Berliner Stadtgeschichte, insbesondere auf dem Gebiet sakraler Architektur auskennt, weiß, daß die Buckower Dorfkirche zu den ältesten Gotteshäusern der Stadt gehört. Doch nicht der um 1250 errichtete Feldsteinbau soll hier die Aufmerksamkeit erwecken, sondern eine im Kirchenraum aufbewahrte Totentafel. Dieses sowohl künstlerisch wie historisch bedeutende, ursprünglich in der Kirche des Grauen Klosters zu Berlin aufgehängte Holzbildnis gedenkt eines schwäbischen Ritters, der in der Schlacht am Kremmener Damm sein Leben verlor.

"Nach chris geburt virtzehenhundert / jar und in dem czwelften jar an sant Columbans / tage verschied der hochgeborn graff / herre Johans von hohenloch dem got genade" – so steht es in spätgotischen Minuskeln auf der Tafel, die für uns nun der Anlaß war, an den Ort des Geschehens zu fahren. Im Gepäck hatten wir diesmal weder Fontane noch "Kießling", sondern den dritten Band von Karl Friedrich Klödens umfangreichen Werk "Die Mark Brandenburg unter Kaiser Karl IV. bis zu ihrem ersten Hohenzollerschen Regenten" aus dem Jahr 1846.

In Kremmen angekommen, steuerten wir zuerst das "Hotel am Markt" an, in der Hoffnung, daß uns dort jemand etwas über die legendäre Schlacht erzählen konnte. Doch die Kellnerin wie auch die Wirtin standen unseren Fragen ratlos gegenüber. Gewiß, gehört hatten sie schon davon, aber wo die Stelle lag, an der man sich damals "die Köppe eingeschlagen" hatte, daß wußten sie nicht. Noch rätselten wir gemeinsam, zogen die Landkarte zu Rate, um endlich den "Kremmener Damm" ausfindig zu machen. Schließlich fanden wir die Stelle. Sie lag in Richtung Beetz-Sommerfeld. Gleich hinter der ersten Brücke steht zwischen zwei dicken Bäumen ein Kreuz – das mußte der historische Ort sein.

Wir fuhren beinahe an der Stelle vorbei, hatten bereits den Kirchturm von Flatow in Sichtweite, denn zwei wirklich dicke Bäume rahmen das steinerne **Kreuz** so ein, daß man es auf Anhieb übersehen kann. Aber dann standen wir doch vor dem fast drei Meter hohen Kreuz und lasen bei Klöden nach:

"Die Stadt Kremmen liegt am nördlichen Rande des Landes Glien, und hat im Norden ein breites Luch, das sich besonders nach Westen hin sehr ausdehnt, und hier in jenen Zeiten ganz unwegsam war. Ein gemachter Damm von einer halben Meile Länge führte als einziger Weg hindurch. Am 24. Oktober 1412 erfuhr man, daß die Pommern anrückten. Man entschloß sich, ihnen entgegen zu gehen, und zog über den Kremmener Damm nach Sommerfeld. Gleich nach Mittag rückten die Pommern und Havelländer aus dem Walde hervor, und stellten sich dem Brandenburgischen Heere gegenüber. Mit Bestürzung bemerkte letzteres, daß das pommersche Heer mit den Quitzows ihm an Zahl weit überlegen war.

Graf Johann von Hohenlohe sprach überall Muth ein ... aber die feindlichen Trompeten schmetterten, die feindliche Reiterei wälzte sich wie eine Unheil schwangere Wolke, dicken Staub aufwirbelnd, heran, und das Gefecht begann. Die Brandenburger hielten Stand, und schon fing die Oktobersonne an, sich dem Horizonte zu zu neigen. Graf Johann von Hohenlohe zog sich mit mehreren fränkischen Rittern zurück, und verteidigte sich Schritt für Schritt, um so den Seinigen Zeit zu lassen, den Damm vor dem Feinde ungehindert erreichen und passiren zu können.

Schon wurden ihre Schwerdtschläge matter, denn alle bluteten bereits aus Wunden, als fast mitten auf dem Damme Graf Johann von Hohenlohe den Todesstreich erhielt, und entseelt vom Pferde

*Wurde erschlagen –
Gedenkstein für den
Grafen von Hohenlohe
am ehemaligen
Kremmener Damm.*

Heute friedlich – Blick auf das ehemalige Schlachtfeld am Kremmener Damm.

sank. Die dadurch entstandene Verwirrung nutzte der Feind augenblicklich, drang kräftiger vor, und Ritter Kraft von Leitersheim folgte seinem Freunde in die Ewigkeit, Ritter Philipp von Utenhofen aber stürzte tödtlich verwundet vom Pferde. Wuthentbrannt stellten sich ihre Knechte dem Feinde entgegen, um den Tod ihrer geliebten Herren zu rächen, während die Todesnachricht rasch von Mund zu Mund flog."

Diese authentisch belegte Geschichte ist an zwei Stellen dokumentiert. Nämlich einmal mit dem in der Buckower Dorfkirche aufbewahrten ältesten Berliner Tafelbild, das der erste Zollernfürst in der Mark Brandenburg, Burggraf *Friedrich VI.* von Nürnberg, der spätere Kurfürst *Friedrich I.*, seinem treuen Vasallen in Nürnberg (?) malen ließ, zum anderen mit dem von *Friedrich Wilhelm IV.* 1845 gestifteten Steinkreuz an der Straße nach Sommerfeld. Das anstelle eines älteren Holzkreuzes errichtete Denkmal steht zugleich für ein anderes kriegerisches Ereignis: 1384 schlug an derselben Stelle Herzog Barnim von Pommern den Markgrafen *Ludwig d.Ä.*

Nach dieser Geschichtsstunde verließen wir den Ort blutiger Auseinandersetzungen und fuhren nach Kremmen zurück. Zentraler Punkt ist hier der rechteckige Marktplatz, auf dem als Erinnerung an ein anderes Schlachtgetümmel ein Mahnmal der sowjetischen Truppen steht. Wenige Schritte davon entfernt das **Rathaus** der Stadt. Der klassizistische Putzbau mit seinem übergiebelten Mittelrisalit entstand nach 1840. Mit weitem Abstand ist er das schönste Haus am Platz, dessen Randbebauung von zweigeschossigen Traufenhäusern aus der ersten Hälfte des 19. Jahrhunderts bestimmt wird.

Alt und schief – Ackerbürgerhaus aus dem 19. Jahrhundert in Kremmen.

Ein anderes sehenswertes Objekt in Kremmen ist **St. Nikolai**. Die unter Verwendung von Teilen eines im 13. Jahrhundert erbauten Feldsteinkirchleins zweihundert Jahre später entstandene dreischiffige Hallenkirche zählt zu den schönsten Gebäuden der Ackerbürgerstadt, die im Laufe ihres Bestehens von zahlreichen Bränden heimgesucht wurde.

Alte Häuser aber findet man dennoch genügend in der 1216 als "Cremmene" erstmals erwähnten Siedlung. Sie liegen u.a. in der Dammstraße, wo uns eine aus hölzernen Buchstaben geschnitzte Reklameschrift oberhalb eines jetzt aufgelassenen Ladengeschäfts auffiel. Ansonsten fanden wir nur die Gemütlichkeit all jener Landstädtchen vor, die uns Großstädtern eigentlich immer wieder wohltut. Daß im vorliegenden Fall noch eine äußerst interessante historische Vergangenheit das Flair dieses Ortes begleitet, empfanden wir als außerordentlich anregend.

Wer nach diesen Eindrücken an einer Fortsetzung der Radtour interessiert ist, der kann am Rand des Rhinluchs ins etwa 10 km entfernt liegende Flatow fahren, in dem eine im 15. Jahrhundert erbaute Backsteinkirche das dörfliche Ensemble überragt.

Anreise: direkt vom Bf. Beetz-Sommerfeld (R 11) durch das Dorf.

BAYERISCHE LANDHÄUSER UNTER MÄRKISCHEN KIEFERN SOMMERFELD

Wir waren an den östlichen Ausläufern des Rhinluchs angekommen und standen nun auf dem betonierten Parkplatz vor den die Versorgung Sommerfelds übernehmenden Flachbauten. Schon wiederholt war uns bei den Fahrten durch diesen Landstrich der wuchtige Turm der **Dorfkirche** aufgefallen, denn anders als die meisten von uns besichtigten ländlichen Kirchen, verweist dieses Gotteshaus nicht auf alte Traditionen. Der Sommerfelder Kirchenbau ist jüngeren Datums. 1913 ist der rechteckige Putzbau entstanden, dem man als Dominante einen quadratischen Westturm mit geschweifter Haube zugeordnet hat. Alt hingegen ist seine Einrichtung. Ein spätgotischer Schnitzaltar mit gemalten Flügeln aus dem ersten Viertel des 16. Jahrhunderts, ein Armlehnstuhl von 1640 und ein Kanzelaltar mit zwei Schnitzfiguren aus der Zeit 1734-40 weisen darauf hin, daß die Kirche vermutlich auf den Fundamenten eines Vorgängerbaus entstanden ist und von diesem die sakralen Attribute erhalten hat.

Von der Dorfkirche und dem hinter ihr liegenden Spritzenhaus schlenderten wir über die Dorfstraße, wagten zwischendurch einen Blick über den Gartenzaun, äugten so manches Mal in Hof

Beschaulich – Dorfstraße und Dorfkirche (1913) von Sommerfeld.

und Haus. Sommerfeld, das 1242 urkundlich genannte Straßendorf, dessen Name dem mittelniederdeutschen Sprachschatz entlehnt ist, zeigte sich an jenem Tag so, wie die Etymologen den Ortsnamen interpretieren: "das der Sonne, der Sonnenseite zugewandte Feld". Das südlich eines Waldgebietes und nördlich vom Luch liegende Dorf wurde tatsächlich von der Sonne beschienen. Sie spiegelte sich in den Fensterscheiben der die breite, langgestreckte Dorfstraße flankierenden Häuser.

Sommerfeld, das osthavelländische, einst auch von der Torfgräberei lebende Bauerndorf, hatte im Laufe seiner wechselvollen Geschichte nur ein einziges Mal einen adeligen Besitzer. Von 1541 bis 1727 waren die von *Trott zu Badingen* hier Grundherren. Vor und nach ihnen waren es die Klöster Lehnin und Himmelpfort, dann die Ämter Badingen, Zehlendorf, Friedrichsthal, Vehlefanz und Oranienburg. Zwischendurch besaßen die von Redern etliche Dienste und Aufhebungen.

Die Patronatsrechte sind längst erloschen. Sommerfeld gehört jetzt zum Landkreis Oranienburg, und neben privaten Intentionen der Hausbesitzer gesellt sich nun auch ein sogenannter Wohnpark mit 130 Ein- und Zweifamilienhäusern, den die Gemeinde mit einem Investor projektiert und der die ländlichen Bauweisen durchbrechen wird. Das Besondere an Sommerfeld aber ist die **Hellmuth-Ulrici-Klinik**, eine sich auf Hüftgelenk- und Knieoperationen spezialisierte Krankenanstalt.

Die heute vom Deutschen Paritätischen Wohlfahrtsverband getragene Einrichtung entstand 1914 unter dem Namen "Kaiser-Wilhelm-Jubiläumsstiftung" als Tuberkulose-Krankenhaus der Stadt Charlottenburg. Verantwortlich für die im Stil bayerischer

Landhäuser erbauten Klinikgebäude war der Charlottenburger Stadtbaurat *Heinrich Seeling*. Er folgte mit seinem Baukonzept dem von *Ludwig Hoffmann* vertretenen Reform-Krankenhausbau, den dieser bereits vor 1900 mit dem Rudolf-Virchow-Krankenhaus in Berlin-Wedding realisiert hatte. So entstand im Sommerfelder Wald eine in Pavillion-Bauweise ausgeführte Klinik, in der die Patienten unter märkischen Kiefern ihrer Genesung entgegengehen konnten.

Von 1914 bis 1945 leitete *Hellmuth Ulrici* als Chefarzt die Klinik. Seine hervorragenden und weltweit beachteten medizinischen Leistungen auf dem Gebiet der Tuberkulosebekämpfung führten 1964 dazu, daß die Anstalt zu Ehren des Mediziners mit dessen Namen belegt wurde. Bis 1987 wurden in Sommerfeld nur Patienten mit Lungenkrankheiten behandelt, danach verlegte sich die Klinik auf orthopädische und unfallchirurgische Operationen und mit ihnen verbundene Rehabilitationen. In der Beschaulichkeit der durch drei Pavillons mit je 120 Betten und mehreren Funktionsgebäuden bebauten Anlage werden demnächst weitere 200 Betten den Patienten zur Verfügung stehen.

Ein in absehbarer Zeit in Sommerfeld durchgeführtes Pilotprojekt wird der Krankenanstalt, aber auch den im Ort ansässigen Gewerbebetrieben und dem geplanten Hotelneubau zugute kommen. Mit Unterstützung des Bundeslandwirtschaftsministeriums und des Landes Brandenburg sollen verholzte Gräser aus dem Rhinluch als Energiequelle nutzbar gemacht werden. Der als "Biomasse" bezeichnete, den veralteten Namen "Torf" ablösende und als Ersatz für Braunkohle geltende Brennstoff wird in neuen Feuerungsanlagen in Wärme umgewandelt, die dann auf die jeweiligen Einrichtungen abgegeben wird.

Bevor wir mit diesen Informationen Sommerfeld verließen, fragten wir den Pförtner der Klinik nach Solo, dem Hund des Chefarztes, der im Gelände begraben sein soll. Der jedoch zuckte bedauernd die Schultern, meinte nur, daß wir uns im benachbarten Beetz erkundigen sollten. Nun, von Sommerfeld nach Beetz war es nur eine kurze Strecke mit dem Rad, also hin.

Auf der Dorfstraße kam uns eine junge Frau entgegen. Zwei Kochtöpfe und darauf eine Schüssel mit Championcremesuppe hielt sie vorsichtig vor dem Bauch, war bemüht, ihr Mittagessen heil in die gute Stube der Schwiegermutter zu bringen. Wir hielten sie an: "Kennen Sie das Grab vom Hund Solo?" – Sie stutzte, lächelte: "In der Schule hat man uns davon erzählt. Ob aber da noch was ist – ich glaube kaum." – Auf die Frage, wo denn das Grab sein mag, meinte sie, daß es im Gelände der Klinik liegen müßte, und zwar ganz in der Nähe des Vogel-Friedhofs.

Sie lächelte wieder, blickte auf ihre Töpfe und wußte, daß die Suppe inzwischen im Winterwind kalt geworden war. Doch sie

Am Beetzer See

war eine Frohnatur, erklärte uns, daß es halb so schlimm sei, denn der Herd sei ja noch warm. – Mit einem "Guten Tag" verabschiedeten wir uns, gingen zum Beetzer See hinunter, schauten über die vereiste Wasserfläche in Richtung Heizkraftwerk, in dem demnächst die "Biomasse" in Energie umgesetzt wird. In der stimmungsvollen Landschaft sprachen wir über den Hund Solo, seinen Besitzer und sein Grab, das "Kießling" 1925 in seinen Wanderungen erwähnt hatte. Wir haben es nicht gefunden – noch nicht, wollen aber irgendwann die Suche erneut aufnehmen.

BEMERKENSWERTE GESCHICHTEN AUS EINEM STORCHENDORF
LINUM

Anreise:
a) vom Bf. Kremmen (R 11) mit dem Havelbus 659 bis Linum/Schule oder
b) vom Bf. Kremmen mit dem Fahrrad durch das Rhinluch ins Dorf (11 km).

"Schenk' uns Frieden, dann den Krieg, Dir gehört der letzte Sieg" – die Stimme Anneliese Wilckes brach sich im Kirchenschiff, verklang dann zwischen Altar und Empore. Leise dann, fast beschwörend ihr sich anschließender Kommentar: "Diese Zeilen haben sich in den letzten zwei Jahren verwirklicht. Wir können Gott danken, daß er uns diesen friedlichen Sieg und die Vereinigung geschenkt hat. Aber die Menschen denken schon an andere Dinge und nicht daran, Gott zu loben. Sie werden ungeduldig und kommen mit dem nicht zurecht, was sie besitzen, fangen an zu murren".

Anneliese Wilcke, die diakonisch-missionarische Schwester und Katechetin des 800-Seelen-Dorfes Linum, weiß, wovon sie redet. Sie kennt ihren Sprengel, ist vertraut mit seiner historischen

Staffelgiebel über dem Dorf – Linums Dorfkirche aus dem Jahr 1868.

Vergangenheit. Ihr Wissen über das zwischen Kremmen und Fehrbellin am Südrand des Rhinluches liegenden Linums ist verblüffend. Wir lauschten gespannt ihren Ausführungen, erfahren dabei die geballte Geschichte des Dorfes.

Und dazu gehört auch der Lebensweg der 1798 im Ort geborenen Dichterin *Luise Hensel*, aus deren weit über Brandenburgs Grenzen bekannt gewordenen Gebet "Müde bin ich, geh' zur Ruh" Frau Wilcke uns die oben wiedergegebenen Zeilen rezitiert hatte. Die bescheidene Katechetin berichtete ausführlich aus dem Leben der Linumer Pastorenfamilie Hensel, von dem mit der Komponistin *Fanny Mendelssohn-Bartholdy* verheirateten Portraitmaler und Akademie-Professor *Wilhelm Hensel*, von dessen Schwestern Wilhelmine und Luise. Die Geschichte des Dorfes kommt dabei nicht zu kurz. Wir hören, daß das 1294 erwähnte "lynum" einst dem Bistum Havelberg unterstand und danach *Werner von der Schulenburg* zu Lehen gegeben worden war, bis schließlich *Friedrich I.* Dorf und Gut aufkaufte. 1701 stiftete der Kurfürst der aus dem 15. Jahrhundert stammenden **Feldsteinkirche** eine prächtige schmiedeeiserne Krone für die Turmspitze. Sie ist erhalten geblieben. Seit 1868 ziert sie den *von Glasenapp* in neugotischen Formen errichteten dreischiffigen Backsteinbau, der an die Stelle des alten Kirchleins getreten ist. 1708 löste sich der Kurfürst von Linum und unterstellte es dem Amt in Fehrbellin.

Friedrich der Große führte dann die Seidenraupenzucht ein; 184 Maulbeerbäume standen allein im Pfarrgarten. Hugenotten wurden zu dieser Zeit im Dorf angesiedelt und 1786 begannen die ins Land geholten Holländer mit der Torfgräberei. Sie machten die Landschaft urbar, gaben ihr schließlich auch ihren Namen: der Rhein war dabei Namenspatron, doch hier im Brandenburgischen nannten sie ihn Rhin und das Gebiet Rhinluch.

2400 Leute wohnten damals in Linum, davon arbeiteten 800 im Luch. Für die kirchliche Gemeinde begann damit das Problem: Die Feldsteinkirche wurde zu klein, so daß der damalige Pfarrer den König um Erlaubnis zum Bau eines neuen Gotteshauses bat. Der Bitte wurde stattgegeben. Die mit Staffelgiebel reich versehene Linumer Kirche ist das erste Wahrzeichen des Dorfes. Und sie ist der Stolz der heute nur wenige Mitglieder zählenden Gemeinde – vielleicht auch deshalb, weil sie mit ihrer norddeutschen Backsteingotik irgendwie fremd im märkischen Land wirkt.

Dann ging Anneliese Wilcke noch einmal auf das arbeitsspendende Luch ein: Nach Aufgabe der Torfstiche und dem Ende der Braunkohleförderung und Brikettherstellung zogen die Leute weg von Linum. Die Torfgruben wurden später verkauft, mit Wasser gefüllt und als Fischteiche genutzt. 200 Karpfenteiche gab es im Rhinluch, die wirtschaftlich betrieben wurden. Und in diese paradiesische Landschaft kamen die Störche. Fontane hat 34 Storchennester in Linum gezählt. Soviel waren es noch bis zum letzten Krieg. 14 sind davon übriggeblieben.

Einige hatten wir bereits bei unserem Gang durch das Dorf gesehen. Auf den Dächern von Ställen und Scheunen, auf Wohnhäusern und auch auf der Kirche sind sie gebaut. Die Kultur verband sich hier mit der Natur: Lynum, der historische Ort – Linum, das Storchendorf. Und die Störche, so Frau Wilcke, sind die Konkurrenz für die Kirche – das zweite Wahrzeichen!

Sehenswert –
die Störche von Linum.

Daß irgend etwas dran ist, sahen wir an einem kleinen Schild auf der Dorfstraße. "Ausstellung" steht drauf; darunter ein fliegender Weißstorch, das Vereinssymbol des Deutschen Bundes für Vogelschutz. Im gegenüberliegenden Bauernhof ist eine kleine Informationsschau eingerichtet. Ein Bauer hat seinen Kuhstall für die sich um die Störche bemühenden Vereinsmitglieder zur Verfügung gestellt. Informationen werden an die Hand gegeben, ergänzend zu den von Mehlschwalben umflogenen Schautafeln.

Nach einer sehr instruktiven Geschichtsstunde und den Auskünften des diensthabenden Ornithologen kamen wir uns vor wie die Störche auf den Dächern: Das Thermometer war inzwischen auf 30 Grad Celsius im Schatten geklettert, die zwölfte Stunde war längst überschritten. Wir standen zwar nicht auf einem Bein, hatten auch nicht den Schnabel weit geöffnet, aber fußlahm und fast ausgetrocknet steuerten wir den Dorfgasthof an. "Kulturhaus Wilhelm Florin, LPG Linum" stand auf dem Schild – unübersehbar und anachronistisch. Das Brauereischild aus einem Alt-Bundesland wirkte dagegen sehr bescheiden. Egal, über die Reste der Vergangenheit sahen wir lächelnd hinweg, denn : Linum ist viel zu schön und interessant, um sich mit derartigen Dingen zu beschäftigen.

DER PULVERDAMPF
IST LÄNGST VERFLOGEN
HAKENBERG

Außer Atem kamen wir oben auf der Plattform an. Der Wind strich über das Gesicht, ließ der durch unsere Lungen gepreßten Luft kaum Gelegenheit sie auszuatmen. Durch Wodans Furie drangen Wortfetzen an unser Ohr: "Ja, hallo! Ja, wir sind jetzt oben auf dem Turm ..." – "Wie?" – "Ja, wir sind in Hageldorf, so heißt der Ort."

Nur wenige Schritte trennten uns von der Person, die durch ihr Funkgerät den für uns anonymen Gesprächspartner informierte. Wir sahen uns den Mitfünfziger näher an, waren kurz der Meinung, daß er einigermaßen intelligent sei, vergaßen es aber

Anreise:
wie nach Linum, jedoch weiter in westliche Richtung am Breiten Graben entlang bis Hakenberg (4 km).

Über 114 Stufen erreicht man die Plattform des von Spieker 1875-79 erbauten Aussichtsturms.

schnell, als wir weitere Anmerkungen über das von ihm beschriebene Umfeld mithören mußten. Offenbar hatte dieser Mann nur eines im Sinn: sein Funkgerät über eine möglichst weite Distanz auszuprobieren. Schade, denn die Gegend um Hakenberg – so der richtige Name des unter uns liegenden Fleckens – bot mit Sicherheit weit mehr als die Reichweite irgendwelcher Frequenzen. Doch das ist eben Ansichtssache.

Also, Hakenberg, und mit dem Dorf die Schlacht von Fehrbellin, der Große Kurfürst und die Schweden und letzlich auch das Denkmal, auf dem wir nach einem kurzen, aber schweißtreibenden Aufstieg standen. Weit geht der Blick ins Land. Dort, wo vor über dreihundert Jahren sich Mann gegen Mann gegenüberstanden, wo Pulverdampf die Natur verhüllte, liegen Felder und Wiesen. Und zwischen ihnen schimmern rote, vom Grün der Bäume umkränzte Hausdächer. Friedlich liegt die Neuruppiner Landschaft im Licht der warmen Frühlingssonne, still war es außerdem, seit sich der funkende Zeitgenosse verzogen hatte.

Wir versuchten, die Vergangenheit zu rekapitulieren. Zuerst die des auf einem künstlichen Hügel erbauten **Aussichtsturms**, der 1875-79 nach einem Entwurf *Paul Spiekers* in Säulenform erbaut worden war und auf dessen Spitze als bekrönender Abschluß ein Nachguß der aus der Meisterhand *Christian Daniel Rauchs* stammenden bronzenen Victoria steht. *Albert Wolff* war für den Guß 1879 verantwortlich, ebenso für die am Sockel des Turms angebrachte Inschrift für die monumentale Marmornachbildung der Büste des Kurfürsten *Friedrich Wilhelm von Brandenburg*, die einst *Andreas Schlüter* geschaffen hatte.

Und diese Erinnerungsstätte, die inzwischen von vielen Menschen mit ausgeprägtem Geschichtsbewußtsein aufgesucht wird, veranlaßte auch uns einen Blick in die preußische Historie zu werfen. Aber was wäre an dieser Stelle besser als eine überlieferte Abhandlung? Die eigenen Worte würden gewiß ausreichen, um die historischen Fakten zu kommentieren, jedoch eine schön verschnörkelte Beschreibung der "Schlacht bei Fehrbellin" ist lebendiger. So soll deshalb auch diesmal aus "Kießling" zitiert werden:

"Nachdem am 17. Juni 1675 der Abzug der Schweden unter Wrangel, dem Stiefbruder des bekannten Feldherrn aus dem 30jährigen Kriege, mit über 10.000 Mann und 38 Geschützen über den Nauener Damm vom Großen Kurfürsten, der 6.000 Reiter und 12 Geschütze mit sich führte, nicht hatte verhindert werden können, eilte am nächsten Morgen der Prinz von Homburg mit der Vorhut voraus, traf die Schweden an der Enge von Linum und belästigte sie durch hartnäckige, anfangs vom Kurfürsten nicht gebilligte Angriffe, bis sie vor Hakenberg zwischen dem Luch und den Hügeln beim Denkmal gegen ihn Front mach-

Hoheitsvoll – Kurfürst Friedrich Wilhelm von Brandenburg am Turm bei Hakenberg.

ten. Da Wrangel, durch Nebel an der Beurteilung der Lage gehindert, die Hügel nicht besetzt hatte, sandte der inzwischen nahegerückte Kurfürst dorthin seine Artillerie. Auf diese machte der rechte Flügel der Schweden einen heftigen Angriff, den die allmählich ankommenden brandenburgischen Schwadronen anfangs nur mit Mühe auszuhalten vermochten. Der Prinz, Derfflinger, Hennings und der Kurfürst setzten sich der größten Gefahr aus; neben diesem fiel Froben. Endlich gegen 10 Uhr traten die Schweden nach tapferster Gegenwehr den Weitermarsch nach Fehrbellin an, und der Kurfürst bezog, nach einem mißglückten Angriff der Homburgischen Reiter auf die Nachhut jener, ein Lager bei Tarnow. Am 19. Juni rückte Derfflinger in die Stadt und veranlaßte den weiteren Rückzug des Feindes."

Soweit das in allen märkischen Geschichtsbüchern dokumentierte historische Ereignis aus dem Jahr 1675, das nun hier oben in fast 32 Meter Höhe gegenwärtig wurde. Der Aufstieg hatte sich gelohnt, die 114 Stufen waren inzwischen vergessen. Wir stiegen hinab, liefen über die Denkmal und Straße verbindende Allee auf ein weiteres steinernes Dokument hin. Der Gutsherr von Reckahn, Baron *Eberhardt von Rochow*, hatte das **Postament** im Jahr 1800 gestiftet. Eine Vase und die Namen der an der Schlacht beteiligten Heerführer zierten einst das kleine Denkmal.

Wir verließen den Ort der historischen Ereignisse, wollten im Dorf nach weiteren Spuren suchen. Doch hier schweigt sich die Geschichte aus. Die einzige Stelle, die unseres Wissens nach noch Relikte vom Schlachtfeld aufwies, war verschlossen. Zugesperrt war das Gotteshaus, in dessen Turm sich einige, auf dem

Erinnerung an die Schlacht bei Fehrbellin – Postament mit Vase von 1800.

Kampfplatz gefundene Kanonenkugeln befinden sollen. Und dort in einer Nische soll man außerdem die Spuren von Schwertstreichen sehen, die die Schweden hinterlassen haben.

Wie so oft im Brandenburgischen hatten wir also auch in Hakenberg kein Glück, in die **Kirche** zu gelangen. Von außen mußte der Bau betrachtet werden. Helles Ziegelmauerwerk umschließt das Kirchenschiff und die Apsis, Feldstein und rote Ziegel bilden die Außenhaut des Turmes. Auf seiner Spitze ein Kreuz in Schräglage. Irgendjemand meinte, daß es beim nächsten Sturm auf das Kirchendach stürzen würde – so sieht es in der Tat aus!

Anreise:
a) vom Bf.
Radensleben (R 11)
zwischen Bützsee
und Ruppiner See
nach Wustrau (5 km)
oder
b) vom Bf. Karwe
(R 11) am Nordufer
des Ruppiner Sees
nach Wustrau
(6 km).

HAUDEGEN AUS DEM BUSCH
WUSTRAU

Die Fahrt ging diesmal weit ins Havelland. Etwa 80 Kilometer waren es von der Stadtmitte bis zum Ziel. Wir legten den größten Teil der Strecke mit dem Regionalzug R11 zurück. Der Bahnhof Radensleben war für uns Endstation. Von dort ging es weiter nach Wustrau.

Nun, wer Wustrau sagt, meint *Hans Joachim von Zieten*, den legendären Husarengeneral *Friedrichs II.* Wir kannten aus der Schule und aus Büchern Ort und Person, hatten bei Fontane viel über den alten Haudegen gelesen. Aber genügt das, um sich ein Bild von der historischen Vergangenheit zu machen? Nein, natürlich nicht, denn einprägsamer sind immer die Erkenntnisse vor Ort – auch in Wustrau, wo wir den Rundgang durch die zu Stein gewordene Geschichte mit Alexius Kießlings Wander-Informationen begannen.

Er schrieb 1920: "Wustrau (Gasthof 'Zum alten Zieten' mit Übernachtung), ist ein hübsches Dorf am Ruppiner See und am Neuen Rhin, besuchenswert namentlich wegen der Erinnerungen an Zieten. Vor dem Haupteingang zum schönen, zugänglichen Park ein Erinnerungsstein an 1813-15; gegenüber das Konstanzenhaus, eine Kriegsblindenanstalt. Die drei Teile, in der das Gut früher zerfiel ...vereinigte 1766 Hans Joachim von Zieten (geb. 1699 in Wustrau, gest. 1786 in Berlin), dessen Familie hier schon seit dem 15. Jahrhundert ansässig war."

Märkisches Barock leuchtete uns entgegen. Der zweigeschossige Bau von elf Achsen mit seinem zentralen Treppenhaus und den Freitreppen an der Hof- und Seeseite ist äußerlich ein Glanzstück. Das Haus des "Zieten aus dem Busch" ist um 1750 erbaut, dann Ende des 19. Jahrhunderts verändert und durch Anbauten und reichen barocken Fassadenschmuck umgestaltet worden. In den 1930er Jahren bezog die "Reichsgruppe Industrie" das Schloß. Neuer Hausherr wurde ein Herr *von Oertzen*. 1943 nutzte dann die Generalität der Wehrmacht das Schloß, das schließlich kurz nach dem Krieg völlig ausgeplündert wurde. Wenig später war es Unterrichtsstätte für Neuruppiner Lehrlinge. Nach deren Schulung erreichten DDR-Juristen hier ihr Klassenziel; deren Nachfolge trat nun jüngst das Land Brandenburg an. Mit einem Kostenaufwand von 10,25 Millionen Mark wird das Schloß zur brandenburgischen Außenstelle der deutschen Richterakademie.

Schloß und **Park** sind leider für die Öffentlichkeit nicht zugänglich. Man kann aber um das Anwesen herumspazieren, entdeckt dabei die Schönheiten des Ruppiner Sees, und ist verblüfft, daß auch sonntags eine Maurerkolonne am benachbarten Mühlengebäude werkelt.

Über uns zogen Hunderte von Graugänsen ihre keilförmigen Bahnen. Wir folgten ihrem Flug bis sie am Horizont entschwanden. Auf die Erde zurückgekehrt, sahen wir den "Reiterhof", dessen **Kutscherstube** zum Verweilen einlud. Gerammelt voll war die kleine Gaststube, von der man durch eine dicke Glasscheibe auf Pferdeboxen blickt. Sehr gemütlich und irgendwie originell. Drei Plätze am Tresen waren noch frei, und auf einen der Hocker schwang sich nach uns Sabine Wendt, die lebendige Wirtin des jungen Unternehmens.

Sie sei eigentlich Juristin, wollte aber schon lange eine eigene Kneipe besitzen. Und als sie vor acht Jahren nach Wustrau kam, um sich im Schloß weiter- und fortzubilden, hat sie ihren Mann kennengelernt und ist im Dorf hängengeblieben. Er ist Landwirt auf dem Hof, der seit Generationen seiner Familie gehört. Die

Von Wustrau lohnt ein Abstecher in das nur etwa 3 km entfernte Fischerdorf **Altfriesack**, das aus einer alten Slawensiedlung hervorgegangen ist und in dem Ende des 19. Jahrhunderts ein hölzernes Götzenbild gefunden wurde.

Märkisches Barock – 1750 ließ der "Zieten aus dem Busch" das Schloß von Wustrau erbauen.

Wende erfüllte dann den Wunschtraum: das Ehepaar Wendt krempelte die Ärmel hoch, investierte, nahm Kredite auf und baute nach Zunahme einer Scheune den Reiterhof und die Gastwirtschaft auf. Daß diese noch über fünf Appartements und vier Einbettzimmer verfügt, machte uns neugierig. Frau Wendts Kommentar an dieser Stelle leuchtete ein: "Da Berlin Regierungssitz wird, ist das für uns eine Art Lebensversicherung."

Frau Wendt, aber auch die anderen wenigen Gewerbetreibenden im Dorf, führen den alten Zieten ins Feld. Er ist so etwas wie eine Garantie, ein Hoffnungsträger für die zukünftige wirtschaftliche Entwicklung Wustraus. Alle bauen auf die historische Vergangenheit ihrer Gemeinde, auf die doch recht zahlreichen Erinnerungsstücke an den friderizianischen Reitergeneral. Und wir glauben, daß die Wendts und ihre Nachbarn Recht behalten werden. Zeichen sind bereits gesetzt: der Reiterhof wie auch die "Kutscherstube" erfreuen sich inzwischen großer Beliebtheit.

Und darauf setzen auch die Wendts: Tradition, verknüpft mit dem sanften Tourismus den sowohl ihr Reiterhof anbietet und der durch Rad- und Wanderwege wie auch durch den sich durch seine Wassergüte auszeichnenden Ruppiner See unterstrichen wird, werden mit großer Wahrscheinlichkeit der 1200-Seelen-Gemeinde die Zukunft sichern helfen. Hinzu kommt, und dies gilt für das Ehepaar Wendt, daß nicht spekuliert, sondern mit klarem Blick erkannt wurde, wie man ein havelländisches Dorf aus dem verklungenen "real existierenden Sozialismus" herauskatapultieren kann. Dazu gehört der Logierbetrieb wie der Reiterhof, die Schlachtefeste und die vielen Wandermöglichkeiten durch die märkische Landschaft.

Sarkophag des legendären Reitergenerals Hans Joachim von Zieten (1699-1786) auf dem Dorffriedhof in Wustrau.

Nach dem Gespräch mit Frau Wendt erkundeten wir das Gelände an der **Dorfkirche**. Der 1781 entstandene Sakralbau ist inzwischen von außen restauriert worden; die Innenarbeiten hatte man zuvor abgeschlossen. Auch das Umfeld bietet einiges historisches: Der **Sarkophag** des *Hans Joachim von Zieten* steht an der Kirchenmauer, daneben zwei Granitsteine mit historischen Inschriften. Hinter der Kirche ein riesiger **Findlingsblock**, die Ruhestätte des letzten Zieten, des Ruppiner Landrates *Friedrich Emil von Zieten* (gest. 1854). Eine Fülle weiterer interessanter Einzelheiten gäbe es zu erzählen, aber wir belassen es bei diesen Anmerkungen. Jedenfalls gäbe es reichlich Anlässe, selbst nach Wustrau zu fahren, um sich an Ort und Stelle über Gegenwart und Vergangenheit zu informieren.

LEGENDÄRE GESTALTEN IN VERBLICHENER PRACHT
KARWE UND RADENSLEBEN

Anreise:
vom Bf. Karwe (R 11) durch das Dorf und von dort aus ins benachbarte Radensleben (3 km).

Zieten und Wustrau spukten uns noch lange im Kopf herum. Es blieb daher nicht aus, daß abermals der Weg in Richtung Neuruppin eingeschlagen wurde. Doch auch diesmal sollten wir Fontanes Geburtsort nicht erreichen, denn vom nördlichen Ufer des Ruppiner Sees fuhren wir zuerst nach Karwe, dann nach Radensleben. Beide Dörfer gehören zum Neuruppiner Landkreis, und beide sind nach unserer Information historische Orte, über die man berichten sollte. Denn auch hier waren einst märkische Adels-

*Ehernes Relikt –
mittelalterliche
Bronzeglocke auf dem
Kirchhof von Karwe.*

*Reste vergangener Gutsherren-Herrlichkeit – das ehemalige Verwalterhaus des
Gutes in Karwe.*

*Erinnerung an einen
preußischen Soldaten –
Grabplatte für den
Generalfeldmarschall
Carl Friedrich von dem
Knesebeck in Karwe.*

geschlechter zu Hause, aus deren Reihen brandenburgische Geschichte geschrieben wurde. Diese ist zwar nicht so nachhaltend wie im benachbarten Wustrau, aber allemal wert, um sich an sie zu erinnern.

Zuerst also Karwe. Über das Straßendorf schrieb "Kießling" 1925: "Das Dorf (475 Einwohner, Auskunft beim Lehrer Großert; Gasthöfe Kausel und Nettelbeck) liegt 25 Min. sw. unmittelbar am Ruppiner See. Das Gut gehört der Familie von dem Knesebeck, dessen bekanntestes Mitglied, der Feldmarschall *Karl Friedrich von dem Knesebeck*, 1768 hier geboren wurde (gest. 1848, begraben auf dem alten Garnisonkirchhof in Berlin); das Herrenhaus wurde 1727 erbaut, 1863/64 und 1921/22 erneuert. Der langgestreckte Park ist nach Erlaubnis zugänglich."

Am Anfang stand wie üblich der Gang zur **Kirche**. Durch ein dreitoriges Portal betritt man das Gelände. Aber der Feldsteinbau war (auch wie üblich) verschlossen. Vor seiner Tür als ehernes Denkmal eine mittelalterliche **Glocke**, rechts davon zwei große **Grabplatten** aus Berliner Eisenkunstguß. Die eine gedenkt des "Königl. Preuß. General-Feldmarschalls", der "zur Ehre seines Königs und seiner Nation in siebzehn Schlachten fochte" und der "dem Wohl des Vaterlandes von seinem 13ten Lebensjahr bis zu seinem Tode diente". Die Legende auf der Platte wies den Weg ins Dorf. Doch hier suchten wir das Knesebecksche Gutsschloß vergebens. 1983 wurde es dem Erdboden gleichgemacht – man wollte keine Erinnerung mehr an die Junker haben!

Übriggeblieben ist im Park ein Grabstein der Knesebecks – und die Stallungen und Wirtschaftsgebäude, auch der Eiskeller, wenn auch in bedenklichem Zustand. Die langen roten Ziegelbauten zieren Wappenkartuschen und Inschrifttafeln – letzte Hinweise auf die Knesebecks. An einem halbverfallenen Haus am Seeufer noch ein Pappschild: "Frische und geräucherte Forellen" – zu weit von der Straße, um Touristen, so wie uns, zu erreichen. Aber das scheint noch der Alltag in Karwe zu sein. Vorerst jedenfalls, denn die Nachfahren des Feldmarschalls spielen mit dem Gedanken, das alte Gutsgelände wieder zu erwerben.

Nach einer guten Stunde verließen wir das stille Dorf, hatten die Erinnerung aufgefrischt und wollten uns anderswo umsehen. Der nächste Ort hieß Radensleben. Hier waren die Quasts seit dem Ende des 18. Jahrhunderts begütert. Wohl auch Militärs? – dachten wir. In gewisser Hinsicht stimmte das auch, aber einer aus diesem Geschlecht hatte sich woanders seine Sporen verdient. Und das war Ferdinand von Quast, der erste Landeskonservator Preußens. Diesem Manne sollte nun unsere Reverenz gelten.

Wir radelten in Radensleben ein. Auch dieser Ort ist ein Straßendorf. Überaus breit seine Hauptstraße, die von einem langen, merkwürdig gestalteten Gebäude eingenommen wird. Dunkelrot ist inzwischen der Stein geworden. Düster wirkt das Haus, das von 1833 bis 1870 (!) aus einem älteren Fachwerkbau allmählich als Backsteinrohbau entstand.

Ferdinand von Quast (1807-1877) hat den **Herrensitz** ausführen lassen. Eine reichhaltige Kunstsammlung, u.a. wertvolle italienische Gemälde, war hier zusammengetragen worden. Und ihm, dem "Conservator der Kunstdenkmäler des preußischen Staates", ist auch die Wiederherstellung (1865-70) der im 13. Jahrhundert erbauten Feldsteinkirche zu verdanken. Ebenfalls sein Werk ist die stimmungsvolle **Grabstätte** seiner Familie sowie die Gestaltung des Schloßparks.

Alles ist erhalten. Nur ist seit langem im ehemaligen Herrenhaus eine Außenstelle der Charité (Klinik für Gereatrie) ansässig. Friedlich und geheimnisvoll liegt das rote Gebäude vor uns.

FÜNF GOLDMARK RETTETEN EINE LINDE VOR DEM ABHOLZEN
GRÜNEFELD

Zwischen den Fernstraßen E55 und B273, den Gemarkungen Ländchen Glien und Luchberge, liegt ein Teil des Westhavellandes, den wir kurz hintereinander in mehreren Etappen aufgesucht hatten. Haltepunkte waren die Dörfer Wustermark und Zeestow, Bredow und Paaren, Grünefeld und Börnicke.

Den Brieselang und die Bütenheide hatten wir dabei links liegengelassen, durchquerten den Nauener Stadtforst und dann

Anreise:
a) vom Bf. Nauen mit dem Havelbus 659 bis Grünefeld/Ort oder
b) vom Bf. Nauen mit dem Rad über den Großen Hauptkanal durch den Nauener Stadtforst dann über die 42 m hohen Petersberge und Börnicke bis Grünefeld (14 km).

das Dorf Paaren im Glien. Danach kam Grünefeld in Sicht. Anhalten wollten wir hier nicht. Jedoch es kam anders, als die ersten Häuser des Ortes ins Blickfeld traten.

Gelbrot leuchtete die bereits tiefstehende Sonne das dörfliche Ensemble an. Traumhaft schön spielte der Spätherbst mit den Farben. Bunte Blätter schwebten zu Boden – wir dachten an Eichendorff und Annette von Droste-Hülshoff. Grünefeld richtete sich auf den Abend ein, es war mucksmäuschenstill im Dorf. Und in dieser romantischen Stimmung gingen wir die Dorfstraße entlang.

Schöne Bauernhäuser, aber auch solche, die dringend einer Reparatur bedurften, begleiteten den Weg. Ein stabiles Gebäude mit kräftigem Krüppelwalmdach, schiefergedeckt und einer Windfahne von 1908 fiel uns ebenso auf, wie die verwaschene Inschrift "Kolonialwaren von Hermann Mierke" an einem anderen Haus. Unübersehbar natürlich die **Kirche**, die, um 1737 erbaut, im Jahr 1911 einen neubarocken Turm erhalten hatte. Auf der Turmspitze hockte über einem Turmknauf oberhalb der Wetterfahne ein Kranich aus Schmiedeeisen.

Der metallene Vogel war Anlaß zu Spekulationen: war er ein christliches Symbol oder Bestandteil eines Adelswappens? Ähnliches kannten wir aus dem Wappenschild der Grafen von Gruyere im schweizerischen Kanton Fribourg. Aber auch der mit dem Kranich gleichgesetzte Ibis hatte ja seinen Einzug in die christliche Literatur gehalten.

Die Antwort kam dann vom Grünefelder Pfarrer, den wir vom Schreibtisch weglockten: "Der Kranich wird eigentlich als Fruchtbarkeitssymbol verstanden. Doch gibt es im Dorf zwei verschiedene Deutungen über ihn. Da er auf einem Bein steht und mit dem anderen einen Stein festhält, sagt man, daß er die bösen Geister vertreiben soll. Andererseis wird erzählt, daß der Kranich eine Wächterfunktion hat. Wenn er nämlich einschläft, fällt ihm der Stein auf sein Standbein und macht ihn wieder wach."

Jörg Baruth, seit sechs Jahren Pastor im Ort, schmunzelt – offenbar ist er das erste Mal mit dieser Frage konfrontiert worden. Wir sprechen den jungen Geistlichen auf unsere Eindrücke von Grünefeld an, meinen, daß das Dorf einen wesentlich angenehmeren Charakter besitzt, als beispielsweise Bredow. Der das Amt des Pfarrers einnehmende, als Gemeindepädagoge ausgebildete Baruth bestätigt dies. Grünefeld ist kein reines Bauerndorf gewesen. Es gab in früherer Zeit auch kein adliges Gut, die wenigen Bauern mußten ihre Frohndienste nach Schwante leisten.

Wir traten aus dem Pfarrhaus und gingen gemeinsam zur Kirche. Der Pfarrer zeigte auf die eiserne Türklinke: "Fällt Ihnen etwas auf?" – Nein. – "Schauen Sie mal. Erkennen Sie die Jahreszahl?"

Bekrönt – ein Kranich schmückt seit 1911 eisern den Turm der Grünefelder Dorfkirche.

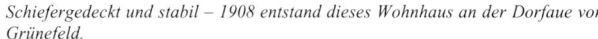

Schiefergedeckt und stabil – 1908 entstand dieses Wohnhaus an der Dorfaue von Grünefeld.

– Tatsächlich: 1737 steht drauf. Auch die nächste Klinke ist symbolträchtig. Man erkennt Jonas, der vom Wal ausgespuckt wird.

Im Innern dann heller Glanz. Baruth erzählt, daß er zusammen mit wenigen Dorfbewohnern den Raum selbst wiederhergestellt hat. Weiße Wände, neue Bestuhlung, die das Geschenk einer Spandauer Pfarrei ist; Kanzel und Empore sind ebenfalls aufpoliert. Auch der Fußboden ist neu. Die Steine stiftete vor der Wende die Bonner Patengemeinde. Vielleicht das älteste Stück der Einrichtung ist die Orgel. Nach Meinung des Potsdamer Orgelbauers Schuke ist sie eine Arbeit von *Karl Ludwig Gesell* (1809-1867) und *Karl Eduard Gesell* (1845-1894).

Der Seelenhirte ist stolz auf sein und seiner Leute Werk. Abschließend erzählt er die kleine Geschichte von der alten Linde vorm Pfarrhaus. Sie sollte vor vielen Jahren abgeholzt werden, aber ein Bauer aus dem Dorf wehrte sich dagegen, spendete fünf Goldmark und der Baum war gerettet.

EIN DORF IM AUFSCHWUNG
PERWENITZ

Daß nicht jedes havelländische Gemeinwesen am Tage unserer "Visitation" mit einer aufregenden oder interessanten Geschichte aus seiner historischen Vergangenheit aufwartet, sollten wir beim Rundgang durch Perwenitz erfahren. Das Füllhorn, das sich andernorts beim Pastor, beim Kneipenwirt oder bei ehemaligen LPG-Angehörigen vor uns ausschüttete, war hier leer. Nun, damit

Anreise:
a) vom Bf. Brieselang (R5, 9 und 19) durch die Bütenheide und Pausin bis Perwenitz (11 km) oder
b) vom Bf. Brieselang mit dem Havelbus 671 bis Perwenitz/ Ort.

mußten wir immer rechnen – so auch an jenem Sonntagnachmittag, als der Weg über das westlich der Havel liegende Niederneuendorf und Pausin weiter durch das Land führte.

Aber das Ortsschild "Perwenitz" zwang zu einem Abstecher und kurzen Aufenthalt im Dorf. Wir stiegen an der **Dorfkirche** ab, um das Innere des Sakralbaus zu betrachten. Doch auch hier war die Kirchentür verschlossen und weit und breit kein Mensch zu sehen.

Das geübte Auge erkannte die Provenienz des Gebäudes: Um die Mitte des vergangenen Jahrhunderts erbaut unter dem Einfluß Schinkelscher Tradition, so unsere Mutmaßung. Wir lagen nicht schlecht. Tatsächlich ist die Perwenitzer Dorfkirche im "Rundbogenstil der Schinkel-Schule" 1840 errichtet worden, so sagt es der mitgeführte Kunstführer. Leider verschweigt er weitere Einzelheiten über andere Baulichkeiten im Dorf. Schade, denn auch das gegenüberliegende Gebäude fand unser besonderes Interesse.

Zehn Achsen hat der Bau und ein leicht vorgezogenes Mittelrisalit. Über allem thront ein gewaltiges Walmdach, das auf seiner rechten Seite von mehreren kleinen Erkern durchbrochen wird. Das breitgelagerte Haus steht quer zur Hofmitte. Zu beiden Seiten schließen sich Stallungen und Landarbeiterhäuser an – also mußte es ein **Gutshaus** sein. Wir tippten richtig, wie uns die beiden im Gespräch vertieften, über einen Gartenzaun lehnenden Männer bestätigten.

Der letzte Gutsbesitzer hieß *Friedrich Harney* und betrieb in Perwenitz ein Mustergut, war außerdem an der Nauener Zuckerfabrik beteiligt. An diesen Gutsherrn erinnerten bis vor kurzer Zeit noch schmiedeeiserne Initialen, die am Gitter auf der Gartenseite des Herrenhauses angebracht waren.

Doch das war einmal. Am Balkon auf der Parkseite des Hauses war von einstiger Schmiedekunst nur die Zahl 3 übriggeblieben, alles andere hatte man herausgebrochen. Ob es die Schulkinder waren, die vor der Wende im Gutshaus sozialistischem Gedankengut folgen mußten, oder die Obrigkeit des Dorfes – keiner weiß es heute mehr.

Das Gutshaus jedoch zeigt sich in einem relativ gutem Zustand, jedenfalls von außen. Wie alt der Bau ist, kann mit Sicherheit nicht gesagt werden. Vermutet wird seine Entstehung im 17. Jahrhundert. Bauhistorische Untersuchungen haben ergeben, daß an ihm das Fachwerk mit einer Backsteinfüllung und einer Lehmfachvorverblendung versehen worden ist. Darüber wurde in späterer Zeit eine helle Putzhaut gezogen.

Das heute von etwas mehr als 600 Menschen bewohnte Dorf kann aber, wie die Annalen wissen, mit einer wesentlich reicheren Vergangenheit aufwarten: Erstmals urkundlich genannt 1248 in einer markgräflichen Urkunde mit dem Vermerk "Danieli et

Beständig – das im 19. Jahrhundert erbaute Gutshaus in Perwenitz.

Ever-hardo de Parwenitz", ging es gute hundert Jahre später an den Ritter *von Kahlenberg* über, dessen Familie hier bis etwa 1700 saß. Ihr folgte der Baron *von Chalezac* (bis 1711). In der darauffolgenden Zeit fiel Perwenitz an die kommunale Obrigkeit. Die Ämter Oranienburg, Bötzow und Spandau verwalteten dann bis 1872 das Dorf.

Im Jahr 1931 standen im Ort 79 Wohnhäuser, zu denen insgesamt rund 300 Hektar Land gehörten. Mit der Bodenreform (1947) wurden 283 Hektar Acker- und Weideland enteignet; 257 davon gingen auf 72 landlose Bauern und Landarbeiter, Umsiedler und nichtlandwirtschaftliche Angestellte über. Perwenitz wurde schließlich 1953 durch Hinzunahme der LPGen aus Paaren und Pausin Sitz einer Groß-LPG.

Perwenitz, so wurde uns dann von Einheimischen berichtet, hat, was Arbeitsplätze betrifft, kaum Sorgen. Eine Baumaschinenfabrik gibt Arbeit, außerdem hat eine Getränkefabrik eine Abfüllanlage erbaut. Und schließlich ist Berlin ja auch nicht weit von Perwenitz entfernt.

ZWISCHEN **STOLPER-**
UND **BÜTENHEIDE**

Anreise:
a) vom Bf.
Hennigsdorf (R 11,
14 und 19) mit dem
Havelbus 651 oder
659 bis Bötzow/
Kreuzung bzw. Ort,
b) vom Bf.
Schönwalde-Dorf
(R19) mit dem
Havelbus 651 oder
671 bis Bötzow/
Kreuzung oder
c) mit dem Fahrrad
vom Bf. Hennigsdorf
nach Bötzow (8 km).
– Von Bötzow aus
erreicht man nach
etwa 4 km Marwitz.

SPUREN IM MÄRKISCHEN SAND
BÖTZOW

Jeder Havelländer kennt Bötzow. Über Jahrzehnte assoziierte man das südlich von Velten liegende Dorf mit dem seinen Namen tragenden Gerstensaft, und auch mit einer, einst Spandau verbindenden Bahnlinie. In Erinnerung ist vielleicht noch, daß Bötzow bis 1694 "Kotzeband" hieß und daß in jenem Jahr das eigentliche Bötzow zu Ehren der Kurfürstin *Louise Henriette von Oranien* in "Oranienburg" umbenannt worden war.

Doch lang ist es her. Die historische Vergangenheit versank längst im Dunkel der Geschichte, wurde vielfach getilgt durch an der Sache vorbeigehende Ideologien. Geblieben ist daher wenig, fast nichts. Aber das noch Vorhandene aufzuspüren, nach Spuren im märkischen Sand zu suchen, sollte ja unsere Aufgabe sein. Auch hier in Bötzow, wo wir gleichzeitig Fakten aus der jüngeren Ereignisgeschichte erfahren wollten.

Unser Ziel war die dem 15. Jahrhundert zugeordnete Feldsteinkirche, von der wir annahmen, Hinweise auf die Vergangenheit des Dorfes zu finden. Doch was tun, wenn die Tür versperrt ist und nur ein verwitterter Grabstein seine kaum lesbare Inschrift uns entgegenhält?

Ein glücklicher Zufall änderte die Situation: Der Mensch, der bei unserer Ankunft am Gartenzaun gelehnt und aufmerksam die Fremden beobachtet hatte, wurde plötzlich unser Ansprechpartner: Sieghardt Zeise. Er ist Bötzower seit ein paar Jahren und Mitglied des Gemeindekirchenrates – also auch mit den dörflichen Gegebenheiten gut vertraut.

Das Gespräch begann im Innern der **Kirche**, zu deren Ausstattung ein mit reicher Akanthusschnitzerei versehener **Kanzelaltar** aus dem Jahr 1706, eine **Sandsteintaufe** von 1579, Reste eines aus der Zeit um 1430 stammenden **Freskos** und die von Joachim Wagner 1743 geschaffene **Orgel** gehören. Das Musikinstrument ist eine Rarität und deshalb eine Zierde der kleinen Kirche.

Wir traten nach draußen. Hühner gackerten vor der Kirchenmauer, ein Fuhrwerk holperte über die von schönen alten Bäumen umsäumte Dorfstraße, vorbei an dem langgestreckten Bau des ehemaligen Gutshauses und der sich ihm anschließenden Brennerei. Hier ist nun eine Schule untergebracht, die noch immer den Namen Erich Weinerts trägt.

Auf der Dorfstraße in Bötzow, im Hintergrund die im 15. Jahrhundert entstandene Dorfkirche.

1706 schuf ein unbekannter Meister den Kanzelaltar der Bötzower Dorfkirche.

Die Geschichte des alten Rittergutes ist umfangreich, wie wir im Nachhinein erfahren haben, auch, daß es nicht den Bredows, sondern den *von der Gröben* gehörte. Aber das tat jetzt nichts zur Sache. Sieghardt Zeise hatte sich für uns bemüht, Einblicke in das Leben seines Dorfes zu geben. Wir waren dankbar, machten noch eine Runde über die Dorfstraße, erfreuten uns an einigen schönen alten Häusern und an der vom märkischen Sand zugewehten Vergangenheit, bevor wir den Ort in Richtung Marwitz verließen.

EIN DORF STEHT AUF "TÖNERNEN FÜSSEN"
MARWITZ

Anreise:
vom Bf. Velten (R 11) erreicht man nach knapp 3 km Marwitz.

Vor dem Besuch in Marwitz fiel der Blick in eine wissenschaftliche Abhandlung: 1345 wurde das Angerdorf als "in marwitz" erstmals urkundlich erwähnt; 1433 hieß es dann "marwicz auff dem Glyn". Von da an wurde die Herrschaft über das Dorf vom Amt Bötzow (Oranienburg) verschiedenen Lehnsherren übertragen, zu denen u.a. die *von der Gröben*, die *von Redern* und *von Krämer* gehörten. 1757 hatte Marwitz vier adelige Besitzer, die sich die Ländereien untereinander aufteilten. Zu diesem Zeitpunkt gab es im Dorf eine Ziegelei, die im Besitz der Familie *von Schönholz* war.

Anders als in Bötzow gab es aber hier kein Rittergut, so daß die 1947 eingeleitete Enteignung der Acker-, Wald- und Wiesenflä-

*Leitet seit 1934 die Keramik-Werkstätten in Marwitz – Hedwig Bollhagen,
Keramikerin aus Berufung.*

chen nur 21 Hektar umfaßte. Erst später, 1954, kam es zur
Zusammenlegung der Bauernländereien. In Marwitz entstanden
LPGs, die bis 1960 über etwa 1400 Hektar landwirtschaftliche
Fläche verfügten.

Ein Storchennest auf einem alten Brennereischornstein weck-
te das Fotografenherz. Anhalten, absteigen und fotografieren war
der erste Gedanke. Abgelenkt wurden wir jedoch durch einen
älteren Herrn, der vor seinem "Wartburg" stand. Ein "Guten
Tag!", ein kurzes Gespräch – und dann die Information, die urplötzlich Meister Adebar vergessen ließ und den Terminplan
veränderte. Daß der Storch inzwischen sich in sein Nest geku-
schelt hatte, war nun egal, denn wir waren erfreut über den Tip,
den wir gerade bekommen hatten und gespannt darauf, was uns
nun erwarten würde.

Dieser Hinweis hieß Hedwig Bollhagen. Sie ist Keramikerin
und heute mit 88 Jahren wohl die älteste Künstlerische Leiterin
einer Bau- und Gebrauchskeramik-Fabrik in Deutschland.

Wenig später standen wir dieser außerordentlich reizenden
Dame gegenüber. Völlig unbefangen begann die Unterhaltung,
ihr Vevre war zu spüren – verhalten, fast zart. Und sie erzählte von
der Tonwarenfabrikation rund um Velten, von früheren Zeiten,
von der Gegenwart und der für sie wichtigen Zukunft. Um die
Jahrhundertwende, besser: zur Gründerzeit, gab es in Velten
zwischen 30 und 40 Ofenfabriken, die die bekannten 'Berliner
Öfen' herstellten. Später wurde dort ein Hafen angelegt. Der
Bürgermeister sah damals hierin die Zukunft der Region, da die
mäßige Fruchtbarkeit des märkischen Bodens keine bessere Al-
ternative anzubieten schien. Tonmineralhaltige Vorkommen zwi-

schen Marwitz und Velten – daher der historische Beiname "uff dem Glyn"! Und dieser natürliche Werkstoff führte 1878 zur Gründung des Betriebes, den "HB", wie Hedwig Bollhagen respektvoll in Künstlerkreisen genannt wird, leitet. Zuerst wurden auch hier Ofenkacheln gefertigt, dann, so ab Mitte der 20er Jahre, ging man zur Kunstkeramik über. – Sie selbst übernahm 1934 die Fabrik, nachdem sie im Westerwald eine Töpferausbildung absolviert und in Velten praktisch gearbeitet hatte. Die "Kunst" nahm sie später aus dem Firmennamen, nannte ihr Unternehmen schlicht "Werkstätten für Keramik".

Kurvig verläuft die Hauptstraße durch das Angerdorf Marwitz.

Doch, wie sieht jetzt die Auftragslage aus? Nun, nachdem der staatliche Kunsthandel, der für die zahlreichen Galerien zuständig war, nicht mehr existierte, hatte sich der Betrieb zunächst auf Restaurierungsarbeiten verlegt. Terrakotten für die Friedrichswerdersche Kirche und die Nikolai-Kirche, für das Rote Rathaus und die Neuruppiner Klosterkirche wurden in Marwitz gefertigt. Weitere Aufträge kamen von den Kirchengemeinden Michael und Thomas.

Um 1767 wurde die Dorfkirche von Marwitz gebaut.

"Art-Union" heißt nun die zur GmbH gewordene Firma, die Frau Bollhagens Leben ist. Seit fast sechzig Jahren ist die durch das Bauhaus beeinflußte Künstlerin ("... man kann so etwas nie von sich selbst sagen") in Marwitz tätig, hat sich mit jungen Keramikern zusammengetan, fördert sie. Unendlich viel kann sie erzählen, von ihren Arbeiten in Potsdam und Bornstedt, von der Enteignung 1972 und natürlich von den Produkten, die angeboten werden. Apropos Angebot! Jeden Mittwoch ist Verkauf – und auch wir werden eines Tages wieder vor Hedwig Bollhagens Tür stehen, werden kaufen und plaudern und etwas intensiver das Dorf durchwandern. Vielleicht ist dann die jetzt noch auf tönernen Füßen stehende Wirtschaftsstruktur von Dorf und Betrieb gefestigt?

Für Hedwig Bollhagen aber ist die Zeit nicht stehen geblieben. Sie ist weiterhin aktiv im Geschäft, sowohl im verträumten Marwitz, als auch im künstlerischen Leben Berlins. Ihr zu Ehren fand aus Anlaß ihres 85. Geburtstages im November 1992 im Deutschen Historischen Museum Unter den Linden in der Abteilung "Keramik der zwanziger und dreißiger Jahre" eine Ausstellung ihres künstlerischen Frühwerkes statt. Die "Märkische Tonkunst Berlin und Brandenburg" zeigte Arbeiten der **HB-Werkstätten** für Gebrauchskeramik, die, 1934 hervorgegangen aus den Hael-Werkstätten, unter dem Motto "das schöne Service für jedermann" das ästhetische und soziale Programm der Künstlerin Hedwig Bollhagen dokumentieren.

Anreise:
vom Bf. Hohen-
Neuendorf nach
Stolpe (3,5 km).

AUCH DER LETZTE SCHRANK WURDE VERSCHERBELT
STOLPE

Gleichlautende Ortsnamen können Verwirrung stiften. Man denke nur an die um Berlin herum liegenden Dörfer Glienicke, die, wären sie nicht mit den Beinamen "Alt-", "Groß-" oder "Klein-" versehen, so manches Mal verwechselt würden. Ähnliches kann mit den Altsiedlungen Stolpe geschehen, von denen eine am westlichen Oderufer, eine am Wannsee und eine weitere südlich von Hohen-Neuendorf zu finden sind. Und dieses letzte, das niederbarnimsche Stolpe nämlich, erschien uns eines Besuches wert.

Der am nördlichen Stadtrand Berlins entstandene, 1355 erstmals beurkundete Ort hieß einmal wegen seiner Zugehörigkeit zur preußischen Krone "Kron-Stolpe". Das Zusatzwort ist heute vergessen; lediglich die stilisierte Drahtkrone auf der Turmspitze der Dorfkirche erinnert an die einstige Patronatsherrschaft. Um aber einer Verwechslung mit den anderen Stolpes vorzubeugen, erhielt das havelländische Dorf den in Klammern gesetzten Hinweis "Nordbahn", der gleichzeitig auf ein Teilstück des Berlin umschließenden Schienenverkehrs hindeutet.

Nicht mit der Bahn, sondern auf der Heiligensee mit Hohen-Neuendorf verbindenden Straße ging es in Richtung Stolpe. Hinter dem Abzweig erreichten wir nach einem kurzen Schlenker das Dorf. Auch hier bot sich wieder das uns bekannte Bild: Die Dorfstraße ist mit herrlichen alten Bäumen besetzt, typisch auch die Randbebauung. Modernisierte Wohnhäuser wechseln sich ab mit zum Teil vorbildlich restaurierten Bauerngehöften. Stolpes ländliches Kolorit ist erhalten. Die dörfliche Atmosphäre strömt Ruhe aus, ist wohltuend, zumal dann, wenn man dem Gedränge auf der Autobahn entronnen ist.

Im Schatten einer alten Linde rekapitulierten wir die uns bekannte Vergangenheit des Dorfes. Wir wußten, daß hier früher die *Veltheims* saßen, jene in Stolpe und Schönfließ begüterte Familie, von der immer wieder erzählt wird, daß einer ihrer Sprößlinge in einer Nacht beim Kartenspiel soviel verlor, daß ein Teil der Ländereien zur Deckung der Schulden verkauft werden mußte.

Aber das ist wohl Legende. Tatsache dagegen ist, daß das Gut der *Freiherren von Veltheim* schon lange vor 1945 an die Stadt Berlin verkauft worden war, und daß es in der Folgezeit eine LPG wurde. Heute ist es ein Stadtgut – mit geringen Aussichten zum Weiterleben.

Durch ein Tor betraten wir die weiträumige Anlage. Der Betrieb lag in der Mittagssonne, schläfrig und irgendwie geisterhaft. Außer ein paar Hühnern war kein Lebewesen zu sehen. Dann aber

Die Krone auf dem 1822 errichteten Westturm der Stolper Dorfkirche erinnert an die Zeit, als das Dorf noch "Kron-Stolpe" hieß.

Das Gutshaus in Stolpe ist heute Stadtgut, früher war es im Besitz der Familie von Veltheim.

tauchte jemand auf. Rund und zahnlos, doch freundlich allemal. Er ist Knecht, arbeitet mit anderen dreißig Leuten auf dem Gut. 200 Schweine und 300 Bullen stehen noch in den Ställen, doch die gesamte **Gutsanlage** soll in ein Sportzentrum umgewandelt werden. Von der alten Einrichtung des Gutshauses ist sowieso nichts mehr vorhanden. Der letzte alte Schrank wurde vor kurzem verscherbelt.

Also auch in diesem Fall Altbekanntes. Wir schauten zum Gutshaus auf. Der zweigeschossige Putzbau, um 1760 errichtet, ist ziemlich vergammelt. Der Putz bröckelt, die Freitreppe ist brüchig. Wenig Interesse ist dem Haus widerfahren. Weshalb auch?

Schöner dagegen das aus **Kirche** und **Pfarrhaus** bestehende Ensemble. Die im 13. Jahrhundert erbaute Feldsteinkirche, die 1696 erweitert und 1822 mit einem, der Schwanter Dorfkirche nachgebildeten Westturm versehen wurde, enthält noch zwei Wappenscheiben von 1649 als Erinnerung an frühere Patrone. Ansonsten stammt ihre Einrichtung aus der Zeit um 1822.

Vor dem Pfarrhaus trafen wir auf eine Handvoll junger Leute. Einer war der Sohn der Pfarrerin, die nach Meinung ihres Filius' "ihre Sache ganz gut macht". Stimmt bestimmt. Lieder- und Chorabende, veranstaltet unter Mitwirkung des aus Greifswald ins Dorf gekommenen Kirchenmusikdirektors sowie Wanderungen für die Gemeindemitglieder und andere Interessierte hat die rührige Pastorin ins Leben gerufen.

Leider ungenutzt ist der historische **Theatersaal** von Stolpe. Er liegt an der Dorfstraße auf dem Grundstück 6a und gehört seit Generationen der Familie Mathes. Da diese auf ihrer "Datsche" war, öffnete uns der Wirt vom benachbarten Dorfkrug das Tor.

Eine zauberhafte Stimmung lag über dem Hof. Beschattet von einer dicken Kastanie steht der kleine Bau einsam und verlassen da. Daß von ihm einmal Thalias Geist durch das Dorf getragen wurde, ahnt kein Fremder. Heute ist der Saal Abstellraum. Den Kuß der Muse will keiner mehr – der Fernseher steht ja in den eigenen vier Wänden!

Stolpes Tradition ist dennoch gegenwärtig; außerdem: Stolpe ist ein schönes Dorf, ordentlich und sauber. Dies ist jedenfalls die Ansicht unserer weiblichen Begleitung – und recht hat sie!

Anreise:
a) mit dem Fahrrad am besten von Heiligensee aus starten, dann am westlichen Havelufer entlang zum Dorf (6 km) oder
b) durch den Spandauer Forst über die Papenberge ins Dorf (10 km).

AM RAND EINES INDUSTRIEREVIERS
NIEDERNEUENDORF

Unsere Ankunft im 1375 im als "Landbuch" bekannten Einnahmeverzeichnis der Mark Brandenburg erstmals urkundlich genannten "Nyendorff" begann mit einem Fund: Beim Abschreiten der Kirchenmauer entdeckten wir im Gras einen Schlüssel, an dem ein Metallschild mit dem Namen "Stefan" hing. Was sollten wir damit anfangen? Nun, Hilfe versprach der gegenüberliegende Zeitungsladen, wo der Schlüssel abgegeben wurde. Dann aber fiel uns das Pfarrhaus ein, zu dem wir ohnehin wollten, um den Pfarrer zu bitten die Kirche aufzuschließen.

Der verdutzten Ladenbesitzerin wurde das Schlüsselbund kurzerhand wieder abgenommen und nach wenigen Minuten klingelten wir beim Pfarramt. Als sich dessen Tür öffnete, stand nicht der Pastor, sondern sein Sohn vor uns. Der Vater sei nicht da, aber er könnte uns ja die Kirchentür aufmachen. Gesagt – getan. Friedrich, so heißt der muntere Knabe, verschwand, kam kurz darauf mit einem dicken, alten Schlüssel zurück und führte uns stolz erhobenen Hauptes zur **Kirche**.

Im Gegensatz zum äußeren Bild ist das Innere des Gotteshauses in einem tadellosen Zustand. Der hellgeputzte Kirchenraum ist weitgehend schmucklos. Kanzel, Taufe und Empore sind im 18. Jahrhundert entstanden. Wesentlich älter dagegen das an der linken Seite angebrachte **Grabdenkmal**. Das in Sandstein gearbeitete Flachrelief trägt die Inschrift "Caspar Clitzing, Hauptmann an dem Hof zu Brandenburg – Margareta von Oppen, 1557", darüber das Reliefbildnis der Verstorbenen in zeitgenössischer Tracht.

Mit dieser Grabtafel hatten wir einen Hinweis auf die frühere Herrschaftszugehörigkeit von Niederneuendorf erhalten, die wir beim Verlassen der mittelalterlichen Dorfkirche in der stets mitgeführten Literatur rekapitulierten: Das Angerdorf am westlichen Havelufer gehörte von etwa 1412 bis 1480 den Rittern *von*

*Geheimnisvoll –
gotisches Fenster an der
Kirche von
Niederneuendorf.*

Vom Niederneuendorfer See fällt der Blick auf das gleichnamige Dorf.

der Gröben, danach, bis 1614 der Familie *von Klitzing* aus
Demerthin. In den nachfolgenden Jahrhunderten ging Dorf und
Gut Niederneuendorf an die *von Götzes* (1614-1620), die *von
Stechows* (1620-1630) und die *von Ribbecks* zu Glienicke (1630
bis etwa 1665) über. Ihnen folgten ein Sekretär Neuhausen und
die Ämter Oranienburg, Bötzow und Spandau.

Bevor der Weg weiter durch das Dorf führte, fiel der Blick
noch einmal auf die im 13.-15. Jahrhundert erbaute Feldsteinkirche. An der Außenwand entdeckten wir einen anderen historischen Hinweis: eine in die Wand eingelassene **Grabplatte**, die
des "theuren Vaters, des Königl. Preuß. General-Majors Gustav
Adolph von Bennigsen" gedenkt. Für uns interessant waren
schließlich auch die Kirchenfenster, an denen kleine Schriftzüge
auf ein bemerkenswertes Kapitel Berliner Handwerkskunst hin-
wiesen: "Ausgeführt von *August Wagner* in Berlin-Treptow im
Jahr 1948" und "Entwurf Karl Krodell" stand in den Ecken der
Bleiglasfenster. Wir erinnerten uns der "Vereinigten Werkstätten
für Mosaik- und Glasmalerei", die 1890 am Rixdorfer Rollkrug
gegründet wurden und die später in die von Hermann Schwechten
erbauten Gebäude an der Kiefholzstraße übergesiedelt waren.
Das Wagnersche Unternehmen ist durch seine Mosaiken in der
ganzen Welt bekannt geworden, und es hatte auch in Niederneuendorf seine Spuren hinterlassen.

Nach diesen Eindrücken ging es weiter durch das Dorf in
Richtung Havel. Die Dorfstraße zeigt das Bild der meisten märkischen Siedlungen: frisch aufgeputzte Häuser wechseln sich mit
weniger gut erhaltenen Gebäuden ab, was besonders am Anger
deutlich wird. Von hier dann nach einigen Metern eine Schneise,

die zur Havel führt. Ein Wachturm am Ufer steht als Relikt ver-
klungener Staatshoheit, er wird heute vom Roten Kreuz genutzt,
vermutlich als Posten zur Wasserrettung. Und dann die Havel.
Behäbig liegt der Fluß vor uns. Grau ist sein Wasser, aber die
letzten Strahlen der Herbstsonne tauchen die natürliche Grenze
zwischen Heiligensee und Niederneuendorf in ein freundliches
Licht. Daß wir nun am anderen Ufer stehen, erfreut uns sehr.

Weniger begeistert waren wir aber von der alten Kläranlage,
die den Weg kreuzte. Sie stank noch zum Himmel, ebenso die
Öllachen, die den Boden in Ufernähe verschmutzten. Hier lagen
Gleise einer Industriebahn, die eine alte Verladerampe berührten.
Ja, Niederneuendorf muß mit Hennigsdorf in einem Atemzug
genannt werden. Stahl, Lokomotivbau und andere metallverar-
beitende Betriebe bestimmten über Jahrzehnte das Bild beider
Kommunen. In Hennigsdorf zum großen Teil immer noch – in
Niederneuendorf dagegen nicht mehr. Die VEB Baumechanik
hat, wie uns gesagt wurde, den Betrieb eingestellt. Dafür entstehen jetzt andere Unternehmen, die der Gemeinde wirtschaftlichen Aufschwung versprechen.

Etwas anderes hatte uns noch an Niederneuendorf interessiert.
Nach unseren Informationen soll es hier einmal ein Gut der AEG
gegeben haben. Doch bei unserem Rundgang durch das Dorf ist
uns kein derartiges Gebäude aufgefallen. Deshalb wandten wir
uns später an das Archiv des Unternehmens. Dabei herausgekom-
men ist folgendes: Schloß und Gut Niederneuendorf wurden
vermutlich 1910 von der Hennigsdorfer Terrain- und Hafen-
gesellschaft mbH (HTHG), einer AEG-Grundstücksgesellschaft,
erworben, offenbar im Zuge eines Grundstücksankaufs für das
neue Fabrikgelände im benachbarten Hennigsdorf.

Anreise: direkt vom Bf. Brieselang durch den "Brieselang" und die Bütenheide zum Forsthaus

FONTANES "KÖNIGSEICHE" IST NEU GEPFLANZT
BRIESELANG

Ein Bekannter, von Haus aus Norddeutscher und seit jüngster Zeit
Wahl-Berliner, gerät ins Schwärmen, wenn er den Namen "Brieselang" hört. Und noch bevor er das vor Spandaus Toren liegende
Landschaftsschutzgebiet kennenlernte, zerging ihm der Name
dieser Region so auf der Zunge, als würde er im ehrwürdigen
Bremer Ratskeller einen alten Rotwein genießen. Angeregt durch
diese neue Liebe wurde klar, daß auch wir den Brieselang unbedingt aufsuchen mußten, um in Erfahrung zu bringen, ob Land
und Leute dieselbe Ausstrahlung auf uns ausübten.

Einigermaßen vorbereitet steuerten wir das Gebiet an, hatten

Heike und Martin Schubert sind seit 1983 Revierförster im Brieselanger und Bredower Forst.

Försterei Brieselang, erbaut 1904 anstelle eines älteren Forsthauses.

den Forst wie auch Alt-Brieselang und Brieselang, den Hauptort, vor uns auf der Karte zu liegen, kannten darüber hinaus Fontanes Schilderungen und den Text aus Kießlings "Wanderbuch für die Mark Brandenburg", der 1925 folgendes wiedergab:

"... Bhf. Finkenkrug ist Ausgangspunkt für den Brieselang, der zur Falkenhagener Staatsforst gehört und sich von der Bahn nördlich bis an die Falkenhagener Wiesen neben dem Großen Graben ausdehnt. Er ist fast reiner Laubwald, wohl der schönste in der Umgebung Berlins; reizend sind namentlich die häufigen Birkenhaine (Brieselang = Birkenbruch). Durch die Entwässerungsarbeiten im Luch ist ihm viel Feuchtigkeit entzogen; die Wege sind völlig trocken geworden, alle Gestelle sind angenehme Spazierwege, die Mückenplage hat abgenommen, allerdings auch die früher so reiche Ausbeute für Käfer- und Pflanzenfreunde."

Also, "Kießling" im Gepäck und "Fontane" im Gedächtnis, ging der Weg über Falkensee, vorbei am "Alten Finkenkrug" nach Alt-Brieselang. Dort an der Straße steht der Krug gleichen Namens, gegenüber das älteste Haus der Ansiedlung, die aus einem 1745 entstandenen Vorwerk hervorgegangen ist. Nahebei hackte ein Mann Holz, schaute verdutzt auf die beiden Personen, die schnurstracks auf ihn zukamen. Von ihm erfuhren wir, daß die Wirtschaft seit dem Tod der Besitzerin geschlossen sei, man sich aber Auskünfte in der Revierförsterei einholen könne. Und genau das war's, was wir brauchten!

Wenig später leuchtete uns das hellverputzte Forsthaus entgegen. Am Eingang die geschnitzte Inschrift "Försterei Brieselang", geschmückt von einem mit Eichenlaub umkränzten Jagdhorn. Auch hier werkelte jemand im Hintergrund. Der Mensch war Martin Schubert, der Revierförster. Kaum bekannt gemacht, erweiterte seine Ehefrau Heike – pardon: Frau Revierförsterin Heike Schubert – den Gesprächskreis.

Reichlich verblüfft, ob der für eine Frau ungewöhnlichen Profession, wurde uns erklärt, daß beide in Raben-Steinbach bei Schwerin eine dreijährige Ausbildung und danach eine Waldarbeiter-Lehre absolviert hatten. 1983 wurde die mit zwei Planstellen besetzte Revierförsterei ihnen übertragen. Bei Schuberts herrscht also Arbeitsteilung. Zufall. Die Försterei liegt genau in der Mitte zwischen zwei Revieren. Den Brieselang betreut Martin, den Bredower Forst Heike. Bereits im Realsozialismus war eine Gemarkungsteilung vorgesehen, da die einzelnen Waldgebiete bis zu 1400 Hektar umfaßten und wegen ihrer Größe schwer zu betreuen waren. Heute bestehen die Reviere aus etwa 800-900 Hektar, die jeder Förster mit vier bis fünf Mann, darunter jetzt ABM-Kräfte, versorgt.

Von den vielen Geschichten, die den Brieselang umfangen, gehört die von der alten "Königseiche" wohl zu den bekanntesten. Fontane hatte bereits über sie geschrieben, und seitdem haben Generationen von Wanderern den Baum aufgesucht. In den 1930er Jahren fiel die Eiche dann einem Brand zum Opfer, als Berliner Ausflügler in dem hohlen Baumriesen ein Feuer machten. Die Schuberts haben schließlich den früheren Standort der Eiche entdeckt, pflanzten ein neues Bäumchen, hoffen, daß auch dieses einige Jahrhunderte prächtig gedeiht. Die historische Vergangenheit des Brieselang birgt viele Geheimnisse. Sie reichen

Kiemenfuß (Branchipus stagnalis), gehört zur Klasse der Krebstiere (Crustacea), Ordnung Kiemenfüßler (Anostraca), dessen Eier auch nach fünf Jahren Trockenliegens entwicklungsfähig sind.

von dem bei einem Unwetter erschlagenen Bürgermeister bis hin zur neuesten Entdeckung des **Kiemenfußes**, einer niederen Krebsart, die jüngst ein Wissenschaftler in den "Russenlöchern" entdeckte. War dieser faunistische Fund schon für Zoologen eine Besonderheit, so war er für uns an der Sache interessierte Laien eine kleine Sensation, ebenso der Begriff "Russenlöcher". Doch die Schuberts klär-ten auf: Der Forst gehörte zum Übungsgelände einer Panzerdivision, und da das Gebiet grundwassernah ist, füllten sich die zur Tarnung angelegten Erdlöcher immer wieder mit Wasser, in denen sich dann die Krebse ansiedelten. – So einfach war das. Auf die Frage nach dem Baum- und Wildbestand erfuhren wir schließlich, daß der Bredower und Brieselanger Forst eigentlich Mischwaldgelände ist, jedoch treten im Brieselang verstärkt auch Nadelgehölze auf. Und beim Wild dominieren Rehe und Schwarzwild. Damwild gibt's auch, desgleichen an einigen Stellen Mufflons. Wir konnten uns gut vorstellen, daß das bereits 1315 als "Briselanck" in einer Urkunde erwähnte Gelände bald verstärkt in das Blickfeld der benachbarten Großstadt Berlin rücken wird.

VOM **LANGEN BERG** DURCH DAS **HAVELLÄNDISCHE LUCH** ZU DEN **LUCHBERGEN**

Anfahrt:
Mit der Regionalbahn R5 von Berlin nach Nauen, dann in den Fernzug in Richtung Wittenberge einsteigen, oder mit der Regionalbahn R5 über Bredow nach Nauen oder mit der R4 vom Bahnhof Wustermark nach Nauen.

Die Regionalbahn R5 verbindet Berlin mit Nauen, und darüber hinaus mit Wittenberge, sofern man den Anschluß an den Fernverkehr sucht. Uns genügte aber Nauen. Von unterwegs und natürlich von der Stadt selbst sind wieder viele auf dem Programm stehende Dörfer zu erreichen, die nicht nur das Bild der Mark prägten, sondern in denen auch eine bemerkenswerte Geschichte geschrieben wurde. Grund genug, diese Tour zu wählen. Der Bahnhof Jungfernheide wurde deshalb zum Ausgangspunkt für die nächsten Exkursionen.

Nach dem Passieren des für uns wegen seiner einst grenznahen Lage geschichtsträchtigen Finkenkruger Weges erreicht man bald den Bahnhof Staaken-West. Hier, wo früher in unmittelbarer Nähe der schwer bewachten politischen Grenze noch Zeugen aus der jüngsten deutschen Vergangenheit stehen, duckt sich ein kleines Abfertigungshäuschen am Schienenstrang. Wer diese Stelle kennt, wird das Gefühl nicht los, daß dieses Relikt aus sozialistischer Zeit bei manchem Reisenden schmerzliche Erinnerungen wachruft. Aber das Gebäude ist aufgelassen, nichts weist auf frühere Kontrollen hin, kein Bahnbediensteter hebt hier die Kelle. So schnell wie die Gedanken gekommen sind, so schnell fliegt der Zug vorbei – vorbei an zerstörten Stallungen, am Flugplatz Dallgow-Staaken und an der Landschaft, die hier nicht einladend ist.

*Dann kommt **Dallgow** in Sicht. Erst der Turm der Dorfkirche, dann die neuentstandenen Reiterhöfe, eine Neubausiedlung und schließlich die "Märkische Bierstube" am Bahnhof. Langgestreckte Ziegelbauten eines alten Gewerbebetriebes begleiten die im Bau sich befindende Trasse der Bahn. Überall herrscht eine rege Bautätigkeit, die auch hinter dem Ort fortgesetzt wird. Doch auch hier können sich nicht die vergammelten Gebäude einer ehemaligen LPG den Blicken entziehen, auch nicht die riesigen Speichergebäude vom benachbarten Rohrbeck, von denen eines nur als Gerippe das dörfliche Bild durchbricht. Hinten am Horizont dann der Kirchturm von Rohrbeck, in Richtung Bundesstraße 5 unübersehbar Müllberge.*

*Linker Hand kommt die gewaltige Anlage des **Wustermarker** Rangierbahnhofs ins Bild, der der Station seinen Namen gab. Das riesige, von roten Ziegelbauten dominierte Betriebsgelände überrascht wohl jeden an der Architektur der Verkehrsbauten interessierten Zeitgenossen. Staffelgiebel zieren Verwaltungsgebäude und Depot; dabei die*

Halle mit der Drehscheibe und ein Wasserturm. Hinter dem Rangierbahnhof schneiden sich die Gleise wieder in das Erdreich ein. Freies Feld wird sichtbar, so daß die Kanzeln der Jäger gut zu erkennen sind.

*Perlschnurartig aufgereihte Pappeln heben sich vom Horizont ab. Sie begleiten den Paretz-Nauener Kanal, den jetzt die Bahn passiert. Anschließend wieder landwirtschaftlich genutzte Flächen und ein Forst, hinter dem sich die Landschaft wieder öffnet. Wir fahren ins Landschaftsschutzgebiet **Brieselang** ein, sehen auf der linken Seite einen einzelnen Bauernhof, der – wie auf einer **Warft** – etwas über dem Niveau der Felder liegt. In seiner Nähe äsen ungestört zwei Rehe – die Bahn ist ihnen vertraut. Dann taucht eine Vielzahl unterschiedlich großer Gebäude vor uns auf. Die dem Ort vorgelagerten Industriebetriebe vermitteln dem Unkundigen, daß ein städtisches Gemeinwesen vor ihm liegt. Es ist so – wir haben **Nauen** erreicht.*

Warft = Künstlich aufgeschütteter Wohnhügel im Marschgebiet der deutschen Nordseeküste.

Anreise: vom Bf. Nauen (R 4, 5, 9 und 19) direkt durch die Stadt.

NOCH IST DIE STADT IN DER MAUSER NAUEN

Dutzendemal sind wir die B5 entlanggefahren, dutzendemale schon haben wir mit gelegentlichen Pausen Nauen berührt. Wir glaubten daher, Nauen ein wenig zu kennen. Aber: glauben heißt nicht wissen – und so war es dann auch. Wir merkten es, als die seit langem beabsichtigte Fahrt in die vor Spandaus Toren liegende Stadt an einem Sonntagnachmittag in die Tat umgesetzt wurde.

Vom Bahnhof liefen wir zur Stadtmitte, erinnerten uns dabei an die vielen Gespräche mit den Dörflern, an die von ihnen erzählten Geschichten und Geschichtchen. Ob wir in Nauen ähnliche Chancen haben werden? Mal sehen. – Am Rathausplatz sollte dann der Rundgang beginnen. Doch zuvor wurde der Tatendrang durch ein kleines Haus gestoppt: **"Museum der Stadt Nauen"** steht auf einer Tafel im Vorgarten. Hübsch anzusehen ist das Gebäude. Seine weiße Giebelwand hebt sich deutlich von der roten Klinkerfassade ab, in der weißlackierte Fenster dem Betrachter entgegenleuchten.

Im Häuschen selbst roch es nach Farbe und Firnis. Ausgeputzt sind die Räume und liebevoll zusammengetragen die Exponate, die sich u.a. mit der Handwerksgeschichte der Stadt auseinandersetzen. Die kleine, doch unzweifelhaft eindrucksvolle Dokumentation ist der Stolz einer Handvoll Nauener Bürger, die mit Enga-

1820 entstand dieses Ackerbürgerhaus, seit 1989 beherbergt es das Heimatmuseum Nauen.

Historisches Fachwerk – Blick in die Holzmarktstraße von Nauen.

gement und Fleiß und mit Unterstützung der Stadtverwaltung das Museum eingerichtet und ihm einen würdigen Rahmen gegeben haben.

Die Geschichte der 1901 vom Nauener Buchhändler *Gebhard Eckler* gegründeten Heimatschau zeigt viele Facetten, die sowohl die Entwicklung der einzelnen Museumsabteilungen, wie auch Um- und Auslagerungen, Schließung und Neubeginn widerspiegeln. 1985 wendete sich das Blatt: das um 1820 erbaute Ackerbürgerhaus am Rathausplatz wurde zum neuen Standort des Museums bestimmt. Allerdings mußte der kurz vor dem Verfall stehende Bau von Grund auf saniert werden, bis er schließlich 1989 mit der Ausstellung "100 Jahre Zucker aus Nauen" eröffnet werden konnte.

Zu verdanken ist der Neuanfang auch dem damaligen Kreisdenkmalpfleger, der mit großem Einsatz sich um den Erhalt des alten Gebäudes bemüht hatte und der dann zusammen mit einer Projektantin aus Berlin die museumsgerechte Innenaufteilung übernahm. Im heute unter Denkmalschutz stehenden Häuschen sind inzwischen eine Reihe von Themenausstellungen, aber auch Einzelausstellungen der Öffentlichkeit präsentiert worden.

Von Martina Höricke, unserer fachkundigen Begleiterin, bekamen wir weitere Hintergrundinformationen an die Hand. Die quicklebendige, salopp-liebenswürdig mit unverkennbarem Berliner Dialekt erzählende Museumsangestellte war in ihrem Element: "Schreiben Sie ruhig etwas Positives über unser Museum." – Ihre Augen lachten. Fröhlichkeit und Optimismus strahlte die junge Frau aus. Klar für uns, daß wir diese Begegnung und den Ort des Zusammentreffens lobend erwähnen wollen.

Im Anschluß an das Gespräch wollten wir noch wissen, wo Nauens ältester Siedlungsbereich liegt. Frau Höricke kannte sich natürlich auch darin aus: "In der Bergstraße. Wie schon der Name sagt, liegt die Straße etwas erhöht. Sie wurde, da Nauen von einer Luchlandschaft umgeben ist, als erste besiedelt." – Wir verließen das Heimatmuseum, betrachteten kurz das ihm gegenüberstehende klassizistische Gebäude, das der Bauunternehmer Sittel um die Jahrhundertwende errichtet hatte und liefen dann der Bergstraße entgegen.

Über die Mittelstraße, und hier vorbei am aus dem Jahr 1895 stammenden Voßschen Haus, und die Marktstraße erreichten wir die Keimzelle Nauens. Die verhältnismäßig geschlossene Bebauung mit schlichten zweigeschossigen Traufenhäusern in Fachwerk springt ins Bild. Viele der im frühen 19. Jahrhundert erbauten Gebäude sind in einem sehr bedenklichen Zustand. Nur zögernd – so unser Eindruck – wurde bisher ans Werk gegangen – zumindest in diesem Stadtquartier. Nicht viel anders sieht es in der Gebhard-Eckler-, der Neuen Straße und der Wallgasse aus.

Wir stolperten zurück zur Marktstraße, die mit der Mittelstraße das Herz des Städtchens ist. Geschäfte, nach neuestem Standard eingerichtet, erfreuen den Anblick. Daneben aber immer wieder Häuser mit weniger schönem Aussehen. Und am alten Gasthof von Kurt Blumenthal prangt noch die verblichene Aufschrift der "Nationalen Front". – Impressionen von Nauen, einer sich vergebens um den Kreisstadt-Status bemühten Kommune. Noch ist das Landstädtchen in der Mauser – aber es blüht an vielen Ecken. Kreativität und Engagement ist angesagt.

Zwei Wermutstropfen trüben seit 1992/93 die ereignisreiche Geschichte Nauens: in der über hundert Jahre alten Nauener Zuckerfabrik fand inzwischen die letzte Rübenkampagne statt. Das traditionsreiche Unternehmen wurde 1993 durch einen leistungsfähigeren Betrieb in Könnern/Sachsen-Anhalt ersetzt. Und dann ereilte eine weitere Hiobsbotschaft die Nauener: die Hoffnung, daß ihre Kommune Kreisstadt bleibt, ging nicht in Erfüllung – Rathenow hat den Zuschlag erhalten!

ALS DER SPRIT FÜR DIE STUKAS NOCH AUS DER SCHNAPSBRENNEREI KAM ZEESTOW

Anreise:
a) vom Bf. Wustermark (R 4) ins Dorf (5 km) oder b) vom Bf. Bredow (R 5) über die Luchberge nach Zeestow (5 km).

Nur etwa vier Kilometer von Wustermark entfernt liegt Zeestow, ein 250-Seelen-Dorf, das 1346 mit dem aus dem polabischen Sprachgebrauch stammenden "Zcestow" erstmals beurkundet wurde. Aufmerksam auf diesen Ort hatte uns eine Zufallsbekanntschaft gemacht, die uns mit dem Knüttelreim "Willste mal was Nettes seh'n, mußt'e mal nach Zeestow geh'n" ins Dorf lockte.

Gern haben wir diesen Vorschlag aufgegriffen, schlenderten dann über die Dorfstraße und standen plötzlich vor einem Gebäude, von dem wir meinten, daß es das alte **Gutshaus** sei. Es liegt am nördlichen Ausgang des Dorfes. Weiß getüncht ist seine Putzhaut, ein neuer Investor scheint hier tatkräftig am Werke zu sein, baute das vermutlich vor der Jahrhundertwende entstandene Haus um. Bescheiden dagegen ein vom ehemaligen Gutshaus zurückgesetztes Häuschen. Hier hat die Gemeindeverwaltung ihr Domizil. Verschlossen war leider die Tür. Frau Schulze, die Bürgermeisterin, befand sich auf einer Besprechung; und auch der Dorfgasthof hatte seine Pforten zugesperrt.

Nächstes Ziel war dann ein am Ortsende stehendes Gebäude. Hoch ragt es über die Dächer der angrenzenden Bauernhäuser. Der mit Fachwerkgiebeln besetzte Bau ist aufgelassen. Mit einem harten Knall fiel eine Tür ins Schloß. Der Wind bewegte lose Bretter und Fensterläden, wir gingen trotzdem rein. Totenstille. Auch die der alten Schnapsbrennerei beigeordneten Ställe sind leer. Sprit und Milch gibt es lange nicht mehr.

Wir zogen weiter auf der Suche nach einer Kontaktperson. Standen bald vor dem Haus, an dem "LPG Zeestow" zu lesen war. Schreibmaschinengeklapper drang an das Ohr. Anklopfen und fragen! Ein Mann mit Schlapphut und Arbeitskittel trat uns entgegen, nicht zuvorkommend, eher skeptisch und abweisend. Er winkte sogleich ab, sagte nur, daß wir den alten LPG-Vorsitzenden aufsuchen sollten, denn der könne uns mehr erzählen.– Wieder standen wir auf der Straße, sahen das Haus gegenüber, den Namenszug "Ziebarth" und einen jüngeren Mann, der zur Tür ging. Er holte auf unsere Bitte seinen Schwiegervater heraus, und mit ihm klappten wir dann ein lebendes Geschichtsbuch auf!

Ziebarth, damals 78 Jahre jung und äußerst rege, sagte gleich, daß er Genosse und "Held der Arbeit" usw. usw. war. Dieser Wink mit dem bekannten Zaunpfahl ließ uns nicht weiter in diese Richtung nachforschen. Wir kamen zur Sache und erfuhren Zeestower Zeitgeschichte: Bis in die zwanziger Jahre hinein gab es im Dorf drei Betriebe: den Bredowschen Besitz, das Berliner Domgut und das Anwesen eines Großbauern. Sie sind dann von

Hinweis auf die frühere Patronatsfamilie – Grabdenkmal von 1793 auf dem Kirchhof in Zeestow.

Jetzt eine Gastwirtschaft – das Gutshaus des Herrn Schurig in Zeestow.

Schurig zusammengefaßt worden. Daneben waren nur Kleinbauern im Dorf. Der Bürgermeister, die Familie Schulze und der Schmied Gottschalk besaßen noch etwas Land. 1920 kam *Alwin Schurig* ins Dorf und kaufte die Rittergutsländereien auf. Er war ein hoher Beamter im preußischen Landwirtschaftsministerium, und hier in Zeestow legte er Versuchsfelder an, wollte mit künstlichem Dünger die Felder bewirtschaften.

1940 starb Dr.h.c. *Alwin Schurig* und wurde im Dorf begraben. Nachfolger wurde sein jüngster Sohn Helmut. Auch die beiden anderen Söhne waren Landwirte. Der eine saß auf Paulinenaue, der andere auf einem Gut in Sachsen.

Ziebarth erzählte über das Schicksal der Schurig-Söhne und von der Entwicklung des Zeestower Gutes, das einst 650 Hektar umfaßte. Lobend äußerte er sich auch über die neue Bürgermeisterin, die sich sehr um das Dorf bemüht. Er weiß genauestens Bescheid, denn er war einmal Oberschweizer (Melkmeister) und von 1949 bis 1958, dann wieder von 1970 bis 1974 Bürgermeister von Zeestow.

Der alte Herr war in Fluß gekommen: "Heute, wissen Sie, hat man keinen klaren Durchblick mehr. Es gibt verschiedene Modelle, doch die greifen noch nicht. Keiner von den Leuten hat Courage, den Betrieb wieder auf Vordermann zu bringen. Alle waren ja verwöhnt, die LPG hatte ihnen früher sämtliche Sorgen abgenommen." – Ziebarth schüttelt den Kopf: "Wenn ich an früher denke. Mensch, 1949 standen wir vor ähnlichen Problemen, krempelten aber die Ärmel hoch, obwohl wir auch nicht wußten, was wird." – "Und was macht die Brennerei?" – "Nichts. Dort wurde früher der Sprit für die Stukas gebrannt – aber auch das ist Vergangenheit."

BRUCHSTÜCKE DER VERGANGENHEIT
BREDOW

Anreise:
direkt vom Bf.
Bredow (R 5) ins
Dorf.

Mit "Theodericus, plebanus in Bredow" trat das Dorf 1208 in das Licht der Öffentlichkeit. Es wird vermutet, daß sich der Flurname vom mittelalterlichen Wort "bred" bzw. "brod" ableitet, was soviel wie "Weide" oder "Furt" bedeutet. Die Nähe des Luchs unterstützt diese Aussage. Später dann übernahmen die die Siedlung zu Lehen erhaltenden Ritter die Ortsbezeichnung als Familienname.

Von Wustermark aus hatten wir nach rund sechs Kilometern das Dorf erreicht. Unser erster Eindruck war erschütternd: ineinandergesunkene Stallungen und Scheunen begleiteten den Straßenrand. Völlig verwahrlost war die einstige LPG. Rudimente, nichts als abbruchreife Gebäude. Unglaublich! Das konnte doch nicht erst seit 1989 so verfallen sein? Unwahrscheinlich! Lediglich eine im rechten Winkel zueinanderstehende Gebäudegruppe wirkte intakt, hier muß jemand sitzen, der diese Trümmerlandschaft auflöst.

Zeugnisse früherer Untertänigkeit – "Leutehäuser" in Bredow.

Aber wer hier "abwickelt", wird es nicht leicht haben. Und so ist es wohl auch. Dieser Betrieb ist der einzige von 200 ehemaligen LPGs im Land Brandenburg, bei dem sich die Beseitigung der letzten DDR-Spuren offenbar endlos hinzieht. Wir dachten gleich an Satzkorn, wo der ehemalige volkseigene Betrieb fast besenrein an interessierte Bewerber übergeben werden kann. Doch in Bredow sieht es anders aus, schlimmer.

Halbiert – vom alten Besitz der Bredows in Bredow blieb nur die Hälfte übrig.

Jedoch hat das Dorf auch schönere Seiten. Die **Kirche** zum Beispiel. Der neoromanische Backsteinbau aus dem Jahr 1861 ist äußerlich gut in Schuß, gepflegt auch der erhöht liegende Anger, auf dem ein **Grabstein an Gerhard von Bredow** (1874-1945) erinnert. Propper auch einige an der Dorfstraße stehende Häuser.

Anders das **Bredowsche Gutshaus**. Es ist ein Fragment. Der einstmal langgestreckte, die Straßenfront beherrschende Bau ist seines Mittelteils beraubt. Abgerissen hat man den von einem Türmchen besetzten höheren Mitteltrakt. Warum, wieso – keiner weiß es heute mehr. Baufällig war dieser Gebäudeteil jedenfalls nicht, so hörten wir es wenig später in der Dorfwirtschaft.

Aber der Wirt hatte eine Postkarte mit "Grüße aus Bredow" und dem stattlichen Landschloß. Doch wen kümmert heute noch die historische Vergangenheit? Die Bredower haben andere Sorgen, die einige von ihnen beim Billardspiel oder am Tresen zu vergessen versuchen. Kreativere Zeitgenossen jedoch haben die Ärmel hochgekrempelt. Man sieht`s am langsam erblühenden Ortsbild.

Anreise:
Vom Bf. Nauen (R 4,
5, 9 und 19) über
Lietzow (Dorfkirche
von 1862-64,
neugotischer
Backsteinbau) und
Berge (Dorfkirche
von 1747,
Grabplatten mit
Relieffiguren der
Familie von Hacke)
mit dem Havelbus
661 oder 680 ins
Dorf. Dieselbe
Strecke kann mit
dem Fahrrad in ca. 8
km zurückgelegt
werden.

DON CAMILLO UND PEPPONE
RIBBECK

Der Fairneß halber zuerst eine Anmerkung: Das bei der hier geschilderten Dorfbegehung Erfahrene stammt aus "zweiter Hand". Unsere Informanten, wohl Ribbecker von Geburt oder zumindest jahrzehntelang im Dorf ansässig, berichteten uns von der allgemeinen Entwicklung, von den wirtschaftlichen und politischen Verhältnissen ihrer Gemeinde nach der Wende. Und aus diesen Fakten zusammengesetzt ist unsere Geschichte, die wir nach den Protagonisten aus Giovannino Guarechis Roman benannten:

Gleich nach dem Eintreffen in Ribbeck begaben wir uns zur Kirche, vor der eine junge Frau auf Besucher wartete. Ohne Umschweife erzählte sie vom Gemeindeleben, von Karl-Friedrich von Ribbeck, dem in Frankfurt/Main lebenden Rechtsnachfolger, von ihrem Pfarrer und vom Bürgermeister.

1722 entstanden – die Dorfkirche von Ribbeck.

Und hier schien es uns, daß wir die Geschichte von Don Camillo und Peppone vor Ort erlebten. Der Bürgermeister des 450-Seelen-Dorfes, das nach Frau Krekels, unserer Informantin, Aussagen "noch ziemlich rot ist", hat mit der Kirche nichts im Sinn. Ein Beispiel: Als vor einiger Zeit der NDR für seine Serie "Dörfer an der B5" in Ribbeck recherchierte, kamen die Journalisten natürlich auch in die Kirche. Draußen aber blieb der sie begleitende Bürgermeister, schielte unsicher aus dem Autofenster, fühlte sich offenbar nicht wohl in seiner Haut. Froh war er, als er den Gästen die "Fontane-Gaststätte" zeigen konnte, denn sie ist sein Werk. Vermutlich in ungezählten Aufbaustunden und sicherlich auch mit dem damals erforderlichen Organisationstalent hatte er mit seinen Gesinnungsgenossen die Wirtschaft an der Fernstraße aufgebaut. Breitgelagert steht sie nach wie vor an der Straße, zeigt deutlich den Charme der untergegangenen DDR, der der Bürgermeister nachtrauert.

Aber da gibt es ja noch den Pfarrer. Aktiv ist er, mobil zugleich. Er kommt aus Retzow, betreut zwei Gemeinden und engagiert sich sehr für die immer stärker werdenden Suchtgefahren in der Region. Auch Frau Krekel belegt demnächst ein Seminar, will gefährdeten Menschen helfen. Zum "offenen Kampf" wie zwischen Don Camillo und Peppone ist es in Ribbeck zwar nicht gekommen, aber unterschwellig wurde die Keule geschwungen. So wurde beispielsweise in einer Nacht-und-Nebel-Aktion ein neuer **Birnbaum** an der Kirche gepflanzt. Gemeindemitglieder waren es, die durch die Pflanzung die hübsche Geschichte von den "goldgelben Birnen" aufleben lassen wollten. Der Bürgermeister traute sich dann nicht, den Baum abzuholzen, befürchte-

Eine Legende – der Birnbaum von Ribbeck.

Stimmungsvoll – das 1821 erbaute, dann 1893 veränderte Schloß von Ribbeck.

te, daß das Christenvolk ihm auf die Füße tritt. Aber er revanchierte sich: Im Schloß wurde eine spöttische, den Herrn von Ribbeck auf Ribbeck verzerrende Wandmalerei angebracht. Ob allerdings die im Schloß lebenden pflegebedürftigen Menschen den Sinn dieser Aktion begriffen, sei dahingestellt.

Für die kleine Ribbecker Kirchengemeinde sind diese Divergenzen von untergeordneter Bedeutung. Ihre Aufgaben sind andere. So wird zur Zeit die Vorhalle der **Kirche** saniert. Den Innenraum des 1722 an der Stelle eines mittelalterlichen Vorgängerbaus errichteten Gebäudes hatte bereits 1976 ein Malermeister mit seinen Gesellen restauriert. Braun, in unterschiedlichen Farbnuancen herrscht vor. An der Wand eine **Gedenktafel** an den Rittergutsbesitzer *Hans Georg Carl Friedrich Ernst von Ribbeck*, der zu Fontanes Zeiten gelebt und dem der märkische Wandersmann das Gedicht vom Birnbaum vermutlich gewidmet hatte. In der Apsis schließlich einige Leuchter. Sie sind ein Geschenk der Bonner Patengemeinde.

Karl-Friedrich von Ribbeck, so Heidi Krekel, bemüht sich um das Familienerbe. Das Schloß will er nicht haben, will die jetzt von der Arbeiterwohlfahrt betreuten Menschen nicht ausweisen. Das Land und die alte Ziegelei, in der eine Käsefabrik entstehen soll, möchte er zurück haben. Und im übrigen: der Herr von Ribbeck ist oft im Dorf, macht Führungen durch Kirche und Dorf.

Daß "sein" Dorf weit über die Gemeindegrenzen bekannt ist, hat sicherlich auch etwas mit Fontane zu tun. Und über mangelnden Besucherandrang wird sich Ribbeck nicht beklagen können – aber dann muß des Bürgermeisters liebstes Kind, das graue, für uns wenig einladene Wirtshaus, aufgepeppt werden. Vielleicht

Herr von Ribbeck auf
Ribbeck im Havelland

Herr von Ribbeck auf
Ribbeck im Havelland,
Ein Birnbaum in seinem
Garten stand,
Und kam die goldene
Herbstzeit
Und die Birnen
leuchteten weit und
breit,
Da stopfte, wenn's
Mittag vom Turme
scholl,
Der von Ribbeck sich
beide Taschen voll.
Und kam in Pantinen
ein Junge daher,
So rief er: "Junge, wiste
'ne Birn."
Und kam ein Mädel, so
rief er: "Lütt Dirn.
Komm man röwer, ich
hebb'ne Birn."
So ging es viele Jahre,
bis lobesam
Der von Ribbeck auf
Ribbeck zu sterben kam
...
Da sagte von Ribbeck:
"Ich scheide nun ab.
Legt mir eine Birne mit
ins Grab." ...
Und die Kinder klagten,
das Herze schwer:
"He is dod nu. We giwt
uns nu 'ne Beer?"...
Der neue freilich, der
knausert und spart,
Hält Park und Birn-
baum strenge verwahrt.
Aber der alte,
vorahnend schon ...
Der wußte genau, was
er damals tat,
Als um eine Birn ins
Grab er bat.
Und im dritten Jahr,
aus dem stillen Haus
Ein Birnbaumsprößling
sproßt heraus.
Und die Jahre gehen
wohl auf und ab,
Längst wölbt sich ein
Birnbaum über dem
Grab ...
Und kommt ein Jung
übern Kirchhof her,
So flüstert's im Baume:
"Wist'ne Beer?"...
So spendet Segen nom
immer die Hand
Des von Ribbeck auf
Ribbeck im Havelland.
(leicht gekürzt)
Theodor Fontane

sollte auch wieder der gegenüberliegende Gasthof "Zum Birnbaum" seine Pforten öffnen.

Nach diesen Eindrücken waren wir uns unserer Sache ziemlich sicher: Ribbeck wird in absehbarer Zukunft Touristenströme erleben, und es wird mit großer Wahrscheinlichkeit auch dabei wirtschaftlich aufblühen, vorausgesetzt, der "rosa-rote" Bürgermeister konsolidiert sich mit dem Sproß der seit dem 14. Jahrhundert im Dorf nachgewiesenen Familie und mit dem Pfarrer, dessen Kirche erklärtes Ziel der Besucher sein wird.

Das 1821 erbaute und dann 1893 historisierend veränderte **Schloß** aber wird weiterhin Heimstatt für kranke Menschen bleiben. Die Kirche und der dritte, 1966 gepflanzte Birnbaum, vielleicht auch eine dann einladende Gastwirtschaft werden genügen, den anreisenden Fremden die Vergangenheit des durch seine goldgelben Birnen in aller Welt bekannten märkischen Dorfes ein wenig näher zu bringen.

Anreise:
wie nach Ribbeck; von dort sind es noch 2,5 km bis Selbelang.

SCHNAPS BRACHTE SICHERHEIT INS DORF
SELBELANG

Die Strecke war uns vertraut, von früher, aus der Zeit vor der Wen-de. Von der damaligen F5 hatten wir Dörfer und Städte an uns vor-überziehen lassen müssen, erblickten dabei für nur einen Moment Gutsschlösser, Dorfkirchen und Bauernhöfe; auch Wald und Feld – manchesmal so weit das Auge reichte. Nun kann man sich Zeit lassen, kann verweilen und den Objekten, die einmal flüchtig wahrgenommen wurden, Aufmerksamkeit schenken.

Zu den Dörfern, die bisher im Abseits lagen, gehört Selbelang, ein kleiner Ort zwischen Pessin und Berge, nicht weit von Ribbeck entfernt. Von der nunmehrigen B5 erkennt man nichts Außergewöhnliches vom Dorf. Eine kleine Kneipe liegt direkt an der Bundesstraße, und dann jene grauen Mauern der großflächigen Stallgebäude, die stets den Blick versperrten. Selbelang hat jedoch mehr zu bieten. Geschichte und Geschichten begleiten die Gemeinde bis zum heutigen Tage, auch solche, die längst vergessen zu sein schienen.

Dazu zählt sicherlich der "Schildkrötensumpf", der einst dem Dorf seinen Namen gab. Nach Meinung der Sprachforscher hat er sich aus den polabischen Silben "zelvi" und "lag" herausgebildet, die übersetzt Schildkröte und sumpfiger Boden bedeuten. In späterer Zeit wurde daraus "suluelanc" (1335), "Selvelank" (1375) und "selbelangk" (1541). Gestützt wird diese Aussage durch das noch bis ins 19. Jahrhundert hineinreichende Vorkommen von Sumpfschildkröten im Selbelanger Gebiet.

Zur Vergangenheit des Dorfes gehört ferner die wechselnde Herrschaftszugehörigkeit und die damit verbundene Aufteilung der Gemarkung, von der bekannt ist, daß in ihr früher die Vorwerke Kamerun, Bienenfarm und Lindholzfarm lagen und daß die Gemeinde von 1928 bis 1945 dem Nachbardorf Retzow zugeschlagen war.

Mit Kriegsende begann dann auch in Selbelang die drastische Veränderung der Infrastruktur. Der Landadel wurde vertrieben, das Land der Bauern enteignet. Die neue Bodenreform machte aus dem Rittergutsbesitz eine "VEG" auf der 1960 206 Menschen – fast die gesamte erwerbsfähige Bevölkerung des Dorfes – beschäftigt waren. 1240 Hektar wurden bewirtschaftet, daneben Rinderhaltung und Schweinezucht betrieben. Die Kolchosenwirtschaft sollte das Gemeindeeinkommen verbessern – aber hat sie es wirklich?

Kaum. Wie wir hörten, hat die am Rand von **Dorfkirche** und **Gutshaus** stehende Schnapsbrennerei "das große Geld gebracht". Früher wie heute. Damals nahm den 96%igen Alkohol das "Bärensiegel"-Kombinat ab, jetzt die Firma Bentzen. Der Betrieb läuft nach wie vor gut, mit nur vier Mann – obwohl die Destillation noch mit Holzfeuerung geschieht! Doch es soll auf Öl umgestellt werden, um die wirtschaftliche Zukunft zu sichern.

Die Dorfkirche von Selbelang entstand in der Mitte des 18. Jahrhunderts.

Wir gingen um das Schloß herum, und trafen auf den Hausmeister, der einiges berichten konnte. Er sagte, daß die Brüder einer Frau Albrecht mit den drei, das ehemalige Gut verwaltende Brigadieren über die Pacht verhandeln. Also, auch in Selbelang haben sich die Alteigentümer gemeldet! Es sind die Nachfahren der Frau *von Wulffen*, deren Familie das Rittergut einst vom Freiherrn *von Erxleben* erworben hatte.

Breit und behäbig wirkt das in der zweiten Hälfte des 19. Jahrhunderts entstandene Gutshaus von Selbelang.

Vertiefen wollten wir die familiären Zusammenhänge der Selbelanger Gutsbesitzer nicht, zogen es stattdessen vor, einen Blick auf das Gutsschloß zu werfen. Das Gebäude stammt aus der zweiten Hälfte des 19. Jahrhunderts. Es ist ein behäbiger Bau, dem die Ecktürme aus Sicherheitsgründen genommen wurden. Angesteckt und abgebrannt ist das im 16. Jahrhundert erbaute Herrenhaus der Vorbesitzer. Seine Spuren sind verweht. Aber die Nachkommen wollen einen Neuanfang, wie auch die Selbelanger – wenn der Pachtzins erschwinglich ist.

Beachten Sie unsere weiteren ✈-Reiseführer auf der letzten Seite dieses Bandes !

Anreise: wie nach Ribbeck und Selbelang; von Selbelang sind es noch 2 km bis Retzow. Ab Berge kann man südlich der B 5 durch die Ribbecker Heide ins Dorf radeln.

DAS RAUNZEN DER LUCHSE IST LÄNGST VERSTUMMT
RETZOW

Vor uns lag jetzt Retzow. Das Dorf liegt knapp vier Kilometer von Pessin entfernt, direkt an der nach Brandenburg führenden Straße. Von "Kießling" wußten wir, daß die Bredows in diesem Ort einmal begütert waren, und daß neben ihnen auch die Freiherren von Erxleben ein Gut besaßen. Und noch etwas hatten wir aus der Literatur mit ins Dorf genommen: die Interpretation des Ortsnamens nämlich. Sie erklärt ihn über das urslawische Wort "rysov" bzw. "rys", was soviel wie einen "Ort, wo es Luchse gibt" bedeutet.

Nun, vor Luchse brauchten wir wohl keine Bange mehr zu haben. Die größte Wildkatze Deutschlands ist in Brandenburg ausgerottet, ihr Raunzen längst verstummt. Und vertrieben wurde ja auch der Landadel, so wie die Bredows und Erxlebens, die seit dem Anfang des 18. Jahrhunderts das Dorf beherrschten. Verwittert ebenfalls die Spuren derer *von Lindows*, *von Bardelebens*, *von Euens* und anderer, die vor Jahrhunderten das Retzower Gebiet aufgeteilt hatten.

Zwei Burschen standen auf der Dorfstraße. Ob sie etwas aus der Geschichte ihres Dorfes wußten? Einer, der mit dem Bundeswehrhemd, zeigte in die entgegengesetzte Richtung: "Da hinten auf'm Feld, da wo der kleine Wald steht, sind noch die Grabsteine der Bredows." – Oha, das war was!

Wir trabten über den Acker. Im Kopf spukte plötzlich *Willibald Alexis'* Geschichte von den "Hosen des Herrn von Bredow", in der es u.a. heißt: "Es ist der stille Zauber der Natur, die auch die Einöden belebt; und ihr Auge ist auch hier, denn dort hinter dem schwarzen starren Nadelwald, liegt ein weiter, stiller, klarer See ..." – Kein See, nur eine Pfütze nahm die Mulde des Wäldchens auf, und in dem Dickicht fanden wir nach längerem Suchen das Erbbegräbnis der Bredows, jedenfalls das, was von ihm übriggeblieben ist. Alles an dieser Stelle ist vom Wildwuchs eingenommen, die Gräber sind restlos zerstört, nur die Säulenschäfte mit dem Bredowschen Familienwappen stehen schief um den einstigen Begräbnisplatz herum. Sie waren einmal die Abgrenzung der privaten Anlage.

Am Wiesenrain entlang führte der Weg wieder ins Dorf. Über zu DDR-Zeiten typische Wegeplatten erreichten wir wieder, eine jener traumhaften märkischen Alleen durchquerend, die ersten Häuser des Ortes. Gleich am Anfang der Straße stehen zwei auffällige Gebäude: das eine in gefälligen klassizistischen Formen, das andere breitgelagert und mit Fledermausgauben auf dem Dach. Letzteres ist das alte **Erxlebensche Gutshaus**. Seit Jahren

*Am Schnittpunkt der
Straßen – das im
Landhausstil erbaute
Bredowsche Gutshaus
in Retzow.*

*Im Verborgenen – Grenzsteine an der Grabstätte der Bredows in einem Wäldchen
bei Retzow.*

ist in ihm ein Kindergarten untergebracht. Realsozialistisches
Gedankengut durchzieht aber nicht mehr die Räume, doch auch
keine Kamin-Plauderei einer arrivierten Gesellschaft.

Etwas weiter dann ein wohlproportioniertes Gebäude, das
Bredowsche Gutshaus. Es steht am Schnittpunkt Dorfstraße-
Fernverkehrsstraße. Unübersehbar ist es, sowohl von seiner Di-
mension, als auch von seinem gediegenen Zustand. Der acht-
achsige Bau mit seinen drei Mansarden ist jetzt die "Werner-See-
lenbinder-Oberschule Retzow". Früher lebten hier die Bredows.
Ihr Wappen ist im Giebel an der Hofseite zu sehen.

Dem Erscheinungsbild des alten Herrenhauses steht das der
Dorfkirche nicht nach. Der spätgotische Backsteinbau liegt auf
der selben Straßenseite wie das Bredowsche Haus. Zwei Säulen-
stümpfe aus der Zeit um 1790 weisen den Weg zum Gotteshaus,
vor dessen Eingang die Grabplatten eines Ehepaares *von Euen*
stehen. Säulen wie Platten tragen kaum lesbare Inschriften. Sie
sind dem Zahn der Zeit zum Opfer gefallen.

Der Eindruck, den Sakral- und Profanbau auf uns machten, ist
positiv. Dies gilt eigentlich auch für das gesamte Dorf. Die
Grundstücke sind in einem ansprechenden Zustand. Rosen und
Kletterpflanzen ranken an Hauswänden und Zäunen, frische Farbe leuchtet an vielen Gebäuden. Die Retzower betreiben Image-
pflege. Oder ist das ein Zufall?

Wir konnten es nicht ergründen, doch gefreut haben wir uns
an dem Anblick des Straßendorfes, das 1269 mit dem Namen
"Rizzowe" erstmals erwähnt wurde und in dem einmal die Bredows
das Regiment führten. Und wieder waren es die "Hosen des Herrn
von Bredow", die mit dem Dorf assoziiert wurden. Natürlich

wissen wir, daß sich diese kleine Geschichte in Hohenziats/ Zauche zugetragen hatte, aber dennoch, Alexis' Erzählung vom Zwiegespräch der Frau von Bredow mit dem Dechanten könnte auch in Retzow stattgefunden haben, denn, wie heißt es beim Dichter? "... die vereinzelten Kiefern, Vorposten des Waldes, wettergepeitscht, trotzig in ihrer verkrüppelten markigen Gestalt ..." – sie stehen ja auch um Retzow herum.

Anreise: wie nach Ribbeck, Selbelang und Retzow. Ab Retzow durch das Havelländische Luch ins Dorf (3,5 km).

DIE TASCHEN DER NACHKOMMEN SIND LEER
PESSIN

Diesmal war Pessin dran. Neben unseren obligaten Reiseführern begleiteten uns Reni und Lothar, ein seit Jahrzehnten mit uns eng befreundetes Ehepaar, das, ebenfalls an der brandenburgischen Geschichte interessiert, bisher nur exponierte Ziele im Berliner Umland aufgesucht hatte. Wir aber wollten den beiden märkische Kleinode zeigen – Schätze im Verborgenen sozusagen.

Und daß diese meist abseits der ereignisreichen Stätten in verträumten Dörfern liegen, ist Kennern der Mark wohl bekannt. Es handelt sich dabei oft nur um Relikte einer längst verklungenen Tradition, die in einem nun über vierzig Jahre währenden Dornröschenschlaf versunken sind. Man spürt die historische Vergangenheit aber in beinahe jedem Ort der Region, und man erkennt, daß ihre Geschichte langsam wieder zu neuem Leben erwacht.

So auch in den Dörfern rechts und links der B5. Pessin war nun eines von ihnen und durch diesen Marktflecken schleppten wir zuerst unsere Freunde. Es war kurz vor zwölf Uhr, als wir vor der **Dorfkirche** von den Rädern stiegen. Wie aus der Ferne drang "Lobe den Herren, den mächtigen König der Ehren ..." durch ein halbgeöffnetes Fenster an unser Ohr. Der Gottesdienst ging in seine Schlußphase.

"Nicht stören" meinten unsere Begleiter – jedoch, die Neugier war stärker, sie trieb den Chronisten in die Kirche. Auf leisen Sohlen wurde auf der hintersten Bank ein Platz gesucht, und dann etwas lauter in die Strophen des Liedes eingestimmt. Das Vaterunser und der Segen des Geistlichen entließ alsbald die Gemeinde, nicht ohne diese vorher zur Kollekte zu bitten. Aufmerksam beobachteten wir die Szenerie. Der Blick glitt über das Häuflein Menschen und den Pastor, hielt fest am Altar und den wappengeschmückten Emporen. 28 Seelen hatten sich an diesem Tag zum Gottesdienst versammelt – viel mehr als wir erwartet hatten. Es schien uns, als ob in Pessin im christlichen Glauben eine Rückbesinnung erfolgt ist.

Einmalig ist die aus dem Jahr 1739 stammende Holzlaube an der Pessiner Dorfkirche in der Mark

Eichenfachwerk bestimmt das Gutshaus (17. Jahrhundert) von Pessin.

Inzwischen war die Kollekte gezählt. Pfarrer Schernowski begrüßte abwartend die unerwarteten Gäste. Erst zögernd, dann aber bereitwillig erzählte er uns aus der Geschichte der Kirche, aus ihrer bauhistorischen Vergangenheit, von ihrem desolaten Zustand und auch vom Zusammentreffen mit den Nachkommen der ehemaligen Gutsherren.

Bestens informiert ist der seit dreißig Jahren als Seelsorger in Pessin wirkende Geistliche: 1939 ist die Erweiterung der Kirche fertig geworden, man sieht diese Baumaßnahme noch deutlich im Kircheninnern.

Schernowski zeigte dann auf den schmalen Teil des Innenraumes, verwies auf die Außenwände der Kirche und meinte, daß diese Veränderung heute eine Last für die Gemeinde sei. Der Pfarrer dachte dabei nicht an die Zahl seiner Schäfchen, sondern vielmehr an die überfälligen Sanierungsmaßnahmen. Auf die Frage, ob schon jemand von den letzten Gutsbesitzern im Dorf erschienen sei, nickte er und meinte, daß die Knoblauchs bereits hier waren, aber deren Taschen sind offenbar leer. Keine Chance, von ihnen etwas zu bekommen.

Der Blick wanderte abermals durch das Kirchenschiff. Wir erkannten im westlichen Teil spätgotische Stilelemente, gebaut aus Feld- und Backstein. Auch der querrechteckige Westturm gehört dazu. Der breitere östliche Teil des Schiffes ist hingegen ein Putzbau von 1739. Von besonderer Qualität dann der **Kanzelaltar**, den der brandenburgische Tischler *Witte* im Jahr 1700 geschaffen hat. Interessant ebenso die Emporen mit Arkadenabschluß. Wappenschilde schmücken sie; man liest die Namen Knoblauch und

Bredow und anderer, mit ihnen verbundene märkische Adelsgeschlechter.

Außerordentlich bemerkenswert, wenn nicht einmalig, sind
die **Laubenvorbauten** an der Kirche. 1739 hat man sie aus Holz
zur Stützung des Hauses erbaut. Pfarrer Schernowski zeigte dann
auf zwei **Grabkreuze**. Vor Jahren wurden sie vom Friedhof in die
Kirche versetzt. Vater und Sohn *Ruccius* sind auf ihnen verewigt.
Beide waren Pastoren in Pessin – und dann kam ein geschichtlich
interessantes Schmankerl: Lange vor der Wende tauchte plötzlich
der kanadische Botschafter in der Bundesrepublik in Begleitung
mehrerer Personen auf. Sie waren die Nachkommen der Ruccius',
wollten das Dorf ihrer Ahnen kennenlernen und freuten sich sehr
über die gesicherten Grabsteine.

Ob nun auch die seit dem 14. Jahrhundert in Pessin ansässigen
Familien *von Knoblauch* und *von Bredow* Freude an ihren ehema-
ligen Besitzungen haben, ist uns nicht berichtet worden. Für die
Knoblauchs könnte es vielleicht zutreffen. Ihr **Gutshaus**, im 17.
Jahrhundert in Eichenfachwerk errichtet, dann Ende des 19. und
Anfang des 20. Jahrhunderts erweitert und umgebaut, hat als
langjähriger Sitz des "Rat der Gemeinde" die Zeiten relativ gut
überstanden, zumindest ist es äußerlich gut in Schuß.

Etwas weiter entfernt steht an der Dorfstraße das **Bredowsche
Gutshaus**. Hier saß die Verwaltung der Pessiner LPG. Der heute
aufgelassene Betrieb hat Spuren am 1834/35 fertiggestellten
Haus hinterlassen. Wenig erfreulich ist sein Anblick, doch das hat
seine Gründe.

Der letzte Bredow hier auf Pessin soll ein großzügiger Mann
gewesen sein, so freigiebig, daß er eines Tages fast vor dem Ruin
stand. Etwas ungewöhnlich für einen Gutsherrn – aber es muß
wohl so gewesen sein, die Alten im Dorf erzählen es jedenfalls.
– Weiteres war nicht bekannt.

Anreise:
vom Bf. Nauen mit
dem Zug 270
(Richtung
Wittenberge) bis Bf.
Friesack, vom
Bahnhof dann mit
dem Havelbus 661
nach Wagenitz (10
km) und Vietznitz
(3,5 km).

ZWISCHEN FELDARBEIT
BLIEB DER SINN FÜR TRADITION
WAGENITZ

Mit der Regionalbahn R5 bis Nauen, dann umsteigen in den Zug
nach Wittenberge. Am Bahnhof Paulinenaue war für uns Endstation. Über den **Roten Husar** ging es weiter zur B5. Kurz hinter
Pessin überquert eine schmale Allee die Bundesstraße. Links geht
es nach Senzke, rechts nach Wagenitz. Die Abfahrt kann nicht
verfehlt werden, ein alter Meilenstein markiert den Punkt.

Um es vorneweg zu nehmen: Das Dorf Wagenitz war bei
unserem Besuch menschenleer. Nur eine Katze lief über den

Material-Mosaik

Fossile Architektur – der "Schwedenturm" von Wagenitz. Der hochaufragende Rauchfang eines ehemaligen Küchenbaus stammt aus dem 16. Jahrhundert.

Weg, verschwand ängstlich zwischen den Zaunlatten eines Grundstücks; und irgendwo weiter hinten kläffte ein Hund. Ansonsten war absolute Ruhe. Doch plötzlich hörten wir hinter dichtem Strauchwerk ein Schurren. Beim Näherkommen entdeckten wir drei Lebewesen: Otto, Annemarie und Waldemar.

Nur noch eine Erinnerung ist dieses Bild von dem Ende des 16. Jahrhunderts entstandenen, in den 1940er Jahren abgebrannten Schlosses in Wagenitz.

Schon von der Straße sieht man das Dorf. Es wird überragt vom Kirchturm, dessen Haube einer Zipfelmütze ähnelt. Im Ort selbst dann das Kolorit märkischer Siedlungen. Zu beiden Seiten des Angers Häuser unterschiedlicher Gestalt. Ebenso verschieden ist ihr Alter. Ziegel und Mörtel, Fachwerk und Feldstein sind an ihnen verbaut worden.

Beim Halt informieren wir uns wieder im Wanderbuch: "Von Senzke führt nö. die Chaussee (2,5 km) nach Wagenitz (386 Einwohner; Gasthaus Bathe), wo die Familie von Bredow seit 1335 ansässig ist. Stattliches Schloß, dessen älteste Teile aus dem Jahr 1571 stammen, mit dem sog. Schwedenturm, einem ursprünglichen Küchenbau mit hohem Rauchfang. Im Schloßpark Hirschkoppel mit Damwild (Meldung beim Schloßgärtner)."

Im urwaldähnlichen Wagenitzer Schloßpark steht ein Grabmal eines Herrn von Bredow.

Was wir danach zuerst erblickten, war ein Gebilde von merkwürdiger Gestalt. Auf einem massiven Sockel erhebt sich ein aus roten Ziegeln aufgemauerter, nach oben sich stark verjüngender turmähnlicher Kegel, dessen Außenkanten wie Hohlkehlen wirken. Es sind Rauchfänge, die dem etwa 15 Meter hohen **Schwedenturm** ein bizarres Aussehen verleihen. Und oben auf der Spitze ein Storchennest, von dem die Märker sagen, daß es ihrem Dorf Glück bringt.

Hinter dem Ende des 16. Jahrhunderts zugeordneten Turm, der laut Ortschronik einmal das Versteck der Bredows vor marrodie-

renden Schweden gewesen sein soll, erstreckt sich ein dreige-
schossiges Mietwohnhaus aus jüngster Zeit – aber kein Schloß.
Einigermaßen irritiert verließen wir den Anger, liefen über die
sich anschließende Parkstraße nach Nirgendwo. Dort hörten wir
dieses Schurren, und begegneten Otto Weber mit seiner kleinen
Tochter Annemarie und seinem Cockerspaniel Waldemar.

Ein freundlicher Gruß und die ersten zaghaften Fragen. Aber
was meinten wir eben – Störche bringen den Dörflern Glück?
Nicht nur ihnen, sondern auch uns, denn Otto Weber konnte aus
der Geschichte des Dorfes Wagenitz erzählen – und er vertraute
uns, gab alte Postkarten zur Reproduktion aus der Hand!

Auf die Frage nach dem Gutshaus sagte Weber, daß es heißt,
die letzten Bredows auf Wagenitz hätten das Schloß selbst ange-
zündet, damit es nicht den Russen in die Hände fiele. Sehr
bedauerlich! Doch die Wagenitzer haben zum Glück noch die
Dorfkirche mit einem Votivbild des *Hans Christoph von Bredow*,
den Schwedenturm und den Gutspark, der sich nun wenig später
vor uns öffnete. Eine urwaldähnliche Landschaft, geheimnisvoll
und traumhaft schön, lockte zum Eintritt. Das alte Wegesystem
ist noch vorhanden. **Denkmal** und **Grabplatte der Bredows** stehen relativ gut erhalten am Wege. Leider ausgetrocknet sind die
das Gelände durchziehenden Gräben, wie auch ihre teichartigen
Erweiterungen. Doch es soll besser werden.

Die Dörfler haben sich immer, also auch im realsozialistischen
System um die Tradition der Gemeinde bemüht, auch wenn den
Oberen das 'kapitalistische Kulturgut' stets suspekt war. Man
versuchte es im Kleinen. Am Biertisch wurde manches ausgebrü-
tet, so auch, daß die Gräben im Gutspark mit dem Wasser des
Havelländischen Hauptkanals wieder bewässert werden sollen.

Wir persönlich knüpften große Hoffnung an die zukünftige
Entwicklung des 360-Seelen-Dorfes Wagenitz, waren der Ansicht, daß die örtliche Geschichte, wie auch die sichtbaren Zeugen
der Vergangenheit das Gemeinwesen eines Tages beleben werden.

Anreise:
siehe unter
Wagenitz

IM GUTSHAUS IST DAS FLAIR DER VERGANGENHEIT ERLOSCHEN
VIETZNITZ

Die Route führte weiter nach Norden. Von Wagenitz ging es über
Brädikow und Warsow nach Vietznitz. Wir befanden uns in
jenem Teil des Havellandes, der seit dem Mittelalter den Bredows
gehörte und in dem noch heute Spuren dieses märkischen Adelsge-
schlechtes anzutreffen sind. Allerdings nicht in jedem Dorf. In

*Ländliche Ruhe –
Dorfstraße von
Vietznitz.*

Um 1860 wurde das Gutshaus der Bredows in gotisierenden Formen erbaut.

Brädikow und Warsow zum Beispiel sind nur noch die Dorfkirchen vorhanden bzw. Teile von ihnen.

*Impression an der
Dorfstraße von
Vietznitz.*

Die nach Friesack führende Straße geht links am Dorf vorbei; nordöstlich von ihr liegt Vietznitz, versunken hinter alten Bäumen, und irgendwie im Abseits. Aber vielleicht trügt nur der Schein, den die Stille an jenem zur Neige gehenden Tag über die 1365 erstmals urkundlich aufgeführte Siedlung ausbreitete.

Vietznitz ist ein Dorf wie viele andere in dieser Gegend, und es gehört zu all jenen Orten in dieser Region, in der ab 1947 das Land aufgeteilt worden war. Insgesamt waren es damals 358 Hektar, die an 17 landlose Bauern und Landarbeiter, einen landarmen Bauern, 15 Umsiedler und 27 nichtlandwirtschaftliche Arbeiter und Angestellte verteilt worden sind. Vier Altbauern erhielten noch Teile des einstigen Privatwaldes. Von 1954 bis 1960 faßte man die landwirtschaftlichen Flächen zu LPGs zusammen. Diese Wirtschaftsform bestand bis zum 1. Juli 1990 – offiziell jedenfalls, denn die Umstrukturierung nach westlichem Standard wird nicht so schnell wie gewünscht vonstatten gehen.

Doch uns interessierte die historische Vergangenheit des Dorfes. Wieder war die **Kirche** das erste Ziel. Sie steht abseits der Straße auf einem leicht erhöhten Grundstück. Das aus dem späten Mittelalter stammende Haus wirkt putzig: das Kirchenschiff, teils aus Feldstein und Ziegel, teils aus verputztem Fachwerk erbaut, ist von einem verbretterten Türmchen besetzt – ein mittelschweres Stilchaos also, dem als "Krönung" noch ein "Plaste"-Wetterschutz beigeordnet worden ist.

Viel ungewöhnlicher ist auch das alte **Bredowsche Gutshaus** nicht. Der gotisierende Bau aus der Zeit um 1860 wirkt wie ein

*Zeugnis des
Spätmittelalters – die
Dorfkirche von
Vietznitz.*

verspieltes Mehrfamilienhaus. Düster die Fassade, an der noch Spuren eines wesentlich älteren Vorgängerbaus zu erkennen sind. Das Vietznitzsche Schloß ist eine illusionäre Trutzburg, bei der allein das Treppenhaus besticht. Ein schönes altes, geschnitztes Geländer umschließt die durch ein Oberlicht erhellten Podeste, vermittelt noch einen Hauch vergangener Wohnkultur.

Die aber ist mit den neuen Mietern verlorengegangen. Das Haus, standhaft wie eh und je, dient heute mehreren Familien als Heimstatt. Die verschlissenen Briefkästen, wie auch die Wäsche vor den Fenstern verraten es. Wir verkniffen uns angesichts des durch die Bewohner verunstalteten Hauses eine Bemerkung, fragten uns, ob es in Vietznitz jemanden gäbe, der weiß, woher der eigenwillige Ortsname kommt. Leider gab es im Augenblick keinen weiteren Kontakt zu einem Dorfbewohner, so daß wir uns selbst die Frage beantworten mußten: Die Ortsbezeichnung kommt vermutlich aus dem polabischen Sprachschatz und bedeutet einen "Ort, wo es Sauerkirschen gibt". Demnach muß wohl der 1365 genannte Herr Jan Vycenytz in einer Art "Garten Eden" gelebt haben ...

Anreise: direkt bis Bf. Friesack. Er ist Haltepunkt auf der Strecke des Fernzuges 270 (Nauen-Wittenberge).

WO DIE "FAULE GRETE" DEN QUITZOWS DEN GARAUS MACHTE FRIESACK

Beim Planen der nächsten Havellandtour erwachte urplötzlich wieder die Liebe zu den Quitzows. Wir erinnerten uns der Besuche in Rühstedt, Kletzke, Quitzow und Quitzöbel, bei denen wir unter Mißachtung der damals gültigen DDR-Vorschriften versuchten, möglichst nah an unser Ziel heranzukommen. Aber das war vor zehn, fünfzehn Jahren – in einer Zeit also, in der nur bei wenigen ein ausgeprägtes Geschichtsbewußtsein vorhanden war, die aber – und das erschien bemerkenswert – die den als Abenteurer und Raubritter verschrieenen Quitzows immer noch eine stille Reverenz erwiesen. Die zu Stein gewordene Geschichte traf man auf Dorfstraßen ebenso an wie in und an Kirchen, mitunter auch an alten Burgmauern. Die Spuren dieses uradligen prignitzschen Geschlechts waren gegenwärtig. Und was sollte uns nun hindern, erneut nach ihnen zu suchen? Doch die Prignitz liegt von Berlin rund 150 Kilometer entfernt, gehört also nicht mehr zum Einzugsgebiet des Havellandes. Dennoch: die geographische und kommunale Trennung wird hier durch die beiden Brüder *Dietrich* und *Johann von Quitzow* überbrückt, denn sie waren es, die durch Erbschaft, Heirat und Verpfändungen und natürlich durch ihre kriegerischen Ambitionen zahlreiche Dörfer, Burgen und Schlösser in ihren Besitz gebracht hatten. Und zu diesen zählte auch das

So sahen sie aus, die Raubritter derer von Quitzow – hier Dietrich von Quitzow (gest. 1593) in der Dorfkirche von Rühstedt/Prignitz.

Überragt die Ackerbürgerstadt – der Turm der 1841-44 erbauten Stadtpfarrkirche von Friesack.

Städtchen Friesack, das nun bei uns auf dem Tagesprogramm stand.

Wir wußten von dem an der B 5 liegenden Ort, daß dort am 10. Februar 1414 der Burggraf *Friedrich von Nürnberg* die Quitzowsche Burg angegriffen und den berüchtigsten Condottiere dieser Zeit, *Dietrich von Quitzow*, aus dem Räubernest vertrieben hatte. Auch war uns bekannt, daß das auf der alten Burgstelle 1774 durch die Bredows erbaute Herrenhaus wegen Baufälligkeit 1956 abgerissen wurde. Trotzdem waren wir neugierig, wollten zumindest den Standort der berühmten "Faulen Grete" suchen, jener Kanone, die dem Raubritter den Garaus gemacht hatte.

Bei unserem Eintreffen lag das Landstädtchen schläfrig in der Mittagssonne. Die Geschäfte in der Berliner Straße hatten geschlossen, keine Menschenseele war zu sehen. Wir schlenderten durch die Stille, nahmen erfreut Notiz vom langsam aufblühenden Handel, entdeckten neu angesiedelte Gewerbebetriebe, aber auch Häuser und Grundstücke, denen ein frischer Anstrich gut tun würde. Die meist zweigeschossige Bebauung des in Gitterform angelegten Stadtkerns wird vom Westturm der 1841-44 in romanisierenden Formen der Schinkel-Schule erbauten **Pfarrkirche** überragt. An ihm vorbei führte unser Weg, der sich nun zur angerartig verbreiterten Marktstraße öffnete.

Unterschiedliche Bebauung prägt auch hier das Straßenbild: Neben liebevoll wiederhergestellten Putz- und Fachwerkhäusern fällt nur ein in sich zusammengesunkener, sicherlich mehr als hundert Jahre alter Fachwerkbau negativ auf. Solide dagegen das **Stadthaus Friesack**, ein neunachsiges, von einem Uhrtürmchen bekröntes Gebäude. Nahebei das **Landhaus**, eine Wirtschaft, die

Einst stand Kurfürst Friedrich auf dem Sockel.

die Tradition der früheren Gasthöfe "Zur Burg Friesack" und "Märkischer Hof" weiterführen möchte.

Da die Speisekarte des Hauses einladend war und wir darüber hinaus die Hoffnung hatten, hier endlich etwas über die "Faule Grete" zu erfahren, lag es auf der Hand, einzukehren. Im ersten Fall wurden unsere Erwartungen nicht enttäuscht, im zweiten aber mußten wir uns bescheiden geben: Die "Faule Grete"? Ach ja, das war die Kanone, mit der vom Mühlenberg die Burg beschossen wurde – der Gastwirt hatte Schützenhilfe von seinen Stammgästen erhalten. Doch: Gibt es hier noch einen Hinweis auf dieses historische Ereignis? Ja, oben auf dem Mühlenberg steht eine Steinsäule. Früher stand auf ihr die Bronzefigur eines Kurfürsten, die aber haben die Russen verschleppt. Doch wie es heißt, soll sie wieder neu gegossen werden, um die Erinnerung an die Burg zu beleben.

Richtig, die Burg. Aber, wo stand die denn? – Der Wirt zeigte in Richtung Kirche, hinter der liegt die Post, und dahinter steht auf einem Hügel eine Baracke. Man hat sie auf den Fundamenten der alten Burg errichtet, nachdem die Kellergewölbe mit Unrat verfüllt wurden. – Nun, viel war das alles nicht. Aber ansehen wollten wir uns die Reste auf jeden Fall. Also ging es zuerst zum Mühlenberg, der wohl einmal eine hübsche Parkanlage gewesen ist.

Die Kuppe des Hügels ist von einem bastionsartigen **Säulenschaft** besetzt. Roter Granit steht felsenhaft in märkischer Landschaft, wehrhaft und unzerstörbar zugleich. Eine Inschrift weist seine Geschichte aus: "Kurfürst Friedrich, Markgraf von Brandenburg" steht in gotischen Majuskeln gemeißelt in dem Stein. 1894 ist er aufgestellt worden, und mit ihm das Standbild des ersten Hohenzollern, das *Alexander Calandrelli* geschaffen hatte.

Von oben fällt der Blick auf die Stadt, so wie es wohl auch 1414 war, als Burggraf *Friedrich* die "Faule Grete" auf den Hügel schleppen ließ, um mit ihr *Dietrich von Quitzow* zu vertreiben. Faul war also das Geschütz nicht. Im Gegenteil, seine Schlagkraft muß für den Raubritter so überzeugend gewesen sein, daß er fluchtartig Friesack verlassen und außerhalb Brandenburgs Zuflucht gesucht hat.

Daß dieser Tag Dietrichs Schicksal entschied, sollte sich alsbald herausstellen: Der kampferprobte, keinem Streit aus dem Wege gehende Ritter war zwar frei – aber geächtet. Er war von seinen sich langsam dem Landesherrn zuwendenden Getreuen verlassen. Einsam und verbittert zog er sich ins Braunschweigische nach Harbke zurück, um bei seiner Schwester Mathilde Obdach zu erbitten. Doch der sich stets gegen die Gesellschaft stellende Quitzow hielt es dort nicht lange aus. Eine Hütte im

Amtshaus von Friesack.

Wald wurde sein letztes Domizil. 1417 endete das Leben *Dietrich von Quitzow*, der "der Mark mancherlei Schaden zugefügt und sie heftig beleidigt hat".

Soweit der Blick über Friesacks Grenzen hinaus. Im Ort selbst ist die Geschichte der 1409 für die Summe von 2000 Schock böhmischer Groschen gekauften Burg erloschen. Auch das Grab *Hasso von Bredows*, seinerzeit Hauptmann der Mark und Nachfolger auf dem Quitzowschen Besitz, hat die Zeiten nicht überstanden. An ihrer Stelle steht jetzt zwischen dicken Bäumen eine Baracke, unscheinbar und nichtssagend.

Auch wenn – so wie es scheint – die Geschichte des Städtchens Friesack den Jahrhunderten zum Opfer gefallen ist, so darf nun berechtigte Hoffnung aufkommen, daß sich die Bürger ihrer historischen Tradition wieder besinnen. Erste Anzeichen sind der Wiederaufbau des Ortsmuseums und auch das Gerücht, daß der bronzene Kurfürst wieder auf seinen alten Platz gestellt wird. Wenn beide Aktionen erfolgreich beendet sein werden, und darüber hinaus das 1216 als "Vrisac" erstmals urkundlich genannte Städtchen in seiner Gesamtheit im neuen Glanz erstrahlt, dann wird in dem blühenden Gemeinwesen auch wieder die sich um die Quitzows und die ihnen zum Verhängnis gewordene "Fau-le Grete" rankende Geschichte lebendig.

Haben Sie schon unsere weiteren
✈-Reiseführer auf der letzten Seite
dieses Bandes beachtet ?

DURCH DAS
SÜDLICHE HAVELLAND

Anreise:
von der Stadtgrenze
Berlin-Spandau/
Staaken erreicht man
in ca. 4 km das Dorf.

IMPRESSIONEN AN DER B5
DALLGOW

In Aussicht gestellt waren uns Aufzeichnungen und alte Landkarten aus Dallgow, die vor mehr als sechzig Jahren vom in der dortigen Margaretenstraße wohnenden Buchdruckerei-Besitzer Gerhard Lorenz zusammengetragen wurden. Abwarten, dachten wir, denn so manches Versprechen hatte sich schon in Luft aufgelöst.

Da wir jedoch Optimisten sind, beschlossen wir vorab nach Dallgow zu fahren, um uns dort umzusehen. Allerdings verbanden wir die Tour mit dem weiter nördlich liegenden Schönwalde, wollten dort in einer uns vom vergangenen Sommer her bekannten Gärtnerei nach Frühjahrsblumen Ausschau halten. Dann ging es weiter in Richtung B5 nach Dallgow.

Das Dorf lag in der Mittagssonne. Still war's, aber irgendwie doch unruhig. Der Anger des 1271 erstmals als "Dalghe" beurkundeten Platzdorfes war abgeräumt und eingezäunt. Bauwagen und -geräte standen am Straßenrand. Eine unübersehbare Hinweistafel wies das Bauvorhaben aus. Ein modernes Hotel war im Entstehen – sozusagen mittenmang im Dorf. Na gut. Reiterhöfe hatten wir während des Rundgangs schon gesichtet, konnten uns vorstellen, daß die Pferdehalter in angemessenen Quartieren in der Nähe ihrer Rösser übernachten wollten. Jedoch, etliche Bauernhäuser und Scheunen stehen zum größten Teil noch in krassem Gegensatz zum Neubau des "Parkhotels". Viele sind verfallen und kaum noch reparabel, und die wenigen gut erhaltenen Gebäude am Anger vermögen nicht die desolate Bausubstanz zu verdecken.

Mit diesen Gedanken schlenderten wir durch das Dorf. In einer Nebenstraße tauchte hinter einer gewaltigen Abgaswolke eines Trabis ein Junge auf seinem Fahrrad auf. Was an ihm auffiel, war seine schwarze Nase: "Bist wohl noch vom Fasching übriggeblieben?" versuchten wir den Kleinen aus dem Gestank zu locken. Er stutzte: "Nee." – Kein weiterer Kommentar. Aber dann, als er den vor dem Bauch hängenden Fotoapparat sah: "Ach, Sie fotografieren hier wohl?" – "Ja." – "Ich kann Ihnen etwas Interessantes zeigen. Hier gibts zwei uralte Scheunen, eine aus dem 17. und eine aus dem 18. Jahrhundert. Eine gehört meiner Oma. Aber da müssen Sie erst mal um Erlaubnis fragen."

Nun, Übertreibung veranschaulicht, und Aufklärungsarbeit wollten wir nicht leisten, auch nicht die Großmutter vom Kaffee-

*Dekorativ –
Hauseingang in
Dallgow.*

*Windschief – Speicher
aus dem 19.
Jahrhundert in
Dallgow.*

tisch aufscheuchen. Also liefen wir wieder zurück zum Dorfanger, standen an der Stelle, an der sich noch vor geraumer Zeit die "Heimatstuben Dallgow" befanden. Das winzige Haus ist abgerissen, soll aber zusammen mit dem Hotel wieder aufgebaut werden, was im übrigen auch für einige andere Häuser am Anger gilt.

Ein anderes Bild zeigt die **Dorfkirche**. Der in seinem Kern spätmittelalterliche Bau, der im 17. Jahrhundert verändert wurde und dessen Westturm nach dem Brand von 1869 wiederaufgebaut und 1931 erneuert werden mußte, macht einen soliden Eindruck. Er ist neben den wenigen gepflegten Hofgrundstücken das bauliche Aushängeschild von Dallgow – zur Zeit jedenfalls, bis das Hotel auf dem Anger seine Pforten öffnet.

Dominierend – die in ihrem Ursprung aus dem 17. Jahrhundert stammende Dorfkirche von Dallgow.

Aber vielleicht verbinden die Dallgower mit ihm auch die Hoffnung, daß der Glanz dieses Hauses auf ihre Höfe überstrahlt und ihnen wieder zu einer gewissen Reputation verhilft. Vielleicht so wie es früher einmal war, als die Ribbecks, die Winnings, die Berger-Landefeldts oder die Wollanks das Patronat über das Dorf ausübten. Oder als unter den Gemeindeschulzen *Adam Ahl* (1671-87), *Joachim Christian Stolp* (1811-36) und *Gustav Boltz* (ab April 1914) – um nur einige zu nennen – die Geschicke des Dorfes ge-lenkt wurden.

Doch das alles ist Spekulation, und zwar eine, die wir im stillen Kämmerlein mit den uns tatsächlich zur Verfügung gestellten Dokumenten anstellten. Diese Zeugnisse aus alter Zeit, die mit äußerster Akribie aufgezeichnet waren, ließen einen Blick in die Vergangenheit Dallgows zu. Einige Beispiele daraus mögen wiedergegeben werden:

"1871 – Bau der Lehrter Bahn. Der Bahnhof Dallgow wird nicht am Seegefelder Weg angelegt, weil Dallgow den Platz nicht un-entgeldlich abgeben will. Er erhält seinen Platz an der Rohrbecker Grenze. 1890 – das Patronat über das Dorf wird vom Rittergutsbesitzer von Berger-Landefeldt an die Familie Wollank aus Pankow verkauft. 1892 – ein Knecht des Franz Boltz erschlägt in Notwehr einen Handwerksburschen mit dem Spind einer Jauchetonne. 1894 – Landvermessung. Beginn der Enteignung. Es werden enteignet von der Dallgower Feldmark 380,86 Hektar und ein Jahr später an den Militärfiskus übergeben."

1915 hört die Chronik auf. Verzeichnet ist unter diesem Jahr noch, daß die Zeppelin-Gesellschaft zur Errichtung eines Flugplatzes die Dallgower Wiesen ankauft und daß die Gemeinde einen Anschluß an das Wasserleitungsnetz erhält. – Das sind nur einige Fakten aus der inhaltsreichen Geschichte eines havelländischen Dorfes. Sie sind längst Vergangenheit, interessant aber allemal, sie vor Ort ins Gedächtnis zu rufen.

Anreise:
vom Bf. Nauen (R 4,
5, 9 und 19) mit
dem Havelbus 662
oder dem Rad
(3 km) ins Dorf.

DIE NAMENSGEBER BLEIBEN IM DUNKEL DER GESCHICHTE
MARKEE

Auf der Fahrt zum Sühnekreuz nach Gutenpaaren blieben wir in Markee hängen. Warum auch nicht? Das Dorf mit seiner 1950 in ihm aufgegangenen Nachbargemeinde Markau hatten wir sowieso auf dem Programm stehen, wollten auf einer der nächsten Touren im Doppelort Station machen. Nun standen wir vor der Dorfkirche, spielten laut mit den Ortsnamen: Markee-Markau – sie gingen leicht über die Lippen, fast melodisch, prägten sich gut ins Gedächtnis ein.

Und dabei bemühten wir die einschlägige Literatur: Beide Orte sind 1195 bzw. 1197 erstmals urkundlich in Erscheinung getreten, und es wird vermutet, daß ihre Namen damals aus Nordfrankreich über Rathenow ins Havelland transportiert wurden. Vielleicht waren es auch Mönche, die aus dem heutigen Departement Lille kamen und die Namen in Brandenburg ansiedelten? Genaues weiß man natürlich nicht, aber die ersten Aufzeichnungen von Markau ("Goswinus, sacerdos de Markowe") und Markee ("Marchede") gaben den Sprachforschern Anlaß zu dieser Interpretation.

Ob nun der Priester Goswin der eigentliche Gründer der Dörfer war, läßt sich nur schwer nachvollziehen, ebenso wie die nunmehr vierzigjährige Vergangenheit der Gemeinden – nur ist sie im letzten Fall transparenter. Aber davon hatten wir in den ersten Augenblicken unseres Aufenthaltes noch nichts gespürt, denn noch hielten wir "Kießling" und Fontane in den Händen, suchten bei beiden einen Hinweis auf die Siedlungen. Vergebens. Nichts stand dort geschrieben. Doch da waren noch die "100 Ausflüge um Berlin": "Von Wernitz führt uns in nordwestliche Richtung ein Feldweg in 45 Minuten nach dem Dorfe Markau, das durch die Kleinbahn Nauen-Ketzin vom Schwesterdorfe Markee getrennt wird. Beide Dörfer haben interessante alte Kirchen; Markau auch ein altes Pfarrhaus aus dem 17. Jahrhundert."

Viel war es nicht; also selbst die Sache in die Hand nehmen. Vom Anger mit seiner in der Tat sehenswerten **Kirche** und der benachbarten Sportgaststätte liefen wir auf eine lange, hohe Mauer zu. Daneben ein eingeschossiges Wohnhaus mit Rundgiebel am Dach. Unauffällig eigentlich, wäre da nicht das Wappen am Balkon. Die vor dem Haus Unkraut zupfende Frau hatte keine Ahnung, was es bedeutet. Na gut. Weiter dann um die Mauer herum zur nächsten Ecke.

Große Gebäude bilden hier die Straßenabgrenzung. Ein Tor stand auf. Arbeiter hockten auf Mehlsäcken, vertieft im Gespräch. Weit öffnete sich der alte **Gutshof**. Im Quadrat stehen

*In Fachwerk gebaut –
1697 entstand die
Dorfkirche von Markee.*

Gewitterstimmung am Beetzsee.

Friedliche Stille am Kremmener Damm.

Rekonstruiertes Mühlrad an der Bäke-Mühle in Kleinmachnow.

Schloß Schwante, erbaut in der ersten Hälfte des 18. Jahrhunderts.

Gutshaus Radensleben, erbaut 1833 bis 1870.

Schloß Reckahn, erbaut um 1720.

Schloß Petzow, erbaut um 1825.

1923 gründete Max Rehberg das "Heimat- und Schiffahrtsmuseum" in Oranienburg.

Fachwerk und Lehm kennzeichnen die im 18. und 19. Jahrhundert erbauten Häuser in Kremmen.

Dorfstraße in Wagenitz.

Auf dem Marktplatz in Friesack.

Das Potsdamer Tor des ehemaligen Rittergutes Groß-Glienicke.

David Gilly entwarf den Plan für die 1797 erbaute Dorfkirche von Paretz.

Stille Wasser gründen (im Havelland nicht) tief.

Historischer Blick von der alten Knesebeck-Brücke auf Teltow.

Schafherde bei Wustrau.

Christian Dehne schuf von 1611 bis 1613 das Brösicksche Epitaph für die

Die Machnower Schleuse entstand zusammen mit dem Teltowkanal in den Jahren 1901 bis 1905.

Bahnhof Oranienburg.

"Hol über" – Fähre bei Caputh über den Schwielowsee.

Auf dem Bahnhof in Nauen.

Dorfkirche von Wustermark, erbaut 1793.

Dorfkirche von Groß-Rehnitz, erbaut im 18. Jahrhundert

Hofeinfahrt eines Ackerbürgerhauses in Kremmen

Wohnhaus Am Bassinplatz Nr. 10, mit Gedenktafel zur Erinnerung an den Aufenthalt W.A. Mozarts in Potsdam im Jahre 1789.

Dorfstraßenmotiv

mehr oder weniger gut erhaltene Gebäude, zwischen und vor ihnen Landwirtschaftsfahrzeuge und -geräte. In der Hofmitte eine Brennerei. Es roch nach Maische und Brennmaterial. Zwischen Braunkohle und Briketts marschierten wir auf die Schnapsbrennerei zu, erfuhren dort, daß der Betrieb noch eine gute Auftragslage hat, jetzt allerdings nicht mehr 400.000 Liter, sondern nur noch 273.000 Liter pro Jahr, die für eine Firma in Reinickendorf produziert werden.

Der Weg zurück führte am alten Herrenhaus vorbei, das zusammen mit den 1600 Hektar großen Gutsländereien nach monatelangem Tauziehen zwischen der brandenburgischen Landesregierung und der Treuhandanstalt um die zukünftige Nutzungsberechtigung jetzt an die Arbeiterwohlfahrt gefallen ist, die den landwirtschaftlichen Betrieb als Rehabilitationszentrum für geistig behinderte Erwachsene unterhält. Damit bleibt die 1959 gegründete Einrichtung bestehen. – Ein Teil der früheren Gutsländereien steht jedoch wieder einer privaten Nutzung zur Verfügung. Sie sollen dem 1946 enteigneten früheren Eigentümer, Graf Alexander zu Lynar-Redern sowie einem ortsansässigen Landwirt einen wirtschaftlichen Agrarbetrieb ermöglichen.

Anreise:
vom Bf. Berlin-
Spandau (R 5) direkt
zum Bf. Wustermark
(R 5).

BANGE STUNDEN IM FINSTEREN WEINKELLER
WUSTERMARK

"Im Februar 1807 wurde *Heinrich von Kleist* hier nach seiner Festnahme in Berlin durch die Franzosen in einem Keller eingesperrt, um nachher nach Frankreich abgeführt zu werden." Dieser Satz, gelesen bei "Kießling" 1920, hatte uns fasziniert. Das war etwas für uns! So etwas suchten wir ja ständig, um die zwar spannende, doch aber auch oft trockene Geschichte der havelländischen Dörfer lebendiger interpretieren zu können.

Der eher einer Randbemerkung gleichende Hinweis wies uns augenblicklich den Weg nach Wustermark. Im Ort des mysteriösen Geschehens wollten wir den Spuren des Romantikers folgen. Jedoch, wo lag der Keller? Und: stand das Haus überhaupt noch? Außerdem: würden uns die Bewohner den Zutritt gewähren? Ungewiß war alles noch, als wir dem Dorf zustrebten.

Staaken lag bald hinter uns, und nach Dallgow, Elstal und Dyrotz tauchte zwischen den Giebeln der Häuser der Turm der Wustermarker **Dorfkirche** auf. Wieder wurde sie die erste Anlaufstelle; ebenfalls vorprogrammiert war der Gang über den Kirchhof, ebenso der Griff zur Klinke an der Kirchentür. Natürlich war auch diese verschlossen, und außer einem barocken Inschriftgrabstein und einigen halbverfallenen, den Gottesacker begrenzende Lehm-Fachwerk-Scheunen gab es nichts Auffälliges an der 1793 erbauten Kirche.

Also zurück zur Dorfstraße. Still lag sie vor uns, aber ganz hinten bewegte sich etwas. Ein Mensch, ein Mann, kam näher. Auf die uns drängende Frage, ob er wüßte, in welchem Haus Heinrich von Kleist eingesperrt war, zuckte er ungläubig mit den Schultern, meinte dann aber, daß wir im gegenüberstehenden Haus nachfragen sollten – es sei das älteste Haus in Wustermark.

Und dieses trat jetzt in unser Blickfeld. Breitgelagert, von der Straße zurückgesetzt, lag es in der Mittagssonne. Aber: sollten wir da wirklich anklopfen? Jetzt, zur Mittagszeit? Zu Hilfe kam eine am Straßenrand aufgestellte Schiefertafel: "Boskoop, Spitzkohl, frische Nüsse" stand in Schönschrift geschrieben auf der schwarzen Platte. Also waren die Hauseigentümer jederzeit auf irgendwelche Besucher vorbereitet.

Doch anzuklopfen brauchten wir nicht; die Hausfrau stand bereits in der Tür. Unter dem Vorwand, Nüsse kaufen zu wollen, fragten wir nebenbei nach dem Arretierten. – "Ach, Kleist war's?" – Ein ungläubig-verlegenes Lächeln erhellte das freundliche Gesicht: "Und wir dachten immer, daß es der Katte gewesen sei."

Nein. Kattes letzte Tage verliefen anders: Am 2. November 1730 war er auf der Wache des Regiments Gensdarmes am Neuen

*Heinrich von Kleist
(1777-1811)*

1793 erbaut – die Dorfkirche von Wustermark.

In diesem 1688 erbauten Haus verbrachte Heinrich von Kleist im Februar 1807 bange Stunden der Ungewißheit.

Markt in Berlin eingesperrt und von dort aus wenige Tage später mit großer Eskorte nach Küstrin gebracht worden, wo er am 6. November hingerichtet wurde. Zwar führte Kattes Transport auf Befehl *Friedrich Wilhelms I.* auch über die Dörfer, jedoch in nordöstliche Richtung – und Wustermark lag nicht auf dieser Route.

Bei *Heinrich von Kleist* sah es anders aus: Ende Januar 1807 erreichte dieser die Tore Berlins, und da er keinen Paß bei sich trug, geriet er in den Verdacht, ein verkleideter Schillscher Offizier zu sein. Als vermeintlicher Spion nahmen ihn die Franzosen fest, und brachten ihn kurz darauf auf das Fort Joux in den Jura. Kleists erzwungener Weg ging in westliche Richtung – über Spandau nach Frankreich. Und Wustermark lag auf dieser Strecke. Hier wurde er im Haus des Hofpredigers *Ernst Siegismund Grellius* für eine Nacht eingesperrt. Im Weinkeller des Hauses verbrachte der damals schon depressive Kleist bange Stunden der Ungewißheit.

Soweit der historische Hintergrund, den wir gleich vor Ort rekapitulieren durften. Einige Dokumente aus dem Katasteramt kamen zum Vorschein, gemeinsam mit den Hauseigentümern wurden die Aufzeichnungen durchgesehen.

Äußerst interessant waren die Baudaten des Hauses wie auch die Namen der Grundstücksbesitzer: 1688 wurde das Haus für den Hofprediger *Grellius* gebaut, ihm folgte bis 1715 der Bibliothekar *Christoph Friedrich Grellius.* Danach besaß es der Geheime Rat *Johann Heinrich von Fuchs*, dessen Erben Haus und Hof 1782 wieder veräußerten. Über die Familien Weide, Maaß und Grabow gelangte das Anwesen an Friedrich Wilhelm Böttcher (1861), der mit den Roenschs weitläufig verwandt ist.

Ein gewisser Stolz klang bei Hanna und Achim Roensch, den Grundstückseigentümern, durch. Sie sind sich ihres Familienerbes bewußt, wie der Tatsache, daß das Haus eine, wenn auch winzige Beziehung zur preußischen Geschichte hat. Wär's ein Wirtshaus, könnte die Geschichte kommerziell genutzt werden. Aber bei einem Privathaus? Wir diskutierten, versuchten in die Vergangenheit zu steigen, malten uns aus, wie es Kleist in dem heute mit Vorräten vollgestopften Weinkeller ergangen sein mag. Dann erzählten die Roenschs weiter, von Gestern und Heute, sagten, daß ihr Haus demnächst unter Denkmalschutz gestellt werden soll. Wir lauschten aufmerksam ihren Worten, wollten mehr über Wustermark erfahren...

Über eine Stunde lang haben wir das Ehepaar Roensch aufgehalten, denn es gab außer der abenteuerlichen Geschichte um *Heinrich von Kleist* noch viel zu erzählen,– von der Zeit vor dem Zweiten Weltkrieg und natürlich über die Jahre danach. Das Wohnhaus der Roenschs ist vermutlich das älteste Gebäude im Ort, viel älter jedenfalls als die Dorfkirche. Es hat den Einflüssen der Zeiten standgehalten; seine dicken Mauern trotzten Kriege und Reformen jeglicher Art. Auch der Zeit nach 1945, als die LPG nach den Stallungen des Grundstücks griff. Bullen wurden dort eingestellt. Doch jetzt stehen sie leer, wie auch die des ehemaligen "volkseigenen" Gutes. Achim Roensch meint dazu, daß er, wollten seine Enkel einmal eine Kuh sehen, er nun mit dem Auto einige Kilometer weit ins Land fahren müßte.

Wir rissen uns vom Gespräch los, verließen den Hof, lösten aber vorher unser Vorhaben ein, Nüsse zu kaufen. Immer noch war es ruhig auf der Dorfstraße, gerade richtig für uns, um ins Detail gehen zu können. Nach etwa hundert Metern tauchte das Wustermarker Gutshaus auf. Spätklassizistische Formen prägen seine äußere Erscheinung. Es ist ein Bau aus dem letzten Viertel des vergangenen Jahrhunderts.

"Fritze" Gericke war einmal sein Besitzer. Er war Ackerbürger in Berlin gewesen, hatte dort seinen Grund und Boden verkauft und war nach Wustermark gezogen. Allerdings nicht als Bauer, sondern als Jagdherr. Denn: Wer zu seiner Zeit über einen Besitz von mehr als 300 Morgen verfügte, erhielt gleichzeitig das Jagdrecht. So war's, und während Gericke der Niederwildjagd fröhnte, verwaltete ein Inspektor seinen Grundbesitz. Nach dem Krieg wurde das Land auf zwei Neubauernstellen aufgeteilt, danach ging es in der LPG auf. Deren letzter Vorsitzender ist inzwischen in den Vorruhestand getreten, und sein damaliger Stellvertreter soll die notwendigen Geschäfte bis zum März 1992 "abwickeln".

Nun hatten wir einen kleinen Einblick in die Geschichte von Wustermark erhalten, wußten inzwischen auch, daß das Dorf

1212 mit "in villa Wustermarke" erstmals urkundlich in Erscheinung getreten ist und daß der Ortsname sich auf eine "wüste Mark/Gemarkung" bezieht, die mit einer aufgelassenen slawischen Siedlung in Verbindung gebracht wird.

DORFGESCHICHTEN
HOPPENRADE

Anreise:
vom Bf. Wustermark
(R 4 und 5) mit dem
Havelbus 650 oder
dem Rad ins Dorf
(2 km).

Lang zieht sich die Siedlung hin. Es scheint, daß sie sich still in die sommerlich-blühende Landschaft einfügt. Doch dieser Schein trügt. Unentwegt fahren schwere Lkws über die das Dorf teilende B273 in Richtung Falkenrhede, um dann dort nach Potsdam oder Ketzin abzubiegen. Der Schwerlastverkehr ist störend, ja beängstigend, ja, er zerstört die Idylle des Dorfes Hoppenrade.

Und diesen, südlich von Wustermark liegenden Ort hatten wir als Tagesziel auserkoren, waren wieder auf der Suche nach interessanten Begebenheiten und aktuellen Problemen und hofften dabei, daß wir hier ebenso erfolgreich werden würden, wie damals zu DDR-Zeiten, als wir das bei Pritzwalk liegende Hoppenrade aufsuchten. Hatten dort die Quitzows und die von Freiers ihren Einfluß ausgeübt, so waren in früheren Jahrhunderten die Ribbecks und Bredows, die Bardelebens und Gröbens Grundherren im nauenschen Hoppenrade. Doch auch hier hat die Zeit die letzten Spuren der adeligen Patrone verweht. Nichts erinnert mehr an die märkischen Edelleute.

Auch die **Dorfkirche**, meist ein Hort historischer Relikte, ist jüngeren Datums. Sie stammt aus dem Ende des 19. Jahrhunderts und wurde dem Geschmack der damaligen Zeit folgend in Ziegelstein als eine Art Mini-Basilika erbaut. Da auch ihre Türen verschlossen waren, suchten wir den Gasthof **Zum Thüringer** auf. Das gutgepflegte Wirtshaus bietet nicht nur gute Speisen, sondern bot uns an jenem Tag auch einige spärliche Informationen.

Die Schwiegertochter des Besitzers verriet, daß Hoppenrade seit einiger Zeit von der Nachbargemeinde Buchow-Karpzow mitverwaltet wird, und daß der für beide Dörfer zuständige Gemeindeobere ihr Schwiegervater sei. Auf die Frage, ob es eine herausragende Geschichte über das Dorf gibt, meinte sie unter Achselzucken, man erzählt sich, daß der letzte Gutsbesitzer von den Russen aufgehängt wurde – aber wir sollten lieber die Frau Klüwer fragen ...

Und auf die trafen wir postwendend, als wir von der anderen Straßenseite das auf dem Dach einer Scheune ruhende Storchennest betrachteten. Mit lautem "Hallo" lud sie uns zum Näherkommen ein und begann ohne Einführung den Werdegang der Storchenfamilie zu schildern. Kaum hatte sie eine Verschnaufpause eingelegt, ging es zur Sache: "Wer war der letzte Gutsherr in Hoppenrade? Stimmt es, daß er von den Russen stranguliert worden ist? Wann wurde das **Gutshaus** gebaut und was wird aus ihm?" – Die Fragen prallten nicht an ihr ab. Wie aus der Pistole geschossen ging es weiter.

Erhaben – formschönes Gutshaus eines Großbauern in Hoppenrade.

"Ja, dem *Walter Schäfer* hat dieses Lehnschulzengut einmal gehört, bis ihn die Russen 1945 mit anderen Großbauern und dem Lehrer aus dem Dorf abholten. Ja, der Schäfer war der größte Bauer im Ort. Er hatte den Besitz über seine Frau geerbt und hat dann das aus dem Jahr 1803 stammende Gutshaus zu seiner heutigen Gestalt ausgebaut." – Im Erdgeschoß, so erfuhren wir, soll es noch das Jagdzimmer geben. Die Wandbemalung weist darauf hin. Alles andere ging verloren, nicht zuletzt durch die spätere Nutzung des Gebäudes als Kindergarten, Konsum und Gemeindeamt.

Frau Klüwer hatte sich mit Hilfe ihres hinzugekommenen Ehemannes in Schwung geredet, berichtete von den Erben der "im Westen" lebenden Großbauern, vom letzten LPG-Vorsitzenden, der einen Teil alter Ländereien über die Treuhand gekauft hat und von dem Spargel-Bauern, der hinter dem ehemaligen Gutsgelände einen Neuanfang versucht.

Zum Schluß meinte sie, daß wir zum Friedhof gehen sollten, denn da steht der Grabstein des letzten Hoppenrader Lehnschulzen. Doch vorher wollten wir noch etwas über das kirchliche Gemeindeleben wissen: "Ach, das ist ein Kapitel für sich" meinten beide Eheleute. – "Der Pfarrer redet nur von Politik, wenig von kirchlichen Dingen. Und selbst das Glockenläuten hält sich im Rahmen. Früher hatten wir einen Dorfdoofen, dem gaben wir zwei Mark, dann hat er am Sonntag nach dem Gottesdienst die Glocken am Strick gezogen. Jetzt sind wir zur Selbsthilfe übergegangen, haben Sylvester das Glöckneramt übernommen."

Auf dem Weg zum Friedhof sahen wir die einst prächtigen, Wohlhabenheit ausströmenden Bauernhäuser, hinter denen geräumige Höfe mit stattlichen Wirtschaftsgebäuden lagen. Doch auch hier nagt der Zahn der Zeit, viele müßten saniert werden. Unklare Eigentumsverhältnisse dürften die Ursache für die schleppende Instandsetzung sein.

Dann standen wir vor dem **Grabmal** des Lehngutsbesitzers **Johann David Lemke**. Das bildstockähnliche, in gotisierenden Formen errichtete Totenmal ist neben dem weißgetünchten Gutshaus der einzige historische Rest in Hoppenrade. Weiteres gibt es nicht – sieht man einmal von den inzwischen auch Geschichte gewordenen "realsozialistischen Zeiten" ab. Doch die werden noch eine Weile nachklingen, werden von den alten und älteren

Erinnerung an den Hoppenrader Lehnschulzen Lemke.

Menschen weitererzählt. So wie von Frau Klüwer, die als Tochter eines Schweizers in Hoppenrade aufwuchs und fast vierzig Jahre als Magd gedient hatte. Aber das sind eben die Geschichten, die man auf der Dorfstraße erfährt. Nicht aus amtlichem Munde, sondern von denjenigen, die die Zeiten so schildern, wie sie sie erlebt haben!

MÄRKISCHE VISIONEN
ETZIN

Anreise:
a) vom Bf. Nauen (R 4, 5, 9 und 19) mit dem Havelbus 658 oder
b) mit dem Rad über Hoppenrade, am 61 m hohen Stellberg vorbei ins Dorf (9 km).

Dreimal waren wir in Etzin. Das erste Mal eher zufällig, das zweite Mal absichtlich und der dritte Anlauf mußte schließlich sein, da daß Blitzlichtgerät wenige Tage zuvor seinen Geist aufgegeben hatte. Doch gehen wir der Reihe nach:

Von Hoppenrade erreichten wir über den Stellberg das 328-Seelen-Dorf Etzin. Nichts Außergewöhnliches erkennt man beim ersten Hinsehen, auch ein Rundgang durch den Ort beflügelt weder Geist noch Fantasie. Seine historische Vergangenheit ist längst vor der sozialistischen Zeit ausgelöscht worden – oberirdisch, versteht sich. Dennoch ist Etzin lebendig und vor allem bereit, die jetzt noch bescheidene dörfliche Idylle so aufzuwerten, daß sie eines Tages ins Blickfeld einer breiten Öffentlichkeit fällt. Dabei behilflich sind dem Gemeindevorstand ein Dutzend Studenten des Instituts für Kommunale Politikberatung und Regionale Entwicklung der FU Berlin, die unter Leitung von Professor Franz Walk ein Seminar im Etziner Landgasthof abgehalten haben.

Dies war der zweite Grund für unseren Besuch im Dorf – und er war der aufschlußreichste. Die Studiker referierten in Kurzvorträgen über Möglichkeiten und Grenzen der kommunalen Entwicklung in Etzin, spannten den Bogen ihrer Ausführungen von der historischen Entwicklung über kommunale Verwaltungsstrukturen in Brandenburg, von den Auswirkungen einer möglichen gewerblichen und landwirtschaftlichen Entwicklung bis hin zum Fremdenverkehr und der Privatisierung hoheitlicher und öffentlicher kommunaler Aufgaben.

Noch erscheinen die einzelnen Themen dieses Seminars wie Visionen. Für uns, die als Berliner außen vor stehen, könnten sie – auch wenn sie konstruiert sind – durchaus realisierbar sein, den wenigen Dörflern aber, die den wissenschaftlichen Vorträgen lauschten, müssen sie gar als Utopien vorgekommen sein. Dennoch, das Zusammentreffen kam nicht von ungefähr. Horst Schindler, Gemeindevorsteher und Ehemann der Etziner Bürgermeisterin, hatte ein ähnliches Projekt in Nauen kennengelernt und sich

Auf der Dorfstraße in Etzin.

sofort um eine Seminarveranstaltung für seine Kommune bemüht. Daß er dann den von den Studenten entwickelten Perspektiven eher zurückhaltend gegenüberstand, war am Schluß des
Seminars nicht zu überhören.

Einige Fragen standen nämlich permanent im Raum: "Wo soll
das Geld für ein attraktives Dorfbild herkommen?" und "Wie
denkt man sich die Realisierung des vorgeschlagenen ökologischen Landbaus?" Weder Schindler noch der wissenschaftliche
Nachwuchs konnten sie beantworten, denn: die beim Agrarministerium beantragten Mittel harrten der Bewilligung – und dies
schon seit geraumer Zeit. Hinzu kommen ungeklärte Besitzverhältnisse und Restitutionsansprüche auf Haus und Hof, schließlich auch die Sorgen um die nahegelegene Deponie Vorketzin wie
auch die starke Belastung der Dorfstraße durch den Lkw-Verkehr.

Vieles ist also noch visionär, zumindest sehen es die Etziner
so, aber: ein Silberstreif am Horizont ist bereits in Sicht. Die
Firma "MAS Mosolf-Auto-Service Berlin-Brandenburg GmbH"
baut auf einem rund 80 Hektar großen Grundstück bei Etzin
Europas modernstes Auto-Logistik-Zentrum. – "Das ist unsere
große Hoffnung, denn wenn 1996 der Betrieb voll ausgebaut ist,
werden 300 Menschen dort Arbeit finden und" – so Horst Schindler
– "dann soll auch eine Wohnsiedlung für die Arbeitnehmer
entstehen."

Und weiter meinte der parteilose Gemeindevorsteher, daß mit
dem Zuzug jüngerer Arbeitskräfte sich die Altersstruktur im Dorf
erheblich verbessern würde, denn im Augenblick sei Etzin überaltert, was ja der gesamten Infrastruktur sowieso nicht gut bekommt. Trotzdem: "Wir wollen aber nicht ein Großdorf werden.

Allerdings streben wir schon eine höhere Einwohnerzahl an, um der landläufigen Meinung entgegenzuwirken, daß ein Dorf unter 500 Einwohnern nicht mehr rentabel ist."

Wie weit das Ehepaar Schindler und mit ihm die politisch wie wirtschaftlich engagierten Etziner einen Teil der studentischen Pläne in die Tat umsetzen können, hängt nicht nur von ihnen, sondern auch von den Zuwendungen des Landkreises, besser der Landesregierung ab. Viel jedenfalls ist im Dorf zu tun. Die Dorf- straße müßte eine neue Decke bekommen, der Turm der im Jahr 1772 erbauten **Kirche**, der 1945 in Brand geschossen wurde, müßte wieder aufgebaut werden usw., usw.

Aber der besagte Silberstreif am Horizont wird immer deutli- cher. Aus dem ehemaligen Kulturhaus ist ein **Landgasthof** ent- standen, dessen Wirtin Brigitte Hering optimistisch in die Zu- kunft blickt. Zusammen mit ihrem Partner Praet bewirtschaftet sie das Haus seit 1993, hat die Gaststätte von der Gemeinde übernommen und hat sie mit Hilfe von Bankkrediten und finan- zieller Unterstützung einer Brauerei aufgemöbelt. Zwar hält sich zur Zeit der Besucherandrang noch in Grenzen, aber die nahege- legenen **Fischteiche**, vor allem das Naturschutzgebiet **Ketziner Bruchlandschaft** werden, wenn Etzin weiterhin von sich Reden macht, Gäste anziehen.

Fazit also: die kleine, 1173 als "Izin" erstmals urkundlich ge- nannte, nur 18 Kilometer von Berlin entfernte Siedlung wird, so wie es scheint, auch ohne kulturhistorisch bedeutende Architek- turen und Kunstwerke bald wieder ein brandenburgisches Dorf sein, dem man zwar nicht wieder das Prädikat "schönstes Dorf unseres Kreises" verleihen wird, das man aber aus genannten Gründen immer wieder gern aufsucht.

DER ALTE GLANZ IST NOCH SICHTBAR
TREMMEN

Anreise:
wie nach Etzin; mit dem Rad sind es 7 km bis Tremmen.

"Dorf, 1052 Einwohner, mit einem Gasthof und einer bemerkens- werten Backsteinkirche aus dem 15. Jahrhundert, die zwei Seiten- türme mit Zwiebelkuppeln besitzt" – so schrieb Kießling 1925. Fontane dagegen ging an Tremmen vorbei, offenbar war er nicht geneigt, dem in der Nähe von Ketzin liegenden Ort seine Reve- renz zu erweisen. Macht nichts. Sicher hatte er seine Gründe, sich dem Dorf zu verwehren. Aber wie das so ist, es gibt dörfliche Gemeinden, die eine gewisse Ausstrahlung haben, deren histori- sche Vergangenheit oder bestimmte, aus der Architektur der Landschaft herrausragende Baudenkmale die Menschen anzie- hen. Aber Tremmen?

Ländliches Ambiente – die Dorfstraße von Tremmen.

Nun, das Dorf ist – soweit bekannt – nicht durch irgendwelche bedeutenden Ereignisse in die märkische Geschichte eingegangen; lediglich seine Kirche macht aus bauhistorischer Sicht eine Ausnahme. Und die war es, die uns zum Besuch des Dorfes veranlaßte.

Bevor dies geschah, stiegen wir noch einmal in die Literatur ein, wollten wissen, ob nicht doch etwas aus vergangenen Tagen überliefert war. Tatsächlich fanden wir im "Brandenburgischen Ortslexikon" von Lieselott Enders einen Hinweis auf die Wirtschafts- und Sozialstruktur, die u.a. auch das Jahr 1656 aufführt. In dieser Zeit bestand Tremmen aus "einem Lehnschulzengut mit 4 Hufen, 21 Vier- bzw. Dreihüfnern, drei kleinen Kossäten, die 'Vorwercker' genannt wurden, zwei Krüger und einem Pfarrer, der den Zehnten vom Bausdorfschen Acker besaß." Die Grenze der Flurmark Tremmen verlief "durchs Thürerbruch nach dem Thürerberge zu gegen Ketzin, weiter am Heerwege beim Tremmener Hirtenhaus, 1/2 Meile von Tremmen entfernt; zur rechten Hand dann an den großen Bausdorfschen Stücken vorbei gegen Wachow und über die Wernitzschen Schlabberndorfschen Stükke bis zum Voßpfuhl gegen Markau und weiter zwischen dem Feld beim Thürerberge und dem hohlen Weg bis hin zur Markscheide mit Zachow."

Der Auszug aus dem für jeden Freund der märkischen Landschaft wichtigen Buch bezieht sich zwar auf Jahrhunderte zurückliegende Eigentumsverhältnisse, ist aber für den heutigen Chroni-sten insofern von Bedeutung, als er die historischen Fakten mit den Gegebenheiten der Jetztzeit verknüpfen oder vergleichen kann.

Mit diesen Informationen ging's vom Bahnhof Wustermark direkt auf Tremmen zu. Schon von weitem erkennt man den markanten Kirchenbau, dessen von barocken Hauben bekrönte Türme den Weg ins Dorf weisen. Doch sie waren es nicht, die zuerst unsere Aufmerksamkeit erweckten. Eine kleine schwarze Tafel am Straßenrand ließ uns innehalten. "Rehbraten mit Rotkohl und Kloß – DM 9,60" stand in Schönschrift auf dem Schild. Na denn! Wir kehrten bei "Erika" ein, ließen uns bewirten, fragten aber auch in weiser Voraussicht, ob jemand im Dorf den Schlüssel für die Kirche besitzt. Natürlich. Heike Meißner, die Katechetin, ist dafür zuständig.

Jedoch, die war auswärtig. Ihr Ehemann sprang ein, führte uns durch die **Kirche**, wurde für einige Minuten unser Informant. War bereits der aus dem frühen 15. Jahrhundert stammende Backsteinbau in seiner äußeren Erscheinung beeindruckend, so berührte uns die Schlichtheit des Innenraumes. Die einschiffige, kreuzförmig gewölbte Dorfkirche wurde nach Meißners Angaben in den Jahren 1969-71 restauriert, wobei in der südlichen Turmkapelle Reste von **Fresken**, szenische Wandmalereien aus dem zweiten Viertel des 15. Jahrhunderts, freigelegt wurden. Von der alten Innenausstattung erhalten blieben außerdem die **Sandsteintaufe** aus spätromanischer Zeit und der hübsche, kräftig bemalte bäuerlich-derbe **Kanzelaltar** aus dem Jahr 1715.

Beherrschend – die im 15. Jahrhundert entstandene Dorfkirche von Tremmen, der 1724 die Zwiebeltürme aufgesetzt wurden.

Während wir nach draußen traten, entschuldigte sich Herr Meißner dafür, daß er kein Informationsmaterial über die Kirche mehr besitzt. Aber: vor kurzem kamen zwei Reisebusse, deren Insassen sämtliche Schriften mitgehen ließen. Nun ja, auch ohne Vordruck fanden wir den Sakralbau sehenswert. Interessant an dem, wohl früher als Wallfahrtskirche dienenden Gotteshaus, sind die Außenkanzel und die Schleifspuren an der Kirchenpforte. Hier sollen einmal die Schweden ihre Schwerter gewetzt haben.

Unser privater Führer wies dann auf die Zwiebeltürme hin, die der Alte Fritz hatte aufsetzen lassen. Doch ganz stimmt das wohl nicht. Friedrich wurde 1712 geboren und hätte somit bereits zwölf Jahre später die Baumaßnahme veranlaßt. Aber das machte nichts; die seit 1724 die Türme bekrönenden, für die Mark sicherlich ungewöhnlichen Hauben sind jedenfalls das Wahrzeichen Tremmens, das nicht nur uns in das Dorf gelockt hat.

Bäuerlich derb – Kanzelaltar der Dorfkirche von 1715.

Beim Verabschieden plauderten wir noch über die wirtschaftliche Situation im Ort. Herr Meißner sagte ohne Umschweife, daß Tremmen recht gut dasteht. Und schlecht ging es hier auch nicht zu DDR-Zeiten. Die LPG war einer der Hauptlieferanten für die Nauener Zuckerfabrik. Jetzt ist es natürlich anders, besser sogar. Im Dorf gibt es eine große Baumschule, dann hat sich noch ein Betrieb für Fensterbau angesiedelt. Vom alten Großbauerndorf Tremmen sind nur die an frühere Wohlhabenheit erinnernden Häuser an der Straße erhalten geblieben, die den Glanz der

Vergangenheit wiederspiegeln, und aus der LPG ist jetzt die "Agrarprodukte GmbH" geworden.

Meißners abschließender Tip: "Fahren Sie in südliche Richtung zum **Kossätenberg**. Auf dem Gelände einer alten Ziegelei hat der schwedische Graf Oxenstierna eine Golfanlage angelegt." – Dankend verabschiedeten wir uns, fuhren wieder eine jener das Land so wunderschön durchziehenden Alleen entlang, standen alsbald vor einem riesigen Parkplatz.

Im zum Golfclub gehörenden Café studierten wir die Gesichter. Die Physiognomien schwankten zwischen aufgesetzter Blasiertheit und sportlich-erhitzten Gemütern. Die sich elitär gebende Gesellschaft nahm natürlich von den Eindringlingen keine Notiz. Wir traten an die frische Luft, liefen durch das Gelände, das bis 1990 zu einem Volksgut gehört hatte. Im Oktober desselben Jahres stellte die Firma "Südstern Sportanlagen GmbH" den Antrag zur Errichtung einer 36-Loch-Golfanlage. Nach Abschluß des Raumordnungsverfahrens wurde im Februar 1991 die Baugenehmigung durch die Nauener Kreisbehörde erteilt.

Das rund 100 Hektar große Gelände erfreut sich seither großer Beliebtheit unter den sich dieser Sportart hingebenden Zeitgenossen. Auch der Laie erkennt die Schönheit der märkischen Landschaft und weiß, daß sie das Kapital für diese Region ist. Mit dieser Feststellung wanderten wir zurück ins Dorf. Unterwegs kamen andere Gedanken auf: Wird Tremmen am neuen Steueraufkommen partizipieren? Oder fließen die Gelder ins Gemeindesäckel von Nauen? Und: Wäre ersteres der Fall, dann würde das Dorf sicherlich wieder jene Ausstrahlung bekommen, die noch schemenhaft von den einst propren Bauernhäusern abzulesen ist. Ihr alter Glanz ist sichtbar, auch wenn bröckelnde Fassaden und schiefe Dächer diesen Eindruck auf den ersten Blick nicht aufkommen lassen.

Und noch etwas ging uns durch den Kopf: Auf dem alten Ziegeleigelände steht ein kleines **Gutshaus**. Es ist aufgelassen, runtergewirtschaftet und völlig verwahrlost. Aber es soll wieder eine zentrale Schaltstelle werden, nicht wie früher für den Gutsherrn, sondern für den schwedischen Grafen – so wurde es uns von einem Einheimischen gesagt. Hier also schließt sich der Kreis der Geschichte: Seit der Schlacht bei Fehrbellin ist das skandinavische Volk ja irgendwie mit der Mark verbunden; Erinnerungen an diese denkwürdige Zeit wurden wachgehalten, auch wenn es nur Rillen im roten Ziegelmauerwerk sind, die die schwedischen Schwerter zurückgelassen haben. In Tremmen aber wird ein Stockholmer Graf die Tradition aufleben lassen.

AUCH FONTANE SUCHTE DEN ENTHAUPTETEN VERGEBENS
FALKENRHEDE

Anreise:
vom Bf. Wustermark
(R 4) mit dem
Havelbus 650 oder
dem Rad (6,5 km) ins
Dorf.

Wieder bewegten wir uns im Landkreis Nauen, befuhren von Wustermark kommend die B273 in Richtung Potsdam. Ziel war jedoch nicht die alte Residenz- und heutige Landeshauptstadt, sondern das Dorf Falkenrhede. Es liegt zwischen Hoppenrade und Paaren, inmitten einer stimmungsvollen Landschaft. Unser Reisebegleiter war diesmal Fontane. Seinen "Havelland"-Band hatten wir vorsichtshalber eingesteckt, wollten vor Ort jene Geschichte rekapitulieren, die vom "Falkenrheder Enthaupteten" berichtet.

Angesteuert wurde als Ausgangspunkt der Handlung die **Kirche**. Doch der um 1750 entstandene Barockbau war verschlossen, ein Blick durch die vom Bauschutt verschmutzten Fenster verhindert. Außerdem war im Augenblick kein Mensch zu sehen, der etwaige Fragen beantworten konnte. Doch Fontane schrieb auch über das **Friedhofsportal**. Er verwies auf dessen schmiedeeisernes Gitter mit den verschlungenen Initialen.

*Aufpoliert –
Friedhofsportal und
Dorfkirche von
Falkenrhede.*

"E v W" erkennt man in dem vermutlich um 1803 geschmiedeten Eisen, darüber eine Krone – nach unserer Meinung, die eines Freiherrn. Adelssymbol und Buchstaben erinnern an einen Falkenrheder Gutsbesitzer, an *Ernst von Weiler* nämlich, von dem die Legende sagt, daß er wegen eines Fehltritts enthauptet worden sein soll. Nun, Fontane brachte Licht in die Geschichte. Dennoch lebte sie über Generationen im Dorf fort, setzte ängstliche Naturen in Schrecken, vermochte jeglichen Gang über den Friedhof bei Vollmond zu verhindern.

Nacht war es nicht, und auch der Mond schien während unseres Aufenthalts in Falkenrhede nicht. Im Gegenteil. Die Sonne stach vom Himmel, tauchte die Landgemeinde in eine heiße Glut, ließ die Dörfler in ihren Häusern verharren. Nur wir waren unterwegs. Erkannten mit Freude, daß viele der meist mehr als hundert Jahre alten Gebäude in neuem Glanz erstrahlen. Hier wurde tatkräftig gewerkelt. Neuer Putz oder ein anderer Anstrich, moderne Fenster und Zäune geben dem Dorf einen ansehnlichen Anblick. Hinten in einem Hof etwas Originelles: ein ausgedientes Bierfaß wird als Wasserreservoir für eine Dusche genutzt.

Wir landeten dann vor einer Gebäudegruppe. Am Eingang des Geländes viele Schilder. Eine Handvoll sich mit dem Kraftfahrzeuggewerbe beschäftigende Betriebe sind hier angesiedelt. Privatgelände also. Aber da war ja das Pförtnerhäuschen. Einen Blick durfte man wohl riskieren? Nichts rührte sich. Der Bau war verlassen, es war mäuschenstill. Mutig wie wir sind, schlenderten wir über den weitläufigen Hof auf ein langgestrecktes Gebäude

Potsdamer Anklänge zeigt das im 19. Jahrhundert erbaute Gutshaus von Falkenrhede.

zu, dessen interessante Architektur uns auffiel. Doch dann kam jemand aus dem Haus – eine ältere Dame mit Tochter. Also: dem freundlichen Gruß folgte die Bitte um Auskunft. Und die bekamen wir postwendend von Hildegard Vetter, mit der wir dann unvermutet ein langes Gespräch führen konnten.

Dabei erfuhren wir, daß das **Gut** in ihren Kindheitstagen dem *Fritz Markiewicz*, einem Juden, gehört hatte. Der war mit einer englischen Schauspielerin verheiratet. Etwas ungläubig fragten wir, ob denn ein jüdischer Landwirt ein Rittergut – denn ein solches war es seit Jahrhunderten, spätestens seit 1797, als es zum Königlichen Schatullgut erklärt worden war – damals erwerben konnte. Es war so, bis in den 1930er Jahren ein Herr Götz neuer Eigentümer oder Pächter wurde.

Neben der interessanten Vergangenheit ist auch die äußere Erscheinung des Gutshauses bemerkenswert. Wir schätzten, daß der Bau gute hundert Jahre alt ist. Gelber Ziegelstein bestimmt sein äußeres Bild; auf der oberen Dachkante schmücken Staffelgiebel das Gesims – Potsdam ist ja nicht weit, auch nicht das Holländische Viertel!

Dann fragten wir Frau Vetter nach dem "Enthaupteten". Ja, von der Geschichte hatte sie schon gehört, glaubt aber, daß es ein Märchen sei. Wirklich? Na, Fontane blieb uns noch was schuldig!

Bevor wir in die betuliche Atmosphäre des Dorfes wieder eintauchten, erfuhren wir, daß Falkenrhede zusammen mit den Nachbargemeinden Ütz und Paaren einst dem Preußenprinzen Heinrich gehört hatte und es danach an den Amtsrat Fritz Mankiewicz gefallen war. Doch nun zu Fontane und seine Geschichte über Falkenrhede.

Im "Havelland"-Band liest man dazu, daß der Ort "eines jener lachenden Dörfer ist, deren die Mark, ganz im Gegenteil zu ihrem Ruf, so viele zählt. Prächtige alte Linden ziehen sich zu beiden Seiten der Dorfstraße hin, saubere Häuser, von Kürbis- und Pfeifenkraut umsponnen, blicken zwischen den Stämmen durch."

Dann aber wird es spannend. Fontane erzählt die Geschichte vom berühmten Artillerieobersten *Ernst von Weiler*. Er beschreibt seine Begegnung mit dem Falkenrhedeschen Küster, der, "unter Gräbern groß geworden und sich mit den Toten eingelebt hat", bereitwillig des nachts mit ihm in eine unter dem Kirchenboden liegende Grabkammer gestiegen war und dort von einem der vier in der Finsternis stehenden Särge behauptete, daß in ihm der "Enthauptete" läge. Die gruselige Geschichte endet schließlich mit Fontanes fundierten Nachforschungen und der Bemerkung, daß der angeblich enthauptete Oberst doch eines natürlichen Todes gestorben sei.

Formschön und qualitätsvoll ist die Tür am Falkenrheder Gutshaus.

Allerdings mußte auch der märkische Wandersmann zugeben, daß in den einen Spalt breit geöffneten Sarg tatsächlich ein Geköpfter lag. Ein Halsband brachte damals den Beweis. Wer aber der Unglückselige war, konnte auch Fontane nicht ergründen. Es bleibt bis heute ein Geheimnis.

Doch solche Dinge sind das "Salz in der Suppe". Sie beleben Ortschroniken, machen sie interessant und spannend zugleich. Und deshalb forschten auch wir nicht weiter, wollten uns den Spaß an der Geschichte nicht verderben. Außerdem ging es an jenem Tage sowieso nicht. Wir sagten es bereits: die Kirche ist durch das Nauener Architekturbüro M. Friedrich und Partner grundlegend renoviert worden, ebenso das Portal mit seinem geheimnisvollen "E v W".

NUR DER TRAFO-TURM
BLIEB VOM DORF ÜBRIG
KNOBLAUCH

Anreise:
wie nach Etzin; von dort erreicht man nach ca. 5 km das verlassene Dorf.

Es nieselte. Grau in grau war der Himmel an jenem 10. Januar, als wir in Richtung Ketzin unterwegs waren. Ziel war ein Dorf, das auf den neuesten Landkarten einmal als Siedlung, zum anderen als Ruinendorf ausgewiesen ist. Uns sagte letztere Bezeichnung natürlich nichts, denn was uns an dem Ort interessierte, gab "Kießling" preis: "... das bereits 1197 erwähnte Dorf Knoblauch, bekannt durch den 1510 hier verübten Hostiendiebstahl, der die Vertreibung aller Juden aus der Mark veranlaßte; nördlich davon ein germanischer Burgwall, die sog. Schwedenschanze."

Konnten wir hoffen, hier etwas über den mysteriösen Raub zu erfahren? Und: War der Burgwall noch vorhanden? Wir näherten uns Ketzin, hielten Ausschau nach dem Ortsschild "Knoblauch". Eine Kreuzung wurde überquert, an der links der Hinweis auf Paretz stand, und dann standen wir augenblicklich im Weichbild Ketzins. Wir hatten uns verheddert, waren offenbar am Abzweig vorbeigefahren. So war es dann auch.

Also zurück zur Kreuzung, dann links ab. Über einen Plattenweg, vorbei an einem Gewerbebetrieb, gelangten wir in eine Einöde. Ein älteres Ehepaar kam auf Fahrrädern daher. Wir hielten es an. Unter Kopftuch und Kapuze sahen uns zwei Augenpaare fragend an: "Ja, hier lag einmal Knoblauch. Zur Jahreswende 1968/69 hat man das Dorf aufgegeben, um einen Erdgasspeicher anzulegen. Sämtliche Bewohner wurden ausquartiert und andernorts angesiedelt." – "Aber weshalb denn diese drakonische Maßnahme" wollten wir wissen. – "Weshalb? Danach hat man damals nicht gefragt. Außerdem war das Leben jetzt hier zu gefährlich."

Die beiden Leutchen wurden ernst: "Als das Dorf geräumt war und die Baustoffe angefahren waren, wurde organisiert. Ist doch klar, jeder brauchte Zement und Steine für seine eigene Datscha. Und so kam es, daß die Abdichtung des Erdreichs nicht vollständig war. Die Bewohner der restlichen Häuser klagten plötzlich über Übelkeit, und das Vieh in den verbliebenen Ställen kippte reihenweise um. Das austretende Gas wurde zur Gefahr. Aber davon wollte man nichts wissen, alles wurde totgeschwiegen ..."

Wir waren betreten. Zu der an sich schon ungemütlichen Witterung mischte sich das Gefühl der Beklemmung, denn nichts ist vom Dorf geblieben, nur der alte Trafo-Turm, und wenige Schritte von ihm entfernt die Reste des kleinen Friedhofs.

Die Namen verblichener Bauerngeschlechter auf den umgekippten und zerstörten Grabsteinen zogen an uns vorüber, dazwischen ein gespaltener Stein mit der Aufschrift "Hier ruhen zwei unbekannte Soldaten der sowjetischen Armee die 1945 im Kampf um die Befreiung Knoblauchs gefallen sind." Daneben eine zentnerschwere Gedenkplatte von 1914-18. Im Dickicht die überwucherten Rudimente der Ende des 17. Jahrhunderts erbauten Dorfkirche. Mauerstümpfe, sonst nichts.

Wir gingen an das Ende des ehemaligen Kirchhofs. Sahen von dort einen Hügel – es ist die alte **Schwedenschanze**, die auch als Burgwall bezeichnet wird. Als wir wieder auf dem Schlammweg waren, zeigten uns die beiden den Maulbeerbaum, den sie beide noch aus Kindheitstagen kannten. Und noch etwas fiel ihnen ein: Auf der anderen Seite, dort, wo die lange Erhöhung des Kapellberges zu erkennen ist, stand einmal ein kleines Teehäuschen, ein Pavillon, den Königin *Luise* oft aufgesucht haben soll. Könnte

*Zerbrochen – Grabstein
auf dem ehemaligen
Friedhof von
Knoblauch.*

Einsam – der Trafo-Turm ist der Rest des Dorfes Knoblauch.

stimmen, dachten wir, denn Paretz liegt ja wirklich nicht weit von
Knoblauch entfernt und die allseits beliebte Königin mochte
derartige Abstecher wohl gerne.

Der Abschied von dem Ehepaar war kurz, des Wetters wegen.
Als sie auf ihren Rädern entschwunden waren, blieben wir noch
eine Weile stehen, ignorierten die bleigraue Stimmung des Tages,
waren viel zu sehr mit dem eben Gehörten beschäftigt. Aber
beschäftigt hat uns auch der Name des einstigen Straßendorfes,
das bei seiner ersten urkundlichen Nennung mit "Clebeloc"
bezeichnet wurde. Im Nachhinein wußten wir, daß der Ortsname
sich vermutlich auf das polabische Wort "Chleboloky" bezieht,
das mit "Brotfresser" übersetzt wird. Allerdings sind die Etymologen auch der Meinung, daß eine Beziehung zur aus der Familie
der Liliengewächse gehörenden Gewürzpflanze Knoblauch bestehen könnte. Welche Deutung richtig ist, sei hier nicht disku-
tiert. Das sich nach dem havelländischen Dorf benannte märkiche
Adelsgeschlecht trägt jedenfalls drei Knoblauchpflanzen in seinem Wappen und nicht einen brotfressenden Menschen.

Vor der Fahrt nach Berlin blickten wir noch einmal auf das
Türmchen und die Erdwälle vom ehemaligen Dorf Knoblauch,
das des Menschen Hand vor 800 Jahren aufgebaut hatte und das
heute dem Erdboden gleichgemacht ist – auch von Menschen-
hand. Die jüngste Vergangenheit hat die Siedlung ausgelöscht,
geblieben sind nur schriftliche Überlieferungen und die Erzählungen älterer Zeitgenossen.

Anreise:
a) vom Bf.
Wustermark (R 4
und 5) mit dem
Havelbus 650 bis
Falkenrhede, dann
umsteigen auf den
Havelbus 614
oder
b) von Falkenrhede
mit dem Rad (11,5
km) über Ketzin
durch den
Fernewerder, dann
am Nordufer des
Trebelsees entlang
zum Dorf.

DIE DOKUMENTE SIND ZU STAUB ZERFALLEN
GUTENPAAREN

Zwischen Ketzin und Roskow liegen die Dörfer Zachow und Gutenpaaren. Es sind Siedlungen wie viele andere im Havelland, deren historische Vergangenheit nie, oder wenn, nur spärlich aus der Geschichte dieser Region herausgetreten ist. Keine sehenswerten Gebäude, keine schmucken Parkanlagen machen das Bild dieser Bauerndörfer aus. Man durchfährt diese Orte zumeist, um anderswo Station zu machen.

Uns ging es natürlich auch so, bis wir auf unserer Karte die Eintragung "Sühnekreuz" entdeckten. Dieser Hinweis gilt dem Dorf Gutenpaaren, und so lag es auf der Hand, an dieser Stelle die Fahrt zu unterbrechen.

Langgestreckt ist die Siedlung, geduckt stehen ihre Häuser am Straßenrand. Unauffällig und schmucklos. Etwas erhöht der in seinem Kern spätmittelalterliche kreuzrippengewölbte Backsteinbau der Dorfkirche. Daneben ein großes Stallgebäude mit Vorlaube und einem jetzt verlassenen Storchennest. Über die holprige Dorfstraße stolperten wir dem Sakralbau zu, bewunderten die beiden Radfahrer, die gekonnt die Schlaglöcher umfuhren.

An der verschlossenen Kirchentür ein Zettel: "Auskunft bei Herrn Triebwasser". Na, hoffentlich versprechen wir uns nicht – dachten wir im Stillen auf dem Weg zu dessen Haus. Jedoch, wo steht es? Nähere Angaben auf dem Stück Papier fehlten. Was nun? Das Dorf schien ausgestorben bis auf die obligatorischen Hunde, die jeden Schritt bekläfften. An der Straße dann ein Haus in einer Renovierungsphase. Maler waren zu Werke, und einer von ihnen zeigte uns das Haus, das wir suchten. Auch hier begleitete Hundegebell das Läuten der Klingel, dann stand der auf dem Zettel durch Namen ausgewiesene Mann vor uns. Auf dem Sprung war er, wollte mit seiner Frau nach Brandenburg, sagte aber, daß er uns gern in die Kirche einlassen wollte.

Vorher jedoch die Frage nach dem **Sühnekreuz**. "Ach, das haben Sie gesehen? Die meisten Dorfbewohner wissen ja gar nicht wo es steht, kennen überhaupt nicht seine Geschichte." – Und diese liegt im Dunkel der Vergangenheit: Es wird erzählt, daß in grauer Vorzeit zwei Ritter sich im Kampf gegenüber standen, und einer von ihnen getötet wurde. Zur Sühne mußte der andere ein Kreuz errichten und es des nachts mit einem Öllämpchen beleuchten.

Diese Zeiten sind längst vorbei, sie sind erloschen wie das Lämpchen. Gleichfalls auch das einstige Flair des Dorfes, über das wir auf dem Gang zur **Kirche** sprachen. Im Innern des alten Kirchleins, dessen helles Weiß sich völlig von der grau-roten

Zeichen ritterlicher Gewalt – das Sühnekreuz an der Dorfstraße in Gutenpaaren.

Außenfassade abhebt, steht eine dem 18. Jahrhundert zugeordnete **Kanzel** und eine wenig später erbaute Orgel. Ansonsten ist der Innenraum schmucklos, sieht man von den beiden Tafeln mit den Alliancewappen ab. Auf hölzernen Eichenplatten erkennt man bunte Wappenschilde und die Namen *Ernst Heinrich von Bläsigke* und *Clara Elisabet von Däberitzen.*

Glanzvolles Gegenstück – Kanzel aus dem 18. Jahrhundert in der Dorfkirche von Gutenpaaren.

Auf den ersten Blick wirkt die Kirche intakt, auf den zweiten erkennt man jedoch die großen Wasserflecken im Gemäuer. Der Schwamm hat vom Stein Besitz ergriffen, doch es fehlt Geld. Dann erblickten wir den Turmknauf. Bei einem Sturm ist er vom Turm gefallen und in einer Ecke gelandet. Der sich im Gemeindekirchenrat tatkräftig einsetzende Triebwasser zeigte uns die zerbröselten, zu Klumpen gewordenen Urkunden. Schade, doch einige Münzen konnten gerettet werden. Sie befinden sich jetzt an einem sicheren Ort.

Beim Aufstieg auf den Turm durften wir uns die gewölbte Kirchendecke einmal aus einer anderen Perspektive ansehen. Interessant auch die beiden spätmittelalterlichen Glocken, von denen die eine aus dem Jahr 1511 stammt. Von hier fällt der Blick weit ins Land, nach Roskow und Zachow und auf den Trebelsee.

Das Gut, das gleich neben der Kirche steht, macht einen heruntergekommenen Eindruck. Die großen Stallgebäude sind leer, der Putz bröckelt von ihren Wänden, aus den Ritzen der Fassaden wächst seit langem Unkraut. Auch das alte **Gutshaus** wirkt nicht anders. Lediglich eine "Schüssel" schleust viele Fernsehsender ins Haus. Früher gehörte das Gut den Hornemanns. Ihre Grablage liegt hinter der Kirche. Selbstverständlich waren die Nachkommen der letzten Besitzer schon im Ort, winkten aber ab, als sie den

Innenansicht – die gewölbte Kirchendecke in Gutenpaaren.

desolaten Zustand der Gebäude sahen. Millionen Mark müßten investiert werden, um den Betrieb auf Vordermann zu bringen. Weit weniger aber braucht Herr Triebwasser, der sich leise von uns verabschiedet und nun nach Brandenburg entschwindet.

Anreise: wie nach Gutenpaaren, dann in südliche Richtung weiter (3,5 km) – Anbindung an den Havelbus 558.

MÄRKISCHE BESCHEIDENHEIT UND PREUSSISCHE REPRÄSENTATION
ROSKOW

Noch hatten wir Hildegard Vetter und den "Enthaupteten" aus Falkenrhede im Gedächtnis, als wir an einem der nächsten Wochenenden uns wieder auf den Weg ins "Märkische" machten. Wir blieben am Anfang auf der selben Route, fuhren dann aber weiter in östliche Richtung. Nach einigen Kilometern kam Roskow in Sicht. Der spitze und zudem schiefe Turm der 1724 auf mittelalterlichen Fundamenten erbauten **Dorfkirche** stach wie ein Finger Gottes in den Himmel. Er markierte den Weg, wies uns in die märkische Bescheidenheit widerspiegelnde Dorfstraße ein.

Der 1186 als "roschouwe" erstmals urkundlich genannte Ort, dessen Name durch Suffixverkettung aus dem Urslawischen entstanden ist, gehört mit seiner lebhaften Vergangenheit zu jenen westhavelländischen Dörfern, in denen noch heute respektable Zeugen aus der Dorfgeschichte anzutreffen sind. Wenn auch das Mittelalter nur winzige Spuren hinterlassen hat, so bringen Barock und Rokoko noch gute Hinweise auf eine gewisse Prosperität – zumindest was die ehemalige Patronatsfamilie betrifft.

Saniert – die Dorfkirche von Roskow aus dem Jahr 1724.

Erhabene Proportionen – von 1723-27 entstand das Barockschloß der Kattes in Roskow.

Anders als im nahen Falkenrhede, wo ein bescheidenes, aus dem 19. Jahrhundert stammendes Gutshaus an herrschaftliche Zeiten erinnert, findet man in Roskow ein **Schloß** von erhabenen Proportionen. Man ist geneigt, hier den Begriff von "preußischer Repräsentationsarchitektur" zu verwenden. Die zweigeschossige Dreiflügelanlage ist ein stattliches Barockschloß, das wohl zu den schönsten des Havellandes gehört. Den elfachsigen Bau bekrönt ein mächtiges Mansarddach, unter dem zur Hofseite ein Prunk-giebel, zur Parkseite ein figurengeschmücktes Portal Geschmack und Wohlhabenheit der Erbauer ausdrücken. Das Roskower Schloß entstand in den Jahren 1723-27; 1880-90 erfolgte eine durchgrei-fende bauliche Veränderung durch den Baumeister Hauer.

Bei Roskow nun fiel uns ein Ausspruch des Soldatenkönigs ein: "Es wäre aber besser, daß er stürbe, als daß die Justiz aus der Welt käme." So hatte *Friedrich Wilhelm I.* mit einem Federstrich das Todesurteil für *Hans Hermann von Katte*, dem Freund und Gesinnungsgenossen des Kronprinzen *Friedrich*, des späteren "Alten Fritz", besiegelt. Am 6. November 1730 wurde Katte in Küstrin enthauptet.

Doch was hat Roskow damit zu tun? Dorf und Rittersitz ge-hörten bis 1650 den Bredows, danach fiel es an den Landrat *Hans Christoph von Katte*, dessen Familie in der Altmark begütert war. Und dort in Wust ist die Heimat und letzte Ruhestätte des un-glücklichen Hans Hermann. Wir assoziierten Vergangenheit und Gegenwart, stellten das heute als Oberschule genutzte Kattesche Schloß in Roskow der Tragödie von 1730 gegenüber, die ja nur kurz nach dessen Vollendung begann.

Doch so sind geschichtliche Verknüpfungen, die heute leider in Vergessenheit geraten oder vielfach völlig unbekannt sind. Im Dorf selbst trafen wir niemanden, der über diese Zusammenhänge Bescheid wußte. Weshalb auch? Es ist ja viel zu lange her. Außerdem ist Roskow nicht Wust. Dennoch, das Schloß ist äußerlich tadellos erhalten, auch die Kirche wurde vor kurzem wiederhergestellt.

Anreise:
a) vom Bf.
Brandenburg (R 3)
mit dem Havelbus
569 oder
b) vom Bf. Groß-
Behnitz (25) mit dem
Rad über Wachow,
Päwesin, Bagow,
Gortz und
Karolinenhof ins Dorf
(14 km).

DER GUTSHERR LIESS SICH IN ALABASTER MEISSELN KETZÜR

Fast rechtwinklig knickt der Beetzsee von der Brandenburger Neustadt in Richtung Päwesin ab. Eine Reihe von Dörfern begleiten den Lauf des Gewässers, durchbrechen mit ihren roten Ziegelbauten die blau-grüne Farbkomposition der natürlichen Landschaft. Jedes dieser Dörfer hat seine eigene Geschichte – mehr oder weniger aufregend, herausragend aber kaum, allenfalls typisch für diesen Landstrich.

In einem aber findet man etwas, das selbst den an der Kunst- und Kulturgeschichte des Havellandes nur mäßig interessierten Zeitgenossen den Atem anhalten läßt. Gemeint ist das Örtchen Ketzür und mit ihm die Innenausstattung der **Kirche**. Lange war das Dorf als Ziel auserkoren, doch oft verschoben wir den Besuch, bis an einem wunderschönen Herbsttag die Fahrt in diese Richtung ging.

Wir kamen von Roskow, erreichten, am Lötz vorbei, Bagow, Bollmannsruh und Karolinenhof und dann Ketzür, wollten vor der Ortsbesichtigung noch schnell etwas essen, um dann gestärkt das uns aus der Literatur als märkisches Kleinod bekannte Kunstwerk anzusehen. Aber wir hatten Pech. Bis auf eine Imbißbude am See gab es im Dorf keine weitere Einkehrmöglichkeit. Zwangsläufig verlegten wir die Pause ins drei Kilometer entfernte Butzow, aßen im unverkennbar sozialistischen Interieur des dortigen Dorfgasthofes.

Dann zurück nach Ketzür. Bevor der Gang zur Kirche angetreten wurde, fragten wir sicherheitshalber den gerade seinen Wartburg am Straßenrand parkenden Menschen, ob er wüßte, wer uns die Kirche aufschließen könne. Doch Frage und Antwort erübrigten sich schnell. Aus dem benachbarten Pfarrhaus kam ein Mitvierziger, ging gezielten Schrittes auf den zwischen hohen Bäumen stehenden Sakralbau zu. Er wußte, aus welchem Grund wir ins Dorf gekommen waren. Für ihn war es inzwischen selbstverständlich, daß die "Wessis" stets unangemeldet um Einlaß in die

Hohe künstlerische Qualität – das Epitaph des Heino von Brösicke aus den Jahren 1611-13 in der Dorfkirche von Ketzür.

Kirche ersuchen. Und an diesem Tag waren wir nicht die einzigen. Vier Leute bestaunten bereits das Innere des Hauses, fotografierten die sakralen Kunstwerke und hockten sich dann wieder andächtig in die Bankreihen. Wir taten dasselbe.

Mit größter Aufmerkamkeit betrachteten wir das **Epitaph** des **Heino von Brösicke**, das von 1611-13 von der Meisterhand des Magdeburger Bildhauers *Christian Dehne* geschaffen wurde und das die Dorfbewohner "Die alte Welt" nennen. Die an der Nordwand der Kirche stehende Grabplastik ist der unbestrittene Höhepunkt des kleinen Gotteshauses. Das im Wechsel zwischen schwarzem Marmor, weißem Alabaster und einem überaus vielfältigen Figuren- und Reliefschmuck stehende Kunstwerk gehört wohl zu den besten bildhauerischen Leistungen aus der ersten Hälfte des 17. Jahrhunderts. Man muß dieses vermutlich einmalige Epitaph auf märkischem Boden gesehen haben. Schon seinetwegen lohnt sich der Weg nach Ketzür!

Der vierzonige Aufbau des Grabmals mit den knienden, betenden Freifiguren der Familie Brösicke, wie auch die Reliefdarstellungen aus dem Leben Christi, beherrschen die kleine Kirche, die an sich schon durch ihre verschiedenen Bauepochen sehenswert ist und deshalb ins Auge springt.

Dieser Bau präsentiert sich als eine malerisch-unregelmäßige Anlage, deren Ursprung eine frühgotische, siebeneckige Backsteinkapelle gewesen ist. In der nachfolgenden Zeit, so 1541, als der Zentralbau erhöht und an der Nordwestecke ein quadratischer Turm errichtet wurde, und 1599, wo der größere achteckige Anbau entstand, und schließlich 1697, als der brandenburgische Baumeister *B. Sauter* den Turm erweiterte, veränderte sich die

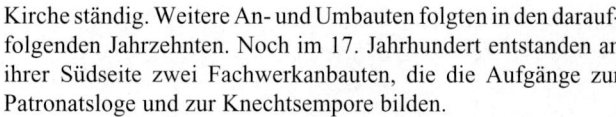

Ebenfalls qualitätsvoll – der im Jahr 1600 entstandene Altar der Ketzürer Dorfkirche.

Kirche ständig. Weitere An- und Umbauten folgten in den darauffolgenden Jahrzehnten. Noch im 17. Jahrhundert entstanden an ihrer Südseite zwei Fachwerkanbauten, die die Aufgänge zur Patronatsloge und zur Knechtsempore bilden.

Ein letzter Blick ins Kirchenrund folgte. Neben dem Brösickeschen Grabmal sind die **Kanzel** (1605), die **Taufe** (1613) sowie die ebenfalls aus dem 17. Jahrhundert stammenden **Wandmalereien** und auch die sechs **Grabsteine** der Familien **von Brösicke**, **von Hacke** und **von Krosick** sehenswert.

Unter dem Eindruck der zahlreichen Kunstwerke verließen wir die Kirche. Unser Begleiter, der weder Pfarrer noch Küster ist, folgte schweigend, wies abschließend auf die beiden Fachwerkanbauten und auf das hinter der Kirche liegende Erbbegräbnis hin. Dann entschwand er so unauffällig, wie er gekommen war.

Doch etwas beschäftigte uns noch, nämlich das Epitaph, zu dessen historischer Vergangenheit folgende Legende gehört: *Heino von Brösicke*, 1525 in Ketzür geboren, hatte aus Dankbarkeit, daß sein ereignisreiches Leben ihm ein hohes Alter beschert hatte, das Grabdenkmal errichten lassen, dessen Vollendung er allerdings nicht mehr erlebte. Brösicke, der in brandenburgischen und magdeburgischen Diensten gestanden und an nicht weniger als zwölf Feldzügen teilgenommen hatte und der mit Kaiser *Karl V.* zweimal vor Metz gezogen war und dreimal als Leibjunker des Kurfürsten *Joachim II.* gegen die Ungarn kämpfte, war immer wieder gesund heimgekehrt. 1609 erlosch Geist und Körper dieser Soldatennatur, deren Andenken nun das Epitaph wachhält.

Die Grablage hinter dem Gebäude enthält die Ruhestätten der letzten Ketzürer Gutsbesitzer. Sie hießen Kersten, waren bürgerlich und hatten vor dem Zweiten Weltkrieg das Gut im Dorf übernommen. Ihre Ländereien unterlagen dem politischem Umbruch der Nachkriegsjahre. Ihr **Gutshaus** blieb jedoch stehen. Es liegt der Kirche gegenüber. Unauffällig und vernachlässigt ist es seit langem Wohnhaus für eine ganze Mieterschar. 1783 wurde es gebaut, aber nur an einer Stelle erkennt man heute historische Formen – ein Renaissancegiebel schmückt einen turmartigen Wohntrakt,– ansonsten ist der Anblick des Gebäudes genauso erbärmlich wie sein Umfeld. Dies alles hat uns an diesem Tag nicht beeindruckt, auch nicht der uns ankläffende Dorfköter. Die Kirche hatte es uns angetan, und zwar so sehr, daß wir noch oft auf sie verweisen werden – so wie jetzt!

Kaum zu erkennen – das alte Gutshaus von Ketzür, hier ein Renaissancegiebel (1783) am Wohnturm.

WEISSE PÜNKTCHEN
AUF BLAUEM GRUND
PÄWESIN

Anreise:
wie nach Ketzür.
Vom Bf. Groß-
Behnitz gelangt man
in ca. 11 km nach
Päwesin.

Von immenser Bedeutung für den heute lebenden Chronisten sind historische Dokumente und die auf ihnen aufbauende wissenschaftliche Grundlagenforschung. Beim Studium derartigen Materials stößt man immer wieder auf Details, auf manchmal winzige Fakten, die der eigenen Auswertung nützlich sind. Zusammen mit den vor Ort wahrgenommenen Eindrücken schließen sie den Kreis der aktuellen Berichterstattung, ergänzen ihn oder runden ihn ab.

Sofern solche Literatur vorhanden ist, greift man nach ihr, informiert sich vor dem Besuch des nächsten Ziels. Auch wir taten es, bevor das südwestlich von Nauen liegende Päwesin angefahren wurde. Aus dem 1972 herausgegebenen "Brandenburgischen Ortslexikon" nahmen wir folgende Angaben mit auf den Weg:

Das 1197 mit "Marsilius sacerdos de Pusyn" erstmals urkundlich erwähnte Gassendorf bestand im Jahr 1624 aus 31 Bauernhufen und fünf Hufen des Rates der Neustadt Brandenburg. Elf Hüfner, 3 Kossäten, je ein Hirte, Fischer und Laufschmied sowie 5 Paar Hausleute bildeten die Dorfgemeinschaft.

Zweihundert Jahre später, 1739, lebten in Päwesin bereits 155 Menschen, unter ihnen der Schulze, 8 Bauern, 5 Hüfner, 23 Knechte und 10 Mägde.

1947 wurden die 392 Hektar Bauernland auf 59 neue Eigentümer aufgeteilt; sechs Jahre danach entstand die erste LPG. Dann nahm die Bodenreform ihren Lauf: 1960 hatte die Produktionsgenossenschaft 118 Mitglieder, die insgesamt 1077 Hektar landwirtschaftliche Nutzfläche bewirtschafteten. In Päwesin mit seinen Ortsteilen Bagow und Riewend entstand 1968 u.a. ein Zweigbetrieb der Brandenburger Ziegelwerke.

Soweit die Geschichte im Zeitraffer. Aber was sagte "Kießling" 1925? "Päwesin, das Dorf (625 Einwohner) mit stattlicher Barockkirche von 1727 liegt 10 Minuten westlich vom Bahnhof an der Sträng, dem Verbindungsfließ zwischen dem Riewend- und dem Beetzsee; von hier über Bagow, Riewend nach Groß-Behnitz ...".

Wir waren über Nauen gekommen, hatten das alte Borsigsche Gut in Groß-Behnitz wie auch das Dorf Wachow hinter uns gelassen, wollten noch einmal nach Roskow zum schönen Barockschloß. Doch Päwesin lud zum Verweilen ein. Die Dorfanlage und ein kleines Schild mit der Aufschrift "Elke's Töpferei" machten neugierig.

Einige wohlproportionierte Bauernhäuser hatten wir bei der Einfahrt ins Dorf bereits gesichtet. Sie stehen an der sich gabelnden

*Stilles Gedenken –
knorrige Grabkreuze
auf dem Kirchhof von
Päwesin.*

*Der "Berliner Schule" entsprungen – die Dorfkirche von Päwesin aus dem Jahr
1727.*

Dorfstraße, von der es in Richung Bagow, Wachow, Roskow oder
Weseram geht. Beim Aussteigen aus dem Auto mußten wir
feststellen, daß unser Standort äußerst ungünstig war: Ein Linien-
bus hatte sich in Bewegung gesetzt, wirbelte mächtig Staub auf,
nahm die Sicht. Als der Blick frei wurde, erkannten wir wieder die
Häuser. Zumeist im vergangenen Jahrhundert in ländlichem Klassizismus erbaut, zeigen sie Dreieckgiebel und Erker, drücken
immer noch die Wohlhabenheit der einstigen Bauherren aus.

Die **Dorfkirche**, die als Schätze eine aus dem 18. Jahrhundert
stammende Geldtruhe und zwei der Zeit um 1728 zugeordnete
Gemälde enthält, steht ihnen nicht nach. Der im Stil der "Berliner
Schule" erbaute Sakralbau korrespondiert harmonisch mit den
Bauernhäusern. – Ein friedliches Bild bot sich dem Betrachter.
Ruhe herrschte in Päwesin; kein hektisches Treiben, kein Gedrän-
ge belastete die märkische Gemeinde, und vergessen sind die
Tage, an denen bis zu tausend Menschen vor dem Haus Fischer-
straße 10a standen, um die weit über das Dorf hinaus bekannten
Töpferwaren mit den weißen Pünktchen auf blauem Grund zu
erwerben. Doch das war zu DDR-Zeiten.

Totzdem: Die "Blau-Weiß-Keramik aus der Mark Brandenburg", deren Dekor und Handelsname inzwischen geschützt sind,
bleibt weiterhin ein heißer Tip. Aber da das anscheinend noch
weitgehend unbekannt ist, sei angemerkt, daß das Haus in der
Fischerstraße für jeden Interessenten offensteht. Hier kann gekauft werden – und zwar in Ruhe, ohne von allen Seiten bedrängt
zu werden. Doch das ist es, was Elke Schilling, die agile Keramikerin aus Päwesin bewegt, denn bis 1989 lief es phantastisch,
danach stagnierte der Betrieb und mit ihm der Verkauf ihrer
Erzeugnisse.

Sie investiert viel Energie und viel Arbeit, um den Betrieb nach marktwirtschaftlichen Gesetzmäßigkeiten aus dem Umsatzloch herauszuholen. Reklame muß her, auch Ausstellungen sind gefragt – etwa auf dem Potsdamer Markt in der Brandenburger Straße. Leider hat die Stadtverwaltung die Marktstände in die Nebenstraßen verdrängt, Touristen finden diese jetzt selten. Elke Schilling hat sich in Fahrt geredet, ihre Augen funkeln kampfbereit – sie erzählt von ihrem Werdegang und dem jetzt schweren Weg des Kunsthandwerks. Aber sie wird es packen – so wie sie engagiert ist!

EIN VERGESSENES DORF
PAAREN

Anreise:
vom Bf. Wustermark
(R 4 und 5) mit dem
Havelbus 650 oder
dem Rad (10 km) ins
Dorf.

Zum x-ten Male haben wir die B273 zwischen Nauen und Potsdam passiert, hatten immer nur aus dem Augenwinkel das Ortsschild gesehen und einige Häuser des Dorfes wahrgenommen. Jetzt standen wir also im Dorf, fanden das Gespräch mit einigen Ortsansässigen und ließen uns deren prekäre Lage schildern. Aber eigenartigerweise; es klang doch irgendwie Optimismus durch. Vielleicht lag es am ersten Frühlingstag des Jahres, vielleicht auch am guten Fang, den der ältere Mann gerade mit seiner Angel gemacht hatte? Wir konnten es nicht ergründen.

Wir gingen in Richtung Wald, um die **Grabstätte** des letzten Paarener Gutsbesitzers zu suchen. Friese hieß er, war Hauptmann in einem Potsdamer Regiment.

*Versteckt –
Erbbegräbnis des
letzten Gutsbesitzers
von Paaren.*

Die uns genauestens beschriebene Stelle im Wald fanden wir tatsächlich. Zwischen hohen Bäumen und üppig wachsendem Strauchwerk standen zwei fast mannshohe **Findlingsblöcke**, neben ihnen lag ein weiterer **Grabstein** aus rötlichem Granit. Die in den Fels geschlagenen Inschriften waren schlecht zu lesen. Entziffern konnten wir nur die Namen der hier Beigesetzten: "*Arwed von Ro(ö)mer*/Leutnant" und "*Rudolf Friese*/Hauptmann", auf dem umgekippten Stein "*Walter Friese*/Hauptmann". Lebensdaten wie Bibelsprüche waren von Moos und Sand zugewachsen.

Wir verließen die verwahrloste Grablage und spazierten zurück ins Dorf, wollten abschließend einen Blick in oder wenigstens auf die Kirche werfen. Aber nur letzteres gelang. Der schlichte Sakralbau mit seinem im oberen Teil verbretterten Turm, auf dem sich quietschend eine Windfahne von 1770 dreht, ist schmucklos und unauffällig. Er korrespondiert in seiner Einfachheit mit den ebenfalls Bescheidenheit ausdrückenden Bauernhäusern des Dorfes.

Vorbei an den Gräbern eines Rechnungsrates und eines Oberleutnants ging es die Dorfstraße weiter in westliche Richtung. Un-

*Bescheiden – die
Dorfkirche von Paaren
an der Wublitz.*

mittelbar hinter der das Dorf teilenden Bundesstraße stießen wir auf das ehemalige **Gutshaus** von Paaren. Der weißgetünchte, eingeschossige Bau, der vermutlich im letzten Viertel des vergangenen Jahrhunderts entstanden ist, gehörte dem Hauptmann Friese, der auf seinem Gut neben der obligatorischen Viehhaltung und Ackerwirtschaft auch eine Brennerei unterhielt. Mit diesem, unmittelbar an der Straße stehenden, vor einigen Jahren abgerissenen Betrieb, machte der Offizier sein Geld. Und dieses – so unsere vorherigen Gesprächspartner – wußte er auch auszugeben. Er verlor es am Spieltisch, war schließlich hoch verschuldet. Wie sein Schicksal endete, wußten weder die Dörfler noch wir – und sein Grab schwieg sowieso.

Das war also der Streifzug durch die jüngste Vergangenheit des Dorfes Paaren, das zur Unterscheidung von dem gleichnamigen, nordöstlich von Nauen liegenden Ort ("Paaren im Glien") den Zusatz "an der Wublitz" trägt. Wohl aus ökonomischen, vielleicht auch aus verwaltungstechnischen Gründen hat man 1961 das Dorf dem Nachbarort Uetz angegliedert. Seitdem heißt die Samtgemeinde Uetz-Paaren.

Mit diesem Wissen verließen wir das vergessene Dorf, blätterten später im "Historischen Ortslexikon des Havellandes" und vollzogen im Geiste seine Geschichte nach: Das 1354 urkundlich genannte Gassendorf, dessen Name sich vermutlich aus dem polabischen Sprachgebrauch entwickelt hat und übersetzt "Ort in sumpfiger Gegend" bedeutet, wurde bereits 1571 mit "Parne ann der Wobelitz" bezeichnet. Zu dieser Zeit lebten im Dorf elf Hüfner- und Kossätenfamilien als Untertanen derer von Hackes, die hier ihren Rittersitz hatten. Daneben bestand noch ein Wohnhof der Rochs, die die Ober- und Untergerichtsbarkeit besaßen.

In den nachfolgenden Jahrhunderten fiel Paaren an die Familien **von Zerbst** (1606-1613), **von Hünecke** (1613-1751), **von Bredow** (1751-1798) und *von Bischoffswerder* (1798-1859). Danach ging das Gut in bürgerliche Hände über. Einer der letzten Besitzer war die Familie Bremer, von der es offenbar an den Hauptmann Friese verkauft wurde.

Die wirtschaftliche Entwicklung Paarens begann vor Ablauf des letzten Jahrhunderts. 1894 lebten im Ort neben dem Rittergutsbesitzer fünf Bauern sowie je ein Mühlenmeister, Gastwirt, Lehrer, Schmiede- und Brennereimeister, Gärtner und Oberschweizer. 1939, Paaren bestand jetzt aus etwa 25 Wohnhäusern, hatten sich weitere land- und forstwirtschaftliche Betriebe angesiedelt. Mit der danach folgenden Gebietsreform (1947) enteignete man kurzerhand die 283 Hektar große Landwirtschaftsfläche und teilte sie auf landlose Bauern, Landarbeiter und Umsiedler auf. Im Dorf ent-stand wenig später – 1953 – eine LPG, auf der 48 Personen insgesamt 309 Hektar bewirtschafteten.

Mit der Wende fiel Paaren in einen Dornröschenschlaf. Eine Gärtnerei, die sich in den alten Gutsgebäuden etablierte, hatte keinen Bestand, und die Obstproduktion ist auch aufgelöst. Die arbeitsfähigen Paarener gehen nach auswärts – Perspektiven im Dorf fehlen. Und dabei ist Potsdam nicht weit entfernt. Von dort könnte Hilfe kommen – doch bislang reichte es nicht einmal für die unbedingt lebenswichtigen Telefonanschlüsse.

EIN DORF LEBT VON SEINER VERGANGENHEIT
PARETZ

Wir genossen die märkische Landschaft, waren fasziniert von der Stimmung über dem Trebelsee, die der bewölkte, von Sonnenstrahlen durchbrochene Winterhimmel auslöste. Es war ein erhabenes Gefühl, als wir die Pedalen in Richtung Paretz durchtraten. Aufregend war alles, die Dörfer, die Landschaft und natürlich der Kontakt zu den Havelländern. Von Ort zu Ort radelten wir, landeten dann schließlich in Paretz. Urplötzlich wurde die Erinnerung wach, wir sahen Ruth Leuwerick als Königin *Luise* und Dieter Borsche als *Friedrich Wilhelm III.*, assoziierten die beiden Mimen mit den zur Legende gewordenen Hohenzollern, fanden uns ohne inneren Widerspruch von jener Zeit umfangen, über die so viel berichtet worden war.

Das Dorf hat seit der Wende sein Gesicht verändert. Viele der klassizistischen von *David Gilly* zwischen 1795 und 1803 entworfenen Häuser erfreuen durch frischen Anstrich, einladend auch der in der alten Schmiede untergebrachte **Gasthof**. Und die bereits zu DDR-Zeiten restaurierte, 1797 ebenfalls von Gilly erbaute **Dorfkirche** hebt sich nunmehr nicht mehr so deutlich vom dörflichen Erscheinungsbild ab. Daß die den Ort durchquerenden Straßen nun auch eine neue Decke bekommen haben, ist sicherlich nicht nur für den Touristen eine Wohltat. Paretz, sich wohl seiner traditionsreichen Vergangenheit bewußt und durch diese zu einem der Hauptziele geschichtsinteressierter Zeitgenossen geworden, hatte auch uns für sich eingenommen.

So blieb es nicht aus, daß wir aus den zahlreichen, mit dem Leben der Königin *Luise* verknüpften Erzählungen und Anekdoten eine davon für diesen Bericht aussuchen wollten, und zwar eine, die nicht an jeder Stelle zitiert wird. Wir fanden sie im "Havelländischen Heimatkalender" von 1927. Wolfgang Loeff, der Autor, nannte die überlieferte Erzählung "Der Königin letztes Erntefest". Daraus nun der folgende Auszug, der den Paretzer

Anreise:
a) vom Bf. Marquardt (R 4) mit dem Havelbus 614 oder b) mit dem Rad am Nordufer des Schlänitzsees und des Sacrow-Göttinsees ins Dorf (8 km).

Tischgespräch – Königin Luise und General von Köckritz in Paretz.

Herbst des Jahres 1806 beschreibt, in dem Luise mit ihrem Gemahl und einigen engen Vertrauten ihres Hofstaates am Erntefest teilnahm:

"Eine schwüle Nacht hüllte Paretz ein: Schloßpark und Landschaft waren in tiefes Dunkel gehüllt und nur der Schlag der Uhr vom gotischen Dorfkirchlein durchbrach die Stille. Aber in der Dorfschmiede, die mit ihren Spitzbogenfenstern und der gotischen Fassade einen vornehmen Eindruck vortäuschte, hatten sich die am nächsten Tag zum Fest aufspielenden Potsdamer Garde-Oboisten versammelt und erzählten den ihnen mit gespannten Gesichtern zuhörenden Dorfburschen ihre Schnurren und Schwänke.

Der darauffolgende Morgen begann mit strahlendem Sonnenschein, als der General *von Köckritz* das Fenster seines im oberen Stockwerke des Schlosses liegenden Zimmers aufstoß, sich in Hemdsärmeln weit herauslehnte und zu dem verbotenen Genusse seines Morgenpfeifchens den würzigen Duft des Parks mit seinen romantischen Blumenbuketts und den erfrischend herüberwehenden Wasserhauch der Havel einsog.

Der General war ein Frühaufsteher, und manches Mal, wenn sich der Hof zum Frühstück setzte, hatte der alte Herr längst einen tüchtigen Spaziergang hinter sich – aus der geliebten Tabakspfeife Kanonendonnerwolken stoßend, was freilich keiner sehen durfte, denn das Rauchen war verpönt, und die Oberhofmeisterin *von Voß* hatte nicht nur ein wachsames Auge, sondern – was noch schlimmer war – eine unglaublich feine Nase.

'Ick könnt ihr partout als Jagdhund acquerieren' meinte der General oft hinter ihrem Rücken, doch die Gräfin verstand keinen

Gotische Reminiszenzen – Gilly´s Schmiede in Paretz.

Spaß, außerdem: sie war nie entzückt vom Erntefest in Paretz, sie betrachtete ihre Mitwirkung auf diesem 'bal champêtre' als arge Zumutung, der sie sich aber in heroischer Opferung für die Königin nicht entziehen durfte.

Gleichwohl, die Voß bewahrte Contenance, der General dagegen kaum. Er sagte oft, was er dachte, handelte meist nach seinem Gefühl – und fand in der Königin zum Leidwesen der Oberhofmeisterin eine verständnisvolle Frau. Daß Köckritz sich Luisens Unterstützung gewiß sein konnte, sollte das Erntefest erweisen:

Durch Zufall hatte der alte General eine Großmagd mit einem Garde-Oboisten beim Austausch von Zärtlichkeiten in einem Kornfeld entdeckt. Zur Raison gerufen beteuerten beide, daß sie heiraten wollten, jedoch der Vater des Mädchens sie nur an einen Bauern abgeben will. Köckritz, ob der starren Haltung des Vaters erbost, erzählte der Königin sein Erlebnis vom Morgen.

Als dann die Festlichkeiten begannen, befahl die Königin dem General ihr den Großbauern zum Tanze zu schicken. Zum völlig verschüchterten Bauern meinte Luise: 'Nun, ich bin auch nur eine Soldatenfrau, und wenn es für Ihn eine Ehre ist, mit mir zu tanzen, warum will Er denn seine Tochter verweigern, eines Soldaten Frau zu werden?' – Und: 'Seine Tochter ist ein braves Mädchen, und sie liebt einen braven Soldaten und will mit ihm einen ordentlichen Hausstand gründen. Er will doch das Glück seines Kindes. Der General von Köckritz wird Seinen Schwiegersohn ausstatten, und ich werde Seiner Tochter die Mutter ersetzen und mich ihrer annehmen. Was will Er noch mehr?'

Der Bauer wagte nicht zu widersprechen. Im Gegenteil: heilfroh war er, daß nicht Köckritz, sondern die Königin die Fürsprecherin war. Doch auch der General nahm sich in die Pflicht. Er ließ der angehenden Frau Feldwebelin einen Schal überreichen, den er beim Tanze der Oberhofmeisterin von Voß abgenommen hatte. Die Freude über so viel Ehre und Wohlwollen, die seiner Familie entgegengebracht wurde, machte den Bauern überglücklich, und er sorgte dafür, daß dieses Ereignis im Dorf die Runde machte. Paretz war wieder um einen seiner berühmten Erntefesttage reicher ...".

Zwar mag diese kleine Geschichte die große Beliebtheit der Königin *Luise* beim Volk, insbesondere bei den Paretzern, nur unvollkommen andeuten, gewiß jedoch ist, daß die Monarchin ebenso wie ihr Mann das Dorf und deren Bewohner ins Herz geschlossen hatten. Das **Schloß**, das *Gilly* 1796/97 für den nachmaligen König *Friedrich Wilhelm III.* nach dessen Vorgabe "Nur immer daran denken, Sie bauen für einen armen Gutsherrn" errichtet hatte, ist kein Herrschersitz im üblichen Sinn. Es war eine Zufluchtsstätte. Wenn es nämlich in der Residenz zu laut wurde und das Königspaar es wünschte, sich selbst zu leben, zog es sich nach Paretz zurück. Doch beide kapselten sich nicht ab; sie lebten mit ihrem Volk und bei Festlichkeiten mischte sich das Paar unter die singenden und tanzenden Bauern.

Um Paretz wurde es nach dem frühen Tod der Königin ruhig. Es verfiel in einen Märchenschlaf, aus dem es kein Erwachen mehr gab. 1945 wurde das Schloß geplündert, kurz darauf zog die "Bauernhochschule Edwin Hoernle" in den langgestreckten Bau. Dann nahm die "VEB Tierzucht" von ihm Besitz. Doch auch das ist inzwischen Vergangenheit.

Paretz hat sich seiner historischen Traditionen längst erinnert. Das Schloß soll wiederhergestellt und für Besichtigungen und Tagungen freigegeben werden. Und vielleicht spüren dann die Besucher noch den Geist der Königin *Luise*, die 13 Jahre lang – von 1797 bis 1810 – diesem havelländischen Dorf durch ihre menschliche Art einen Platz in der preußischen Geschichte gesichert hat.

Und auch hier in Paretz ist der Anfang gemacht. Im Oktober 1992 fand im ehemaligen königlichen Landschloß die interessante Ausstellung "Die Wohnungen der Königin Luise" statt. Die sehenswerte Schau in dem heute von der Firma "Agromax", der Nachfolgerin der "VVB Tierzucht", genutzten Gebäude ist als Beginn einer weit über Paretz' Grenzen hinaus angestrebten Rückführung des Schlosses in die Obhut der Stiftung Schlösser und Gärten Sanssouci zu werten. Begleitet werden diese Intentionen vom ortsansässigen Verein "Historisches Paretz" und der in Berlin gegründeten Vereinigung "Freunde der preußischen Schlösser und Gärten e.V.", für die Otto von Simson bis zu seinem Tode den Vorsitz übernommen hatte.

DÖRFLICHE STILLE
PRIORT

Anreise:
direkt vom Bf.
Priort (R 4) ins
Dorf.

Noch in Gedanken an das am Schlänitzsee inmitten eines 1823 von Peter Joseph Lenné gestalteten Parks liegenden Marquardter Schlosses ging es wenige Tage später über Fahrland und Satzkorn, weiter dann bis Kartzow, bis wir schließlich das zum Landkreis Nauen gehörende Priort erreichten. Aus der Literatur war bekannt, daß das Kartzower Herrenhaus einmal dem Likörfabrikanten *Alois Gilka* gehört hatte. Für uns erneut ein Grund, die Neugier zu befriedigen. Doch diesmal hatten wir kein Glück. Das Gutsschloß, hell verputzt und äußerlich sehr gepflegt, liegt in einem, von einem hohen Zaun umgebenen Landschaftspark. Schloß Kartzow, um 1850 erbaut und 1914 umgebaut, ist ein Rehabilitationszentrum und daher für die Öffentlichkeit nicht zugänglich. Also ging es weiter nach Priort.

Irgendwann kamen wir an. Waren völlig durchgeschüttelt; der schlechte Straßenbelag, der nicht nur die Stahlrösser einem Härtetest unterzogen, sondern auch die eigenen Knochen über alle Maßen strapaziert hatte, ließ uns erstmal nach Luft schnappen. Dennoch, das östlich der E55 liegende Priort, als ein durch das ehemalige Rittergut "deformiertes Gassendorf" bezeichnet, erschien uns als der Prototyp eines märkischen Bauerndorfes: winzig klein, kaum mehr als fünfzig Häuser, die aufgereiht zu beiden Seiten der mit "Katzenköpfen" gepflasterten Dorfstraße stehen und die von alten Bäumen flankiert werden. Ein romantischer, verträumter Winkel, abseits der sich langsam mit Leben füllenden ländlichen Gemeinden.

Einige Dörfler standen vor ihren Grundstücken, von denen kaum eines früheren Wohlstand ausstrahlte. Die Ziegelbauten sind Kossätenhäuser, Landarbeiterwohnungen, die Bescheidenheit ausdrücken. Ganz hinten, am Ausgang des Dorfes, eine Hausgruppe in anderen Dimensionen. Große Gebäude, ebenfalls aus dem in märkischer Erde gefundenen Material erbaut. Eine alte Brennerei, eine große Scheune und gegenüber ein zweigeschossiges Haus. Die frische Putzhaut fällt auf, auch die neuen Fenster, wie die farblich kontrastierenden Lisenen. Eine alte Frau trat aus dem Gebäude, blickte verwundert zu uns auf, schlurfte davon. Wir standen vor dem **Priorter Schloß**, das heute ein Altersheim beherbergt.

Das Gutshaus von Priort.

Der modernisierte Bau verrät dem Ortsunkundigen kaum seine Vergangenheit. Mit Fantasie kann man das Haus aufgrund seiner Größe vielleicht als ehemaligen Herrensitz erkennen. Doch es gibt hier noch etwas aus der Vergangenheit des Dorfes. Es ist die Kirche und das an ihrer Seite liegende Erbbegräbnis der Montetons.

Sakraler Blickfang – Dorfkirche von Priort aus der Mitte des 18. Jahrhunderts.

Grabstein des Rittmeisters Hellmuth Freiherr Digeon von Monteton, Erbherr auf Priort.

Eine dicke Kastanie versperrte den Blick in diese Richtung. Wenig Schritte weiter gab der Baum dann das Fachwerk der kleinen Dorfkirche frei, in deren Nähe das Familiengrab der Montetons liegt. Man sieht, daß hier pflegende Hände fehlen, aber die Namenszüge auf den zum Teil unbehauenen Feldsteinen verraten noch Priorter Geschichte, die uns dann an Hand des "Gothaischen Genealogischen Taschenbuches" gegenwärtig wird:

Die *Digeon von Monteton* sind ein altes französisches Adelsgeschlecht, das 1820 die preußische Bestätigung zum Führen des Freiherrentitels erhalten hatte. Mit dem am 4. Februar 1786 in Priort geborenen Karl August Friedrich begann das bis zum Jahre 1872 währende Patronat seiner Familie. Der Baron, als Kgl. preußischer Regierungs- und Landesökonomierat, Hauptritterschafts-Direktor und Domherr zu Brandenburg, muß ein erfolgreicher Typ gewesen sein, denn er vermochte es aus der "Klitsche" seiner Vorgänger, derer von Grote, ein recht ansehnliches Rittergut aufzubauen. Vielleicht spielte dabei auch seine Heirat mit *Antoinette von Bredow* eine Rolle, deren Familie ja in der Mark reich begütert war ...

Aber auch das ist natürlich Spekulation, die wir im Schatten der aus der Mitte des 18. Jahrhunderts stammenden **Dorfkirche** anstellten. Doch sie war für unsere Priorter Eindrücke ohne Bedeutung; die Atmosphäre allein hatte es uns angetan. Friedlich, fern hektischen Treibens, spielt sich der Alltag im Dorf ab. Und die Bewohner des im ersten Viertel des 19. Jahrhunderts entstandenen Gutshauses dürften vermutlich wenig Sinn für historische Hintergründe haben. Ihnen ist das Haus eine neue Heimat geworden, in der sie sich geborgen fühlen und in dem sie ihre Besucher jederzeit empfangen können.

Anreise: vom Bf. Marquardt (R 4) gelangt man nach 3 km ins Dorf.

DIE LANDAUFTEILUNG HAT IM DORF TRADITION
SATZKORN

"Mein Gott, das ist ja geisterhaft! Schrecklich!" Mit diesem Stoßseufzer blickte unsere Begleiterin fassungslos auf die langgestreckten Gebäude, die sich zeilenförmig durch das Grundstück zogen. Das fahle Licht des Spätsommers hatte die weißen Häuser in eine Atmosphäre getaucht, die gespenstisch wirkte. Ausgestorben und leblos schien die Anlage zu sein. Nichts regte sich – nur der Wind ließ die eiserne Tür zum Gelände in den Angeln knarren.

Wir standen vor dem lange Zeit als "volkseigenes Gut" ausgewiesenen Betrieb in Satzkorn, waren unschlüssig, wußten nicht, ob wir das Gelände betreten sollten. Doch es gab ja noch die Kirche, und die konnte sicherlich einen Anhaltspunkt auf die Vergangenheit des Dorfes und dessen frühere Besitzer geben.

Der Weg dahin war in wenigen Schritten zurückgelegt. Was bisher hinter hohen Bäumen verborgen blieb, wurde nun sichtbar: Kirche wie das umliegende Gräberfeld machten einen gepflegten Eindruck, man sah, daß hier Hand angelegt worden ist – und Geld natürlich! Doch dies nicht erst seit drei, vier Jahren! Als wir später einige Interna aus dem dörflichen Alltag erfuhren, war klar, wie die Sache abgelaufen war.

Daß die Satzkorner **Kirche** sich von vielen anderen ländlichen Gotteshäusern in der Mark abhebt, verdankt sie nämlich zwei glücklichen Umständen: zum einen war es der tatkräftige Einsatz von Herwig Schworm, dem rührigen Pastor aus Fahrland, der auch diesen Sprengel betreut und auf "Vordermann" gebracht hat, zum anderen waren es die stets fließenden Zuschüsse der in Schweden lebenden Familie *Brandhorst-Satzkorn*, die zumindest dafür sorgten, daß das Erbbegräbnis gepflegt wurde.

Und hier trafen wir den Kern unseres geschichtlichen Interesses: Satzkorn, seit Jahrhunderten im Besitz märkischer Adelsgeschlechter, von denen sich abwechselnd die Bardeleben und Lüttke, die Hünecke und Falke die Rittergutsländereien untereinander aufteilten, um sie dann wieder zu veräußern, fiel vor etwa 250 Jahren an den Leibarzt *Friedrich Wilhelms I.*, Brandhorst. Das war in den 1730er Jahren. Seitdem blieb das Gut im Familienbesitz. Bis 1945.

1947 wurden insgesamt 531 Hektar landwirtschaftlicher Fläche enteignet; 433 Hektar gehörten damals zum Gut. Sie sind heute Streitobjekt zwischen mehreren Parteien. Interessanterweise haben die Nachfahren des legendären Leibarztes eine erhebliche Summe (in Millionenhöhe) angeboten, um ihr Familienerbe wieder in eine attraktive und somit funktionsfähige Land- und Viehwirtschaft umzuwandeln.

Eine zügige Abwicklung des sicherlich guten Projekts konnten wir jedoch bei unserem Aufenthalt im Herbst 1994 in Satzkorn noch nicht feststellen. Die ganze Angelegenheit hatte sich bis dahin nämlich am berühmten "Haken" aufgehängt, d.h., verzögert. Denn: die Gutsländereien wurden durch Hinzunahme weiterer Agrarflächen in den letzten Jahrzehnten vergrößert, so daß die Eigentumsverhältnisse nicht ohne weiteres klar zu erkennen sind. Außerdem erhoben die Länder Berlin und Brandenburg und auch die Gemeinde Ketzin Anspruch auf Teile der Ländereien. Somit stieß die Entflechtung, d.h., die endgültige Klärung der Eigentumsfrage immer wieder auf Schwierigkeiten.

Hinzu kommen die unterschiedlichen Pläne der Nutzung. Das Brandhorstsche Projekt würde zwar die alte Tradition fortsetzen,

Bürgerstolz – Satzkorns Gutshaus aus dem 19. Jahrhundert zeigt holländische Bauweise.

Des Leibarztes Nachfolger wurde Majoratsherr.

brächte aber die wenigsten Arbeitsplätze. Wie vom Bürgermeisteramt zu erfahren war, will man den Landwirtschaftsbetrieb aber teilweise wieder aufbauen, während andere Teile der alten Gutsländereien dem Tourismus erschlossen bzw. einer gewerblichen Nutzung zugeführt werden sollen. Ob allerdings die beiden letzten Konzepte der Weisheit letzter Schluß sind, mag die die Projekte betreuende Brandenburgische Landgesellschaft ermessen. Man wird also abwarten müssen, was die Zukunft für Satzkorn bringt.

Und die erschien im Augenblick für die von uns Befragten weniger erfreulich. Eine alte Frau im der Kirche gegenüberstehenden Haus gab sich reserviert, wollte offenbar nicht recht mit der Sprache raus, sagte nur, daß wir getrost auf das Gutsgelände gehen sollten. Aber noch standen wir an der Kirche. Leider war die Tür zu. Doch durch ein Fenster konnten wir die stille Pracht des aus der zweiten Hälfte des 17. Jahrhunderts stammenden Hauses erkennen. Vor dem Gebäude dann das **Erbbegräbnis der Brandhorsts**, das wie die anderen Gräber in tadellosem Zustand ist.

Den Ruheplatz tauschten wir dann mit dem **Gutsgelände**. Und dort war es wie auf dem kleinen Friedhof – ruhig und tot. Die langen weißen Häuserzeilen der aufgelassenen Ställe hatten den Charme einer Geisterstadt. Auch als aufgegebene Filmkulisse könnte die ehemalige Produktionsstätte herhalten. Wir schlichen um die Häuser, gingen in die Stallungen rein, und mußten zur eigenen Verblüffung feststellen, daß die einst der Rinderhaltung dienenden Gebäude sauber waren, ja sauber, im wahrsten Sinne des Wortes. So etwas hatten wir bei unseren Fahrten durch das

Havelland noch nicht gesehen. Kein Strohhalm, geschweige Kuhfladen, lag auf dem Zementboden – und merkwürdigerweise, es roch auch nicht nach Gülle. Wieder waren wir verblüfft.

Dann tauchte doch jemand hinter dem an holländische Bauweisen erinnernden **Gutshaus** auf. Er hatte uns schon geraume Zeit beobachtet, blieb abwartend stehen. Und dann erzählte er von Kurt und Frederik Brandhorst-Satzkorn, den in Schweden lebenden Nachfahren des Leibarztes und von Kurts Tochter, die im Sommer letzten Jahres in der Satzkorner Dorfkirche geheiratet hat.

ALS EIN "GRÜEZI" NOCH DIE ROSENKREUZER BEGLEITETE MARQUARDT

Anreise: direkt vom Bf. Marquardt (R 4) ins Dorf.

"Von der Wildparkstation gelangt man auf schönem Wege zur Sanssouci-Chaussee. Dann, vorbei an der Villa Lindstedt, erreicht man nach einer Stunde Bornim. Durch das Dorf bis zur Kreuzung der Chausseen. Hier folgt man dem Wegweiser, der nach Marquardt zeigt. Erst durch den Wald, dann durch Wiesen, erreicht man nach einer kleinen Stunde das freundliche Dorf mit seinen Erinnerungen an die Geisterbeschwörungen Friedrich Wilhelms II. im Schloßpark..."

Das ist die Notiz im Wanderführer, die zusammen mit Fontanes Beschreibung über den nordwestlich von Potsdam, unmittelbar am Schlänitzsee liegenden Ort den Weg wies – gedanklich jedenfalls, denn anders als unsere Vorväter gingen wir nicht zu Fuß, sondern bewegten uns auf zwei Rädern fort. "Rad-Wandern" nennt man das heute. Alles ist eben dem Tempo dieser Zeit angepaßt. Meint man. Eines besseren belehrt wird man aber schnell in märkischer Idylle. So auch in Marquardt, dem von Geheimnissen und Legenden umwobenen Dorf an der alten Wegführung zwischen Potsdam und Paretz.

Der Eintritt in die Siedlung ist romantisch. Rote Ziegelarchitektur bestimmt die havelländische Kulisse. Ein schöner alter Baumbestand umsäumt die Dorfstraße, und wäre nicht der immer stärker werdende Verkehr, könnte man sich nach "Jwd" versetzt fühlen. Wir dachten wieder an Fontane, der mit Wanderstab und Rucksack gemächlichen Schrittes dem erstmals 1313 als "Scoryn" urkundlich erwähnten Ort zustrebte. Und wir erinnerten uns an seine Schilderungen, in denen er ein aufschlußreiches Bild vom Gutsbezirk des nunmehrigen (seit 1704) Marquardt aufzeichnete.

Daß der Altmeister märkischer Chronisten dabei vornehmlich dem General und Minister *Friedrich Wilhelms II., Johann Rudolf von Bischoffswerder*, sein Augenmerk schenkte, hängt einzig und allein mit den engen, durch den Rosenkreuzer-Bund entstandenen Beziehungen zwischen beiden Männern zusammen. Das Dorf Marquardt ging dadurch in die preußische Geschichtsschreibung ein, zumindest über den Zeitraum der Regentschaft des "dicken Wilhelm", also für die Jahre 1786 bis 1797.

Doch was ist von den Geisterbeschwörungen der "Zahl der weisen Meister", ihren Spuk-Seancen und der "Wollust der Gewissensbisse" sowie den präparierten Antworten von Friedrich Wilhelms aus morganatischer Ehe entstammenden Sohn *Alexander von der Mark* geblieben? Nichts. Die Rosenkreuzer-Geschichten haben jedoch für Marquardt weiterhin Bestand, auch wenn sie nur schmückendes Beiwerk in der Historie des märkischen Dorfes sind.

Die "Blaue Grotte", in der die spiritistischen Sitzungen stattfanden, konnten wir nicht mehr finden. Auch das alte aus dem Jahr 1791 stammende Gutshaus ist durch eine neobarocke Anlage ersetzt worden. **Schloß** und **Park** Marquardt ist dennoch sehenswert. Man betritt die Anlage, vorbei an der Ende des 19. Jahrhunderts erbauten **Dorfkirche** durch ein kleines Portal. Linker Hand ein Gartenhäuschen. Rechts neben der Tür ein Kasten mit Ansichtskarten, eine DM das Stück. Ziemlich teuer dachten wir im ersten Augenblick. Nun denn, wenn es für die Pflege der Anlage ist, ist es gut. Per Klingelknopf holten wir einen der Bewohner heraus. Von Wolfgang Grittner, dem Marquardter Ortschronisten, Gemeinderats- und Kirchenrats-Mitglied erfuhren wir dann folgendes:

Seit 1960 war der Schloßbezirk ein Volkseigenes Lehr- und Versuchsgut mit 236 Hektar landwirtschaftlicher Nutzfläche. 1968 wurde ihm das Institut für Obstbau der Humboldt-Universität angegliedert; die Sortenprüfstelle und die Verwaltung der Obstbaugenossenschaft waren nacheinander die Nutzer des Geländes. – Ja, von der alten Residenz Potsdam bis Marquardt begleiteten uns Obstkulturen, wir haben sie gesehen, auch, daß viele Bäume abgeholzt waren.

Unser Gesprächspartner lenkte dann das Gespräch in eine andere Richtung. Sein Anliegen gilt mehr dem historischen Anwesen, dessen herrliche, vor allen Dingen gepflegte Landschaft nun verstärkt ins Blickfeld der Öffentlichkeit rückt. Aber bevor andere Besucher ihn von uns ablenkten, entlockten wir ihm noch den Hinweis auf frühere Siedler, die zur Zeit des Großen Kurfürsten nach Brandenburg kamen.

Diesmal wurden wir hellhörig: 1684 wurden drei Familien aus dem Berner Oberland in "Schorin" angesiedelt. Eine hieß *Garmatter*, aus deren Schoß der Hofgärtner der Königin *Luise, David Garmatter,* stammte. Von ihm gibt es Nachfahren – hier in Mar-

*Gartenfront des
Marquardter Schlosses.*

Wolfgang Grittner, Ortschronist von Marquardt und Hobby-Schäfer.

quardt. Die Neugier war entfacht. Als leidenschaftliche Berg-
wanderer in dieser herrlichen Alpenregion klopften wir an die Tür
des Garmatterschen Hofes. Kein gebeugter Bergbauern-Typ mit
einem griesgrämigen "Grüezi" öffnete uns, sondern ein freundlich lächelnder Mann, so um die Dreißig, stellte sich den Fragen.
Aber wir hatten Pech. Zwar wußte er ob seiner Abstammung, aber
bislang konnte er ja nicht in das Land seiner Vorfahren reisen.
Doch das soll nachgeholt werden. So wie wir jetzt durch das
Havelland fahren, um Land und Leute kennenzulernen, so will
eines Tages auch der junge Garmatter sich einen langgehegten
Wunsch erfüllen.

Für einen Moment verharrten wir noch einmal in der historischen Vergangenheit des Dorfes, verbanden die knappen Erläu-
terungen des Ortschronisten Grittner mit der uns nachdenklich
stimmenden Gegenwart. Es scheint nämlich, daß die noch unge-
trübte Idylle des 1704 nach dem Besitzer des Gutes, des Kgl.
Etatsministers und Schloßhauptmanns, *Marquardt Ludwig von
Printzen*, in "Marquardt" umbenannten Dorfes, kurz über lang
verschwunden sein wird.

Es soll nämlich in Marquardt wieder an die Tradition von
Kempinski und Aschinger angeknüpft werden, die Anfang des
20. Jahrhunderts im Schloß ein Hotel eingerichtet hatten. Aber
noch ist es ein Wunschdenken, den ehemaligen Gutshof in ein
Schloßhotel und die neobarocken Schloßgebäude in ein Café und
Restaurant umzuwidmen. Froh wäre die Gemeinde über einen
finanzkräftigen Investor allerdings, denn dann würde sich ihr
Steuervolumen erhöhen und ihr gleichzeitig die erhofften Arbeitsplätze bringen. Wenn hierüber die Entscheidung gefallen ist,

darf man auf die weitere Entwicklung der unter Denkmalschutz stehenden Anlage gespannt sein.

Dennoch, alles ist hier sehenswert: das für den Berliner Großindustriellen *Louis Friedrich Jacob Ravené* (1823-1879) in der zweiten Hälfte des vergangenen Jahrhunderts erbaute neobarocke Schloß, wie die noch nicht sichtbaren geschwungenen Parkwege, die 1823 durch *Lenné* angelegt wurden. Ebenso der schöne alte Baumbestand und das bescheidene eiserne **Grabkreuz** auf dem kleinen Dorffriedhof, das *Hans Rudolph von Bischoffswerder jr.* gedenkt, der als "letzter seines Namens" den Aufstand am 18. März 1848 durch seine Gardekürassiere blutig beenden ließ.

Anreise:
vom Bf. Marquardt
(R 4) am Großen
Siegerbundberg und
Fahrlander See vorbei
ins Dorf (3 km).

BÄUERLICHES BAROCK UND LÄNDLICHE POESIE FAHRLAND

Daß Goethe während seiner Amtzeit als Staatsminister und auf der Höhe seines literarischen Ruhms über fast allen Dingen stand, ist allgemein bekannt. Trotz dieser unangefochtenen Stellung sah sich Deutschlands Dichterfürst veranlaßt, auf all diejenigen herabzublicken, die aus einem inneren Bedürfnis heraus zur Feder griffen. Viele waren sich seines Spottes sicher. Und einen traf der Hohn besonders hart: *Friedrich Wilhelm August Schmidt* aus Werneuchen.

Dennoch, der 1764 als Sohn des Dorfpfarrers von Fahrland geborene, später dann selbst als Pastor in Werneuchen amtierende Schmidt ließ sich nicht beirren, schrieb weiterhin seine von der Liebe zur märkischen Heimat geprägten Gedichte, veröffentlichte Bücher und trat mit so manchem seiner berühmten Zeitgenossen in Verbindung.

In seinem Gedichtband "Einfalt und Natur" findet man eine Hymne auf seinen Geburtsort Fahrland, in der u.a. heißt: "...Wenn, o Dörfchen! nur Du die Gestalt, die ich kenne bewahrtest! Wenn ich, von keinem gekannt, in deine Stille mich schleiche, Find' ich des Kirchhofs Mauer, von Wind und Wetter zerbröckelt ...".

Schmidt von Werneuchen – wie der Pastor später genannt wurde – gab seinen Empfindungen freien Lauf; seine ländliche Posie machte die Runde, wurde vertont und wird neuerdings auch in Soireen in Fahrland dargeboten.

Für das Dorf südlich der B5, zwischen Potsdam und Kartzow gelegen, ist der Dichter-Pastor immer noch der "große Sohn". Sein Wirken – obwohl die längste Zeit seines Lebens in Werneuchen ansässig – schwebt immaginär über dem stillen Marktflecken. Aber aus Fahrland gibt es weiteres zu berichten: Der den Charakter eines Angerdorfes besitzende Ort, der 1197 als "Vorlande" erstmals urkundlich genannt worden ist, gelangte im 14. Jahrhundert in den Besitz des Ritters Schenk und dann um 1419 an die Familie *von Stechow*. In späterer Zeit fielen die Fahrländer Besitzungen an eine Domänenverwaltung, von der sie nach 1945 an LPGs übergingen.

Schon vorher verschwand das Stechowsche Gutshaus. An seine Stelle trat ein der Dorfarchitektur angepaßter Bau, der bis zur Wende den "Rat der Gemeinde" aufnahm und in dem heute das Bürgermeisteramt seinen Sitz hat. Unmittelbar neben dem Amtsgebäude steht die **Kirche**, in der Schmidts Vater predigte und an deren Wand eine Grabplatte seiner Mutter gedenkt. Gegenüber dann das Pfarrhaus. Es ist ein Ziegelbau aus der Zeit um 1910, das eingebettet liegt in einem großen Garten.

Auf mittelalterlichen Fundamenten gebaut – die Dorfkirche von Fahrland aus dem Jahr 1709.

Das Grundstück lag bei unserem Eintreffen in der Mittagssonne. Eine leichte Schwüle hing in der Luft. Schwalben zogen ihre kurvenreichen Bahnen, verschwanden unter der Regentraufe, um ihre piepsenden Nachkommen zu versorgen. Bienen summten über die Blumenwiese und ein Gartenrotschwanz stimmte sein Liedchen an. Sommerliches Havelland – Fahrländer Idylle!

Pastor Herwig Schworm, den wir aufsuchen wollten, war in Eile. Eine kurze Begrüßung und ab mit dem Trabi nach Satzkorn zum nächsten Gottesdienst. Vier Dorfkirchengemeinden betreut er – Fahrland, Neu-Fahrland, Satzkorn und Kartzow. Er ist ständig unter Dampf, über alle Maßen engagiert in seinen Sprengeln, besonders aber in Fahrland.

Frau Erika-Heide Schworm, die Gattin des Pastors und selbst studierte Theologin, wurde unsere Ansprechpartnerin. Sie erzählte von den Anfängen ihrer Familie in Fahrland. Und diese erinnerten uns an die letzte Zeile des zitierten Schmidtschen Verses "...von Wind und Wetter zerbröckelt". – 1984 nahmen die Schworms Kontakt zu Fahrland auf; von 1985 bis 1989 krempelte die Familie die Ärmel hoch, begann das stark in Mitleidenschaft gezogene Gotteshaus in nahezu eigener Regie auf- und auszubauen.

Bäuerliches Barock – Innenraum der Dorfkirche in Fahrland.

Unzulänglichkeiten und Unzuverlässigkeiten, mangelnde Finanzen und Baumaterialien, schiefe Rechnungen – "Die Bilanzierung war damals nur eine Verteilung dessen, was gar nicht vorhanden war!" – wurden zu permanenten Hemmschwellen. Doch was sich heute zeigt, ist traumhaft schön: Die im ländlichen Barock erstrahlende Kirche von Fahrland ist eine Augenweide!

Wir können nicht alles wiedergeben, was wir in dieser Stunde des Gesprächs erfahren und gesehen haben. Es gibt viel Interessantes zu berichten, angefangen von einem mysteriösen Kinderfuß-Abdruck auf dem Boden der Kirche, bis zur eingemauerten

Kanzel und von den Potsdamer Restauratoren, die die herrlichen Malereien und Schriftzüge wiederhergestellt haben, bis hin zum Siemensschen Patronat. Daß das Dorf noch ein **Mühle** besitzt, die über ein Restaurant verfügt, wurde für uns beinahe zur Nebensächlichkeit. Den Schworms und ihrer Kirche jedoch, gebührt Dank und Aufmerksamkeit.

Anreise:
direkt vom Bf. Groß-
Behnitz (265) ins
Dorf.

AUGUSTS VERMÄCHTNIS UND LUISENS ERINNERUNGEN GROSS BEHNITZ

Nächstes Ziel auf unserer havelländischen "Kreuzfahrt" war Groß Behnitz, ein 725 Einwohner zählendes Dorf südwestlich von Nauen an der Straße in Richtung Päwesin. Bereits im Januar 1990 hatten wir hierher einen Abstecher gemacht, wollten in nostalgischer Erinnerung den Spuren des Berliner "Eisenbahnkönigs" *August Borsig* folgen. Gedanklich verbunden waren wir nämlich immer noch mit dem Tegeler Betrieb, der uns während unserer Sturm-und-Drang-Zeit das erste berufliche Rüstzeug gegeben hatte.

Es war also reine Neugier, die abermals nach Groß Behnitz führte. Dank "Kießling" waren wir verhältnismäßig gut vorbereitet. Seine Ausführungen aus den Jahren 1892, 1920 wiesen den Weg in die Vergangenheit. Im jüngeren "Wanderbuch" heißt es: "43 km von Berlin entfernt. 20 Min. sw. liegt das von Kastanien beschattete Dorf (Gasthaus am Westende); im 18. Jahrhundert der Familie von Itzenplitz, seit 1866 der Familie Borsig gehörig. Am Haupteingang zum Gute Trophäen vom ehem. Oranienburger Tor in Berlin; das Schloß, ein italien. Renaissancebau, entstand 1869-70 aus einem älteren Gebäude. An der Südseite der Kirche das Borsigsche Erbbegräbnis, 1878 beim Tode Albert Borsigs errichtet ..."

An dieser Stelle betraten wir über die Kastanienallee das Dorf. Vorbei am Flachbau des "Konsums" und einem unter Denkmalschutz stehenden Fachwerkhaus steuerten wir eine langgestreckte Hausgruppe an, deren helles Rot die dörfliche Architektur durchbricht. Stallungen und Wirtschaftsgebäude, eine Brennerei mit hohem Schornstein und ein von der Straße zurückgesetztes graues Gebäude beherrschen den weitläufigen Komplex. Dazwischen allerlei landwirtschaftliches Gerät, wahllos im Gelände verstreut. An einem Haus eine Tafel. "LPG Bundschuh Groß Behnitz" steht drauf – revolutionär-kernig und angelehnt an die 1524 zum Bauernkrieg führenden Revolten der süddeutschen Landbevölkerung.

Imposant und geschichtsträchtig ist der Eingang mit seinen Trophäen zum alten Rittergut in Groß Behnitz.

Äußerst zurückhaltend waren die beiden Damen in der Bürgermeisterei – pardon, im grauen Haus des "Rat der Gemeinde". Das ehemalige **Gästehaus der Borsigs** beherbergt neben einem Kindergarten die dörfliche Verwaltung. Der Bürgermeister war aushäusig und von den beiden Sekretärinnen erfuhren wir nur, daß der Sohn der in Tegel lebenden Frau von Borsig aus München angereist war, um sein Interesse am Gut zu bekunden. Mehr will er nicht. Nicht die Ländereien, die einmal den größten Teil des Dorfes umfaßten.

Über diese Interna vergaßen wir aber nicht die Historie. Die rote Ziegelarchitektur der Gutsgebäude besticht nämlich. Die Trophäen auf den **Torsäulen** sind sehenswert, der Hinweis, daß im Gutsschloß konspirative Treffen des "Kreisauer Kreises" stattgefunden haben, war sehr interessant. Daß das Schloß vor einiger Zeit fahrlässig in Brand gesteckt wurde, betrübte uns zwar, doch die gewaltige Anlage hat von ihrem alten Reiz nur wenig verloren.

Gut erhalten und sehenswert – die im 18. Jahrhundert erbaute Dorfkirche von Groß Behnitz ...

Dies gilt auch für die auf hügeligem Gelände stehende **Dorfkirche**. Der im 18. Jahrhundert errichtete Sakralbau ist in einem gepflegten Zustand. Ein wenig ungepflegt leider die **Grablage der Borsigs**. Von den fünf Grabplatten des Geschlechts sind die meisten Bronzebuchstaben geklaut worden. Aber die Patina hat Spuren hinterlassen, man erkennt die Namen der hier Beigesetzten. August Borsigs Vermächtnis lebt in Groß Behnitz in seinen ebenfalls verblichenen Nachkommen fort.

Wir bemühten noch einmal "Kießling". 1892 schrieb er: "... Nördlich, zwischen Herrenhaus und Sandkrug, der See und ein großer Park mit angenehmen Spaziergängen (Einritt nach Mel-

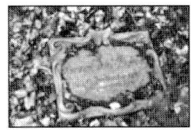

... nicht gepflegt dagegen die Grablage der Borsigs.

dung beim Verwalter im Haupthofe rechts)." Und dann: "Westl. von der ins Dorfe führenden Chaussee rechts ab zum Sandkrug, einem wegen seiner Lage mitten im Walde und am Behnitzsee viel besuchten Restaurant, auch zum Übernachten. Die im Garten befindliche Bismarckeiche, unter der die Königin Luise 1806 die Nachricht von der Schlacht bei Jena erhalten haben soll, wurde 1871 dem Fürsten gewidmet, welcher hier 1849 vor seiner Wahl ins Frankfurter Parlament eine Rede hielt."

Das um 1790 als Wirtshaus erbaute Gebäude, das dann von 1903 bis 1955 Sitz einer Försterei war, hütet ein winziges Kapitel preußischer Geschichte: "Am 17. Oktober 1806 rastete hier die Königin Luise von Preußen nach der verlorenen Schlacht bei Jena und Auerstätt auf der Flucht vor Napoleon." So verkündet es eine kleine Holztafel am Wegesrand. Der **Sandkrug** ist jetzt ein Privathaus, kein Gasthof und keine Försterei mehr, aber, verbunden mit dem Itzenplitz-Borsigschen Besitz, vereint er ein durchaus denkwürdiges Kapitel märkischer Vergangenheit.

Anreise:
a) vom Bf. Brandenburg (R 3) mit dem Bus 581 oder b) mit dem Rad über Schmerzke, den Finkenberg (60 m Höhe) und Rotscherlinde nach Reckahn (ca. 6 km).

MAN NANNTE IHN DEN "MÄRKISCHEN PESTALOZZI" RECKAHN

Das kurze Gespräch fand auf der Dorfstraße statt. Unser Gesprächspartner war ein "Mann in den besten Jahren". Wir hatten ihn angesprochen, hielten ihn von der Arbeit ab, denn noch vor dem Mittagessen wollte er die Putzhaut am Sockelgeschoß seines Hauses abklopfen, da sich für den nächsten Tag der Maurer angemeldet hatte. Abschließend meinte er noch, daß demnächst im alten Schulhaus eine Ausstellung über Rochow eröffnet werden soll, und: "Vielleicht ist sie einmal der Magnet, der Touristen ins Dorf zieht."

Ein Hoffnungsschimmer also. Aber weshalb gerade Rochow? Wir wußten natürlich, was er damit meinte, denn dieser Name bzw. diese Person war ja für uns der Anlaß gewesen, die Fahrt nach Reckahn anzutreten. Wir beabsichtigten nämlich auf den Spuren dieses märkischen Landadeligen zu wandeln und wollten uns dabei bemühen, uns in jene Zeit hineinzudenken, in der die Landbevölkerung noch weit entfernt von schulischer Ausbildung gewesen ist.

Rund 73 Kilometer waren es von Berlin bis zum südlich von Brandenburg liegenden Reckahn. Wir hatten von Wannsee über Potsdam mit dem Regionalzug R3 die Fahrt nach Brandenburg angetreten, und sind dann von dort durch eine reizvolle Landschaft zum Dorf geradelt. Von weitem sahen wir schon den

Unter dem Einfluß Andreas Schlüters entstand um 1720 das Schloß der Rochows in Reckahn.

barocken Turm der **Dorfkirche**, hielten dann dort und trafen schließlich auf den mörtelklopfenden Informanten.

Er zeigte uns auch den Weg zur Wirkungsstätte des *Friedrich Eberhard von Rochow*. Dem Lauf der Plane, eines später in die Havel mündenden Bächleins, folgend, standen wir nach wenigen Schritten vor dem **Reckahner Schloß**. Die um 1720 von einem Baumeister aus dem Umfeld *Andreas Schlüters* erbaute symmetrische Dreiflügelanlage ist heute Domizil einer Oberschule, in der – nomen est omen – eine Gedenkstätte für den Pädagogen Eberhard von Rochow (1734-1805) eingerichtet wurde. Doch es war Schulschluß, und außer einem zuerst uns ankläffenden, dann beschnuppernden Hofhund rührte sich nichts auf dem Gelände.

Friedrich Eberhard von Rochow (1734-1805).

Schade. Also mußten wir die Literatur bemühen: Eberhard von Rochow, auf Reckahn geboren und dort bis zu seinem zehnten Lebensjahr von nicht weniger als elf Hauslehrern erzogen, lernte nach kurzer Militärzeit in Leipzig den Dichter *Christian Fürchtegott Gellert* kennen, der ihm mit den Worten "Wohlzutun und mitzuteilen vergesset nicht" die Weichen für seinen künftigen Lebensweg stellte. 1757 zog sich Rochow auf das väterliche Gut zurück, heiratete *Christiane Luise von Bose* und versuchte den Schaden, den 30.000 um Reckahn auf Befehl *Friedrichs II.* zusammengezogene Soldaten 1741 angerichtet hatten, zu beseitigen.

Zerstörung von Feld und Flur sowie das Elend der Bauern, Jahre danach dann Mißernten und Überschwemmungen und parallel dazu die permanente Vernachlässigung der Dorfjugend, ließen in Rochow den Plan reifen, sich verstärkt für das Wohl seiner Untergebenen einzusetzen. Da die zu seinem Besitz gehörenden Schulen in den Dörfern Reckahn, Krahne und Göttin

Inschriftplatte an der barocken Dorfkirche in Reckahn.

einzustürzen drohten, veranlaßte er den Bau neuer Unterrichtsstätten und die Ablösung der bisher als Lehrer tätigen Handwerker und abgedankten Soldaten, die den Kindern nur notdürftig das Lesen und Schreiben beigebracht hatten.

Zu Hilfe kam ihm der Pastor *Stephan Rudolf*, der Lehrer *Johann Friedrich Wilberg* und der Organist *Heinrich Julius Bruns*. Mit ihnen erarbeitete Rochow ein Unterrichtsprogramm und Schulbücher, die in kürzester Zeit Einzug in das preußische Unterrichtswesen halten sollten. Eberhard von Rochow wurde zur Leitfigur des friderizianischen Schulwesens. Als "märkischer Pestalozzi" ist er in die Geschichte eingegangen.

Und Reckahn ist stolz auf seinen großen Sohn. Bereits zu DDR-Zeiten wurde an seine Leistungen erinnert – bescheiden zwar und ohne große Reklame für den der "Feudalkaste" entstammenden Schulpionier. Doch jetzt muß Rochow einer breiteren Öffentlichkeit bekanntgemacht werden! Für die Gemeinde wäre es nützlich und von Vorteil, wenn die Erinnerung an diesen Mann über die dörflichen Grenzen hinausgetragen werden. Man kann sich vorstellen, daß Klassenausflüge zum alten Reckahner Schulhaus nicht nur Schülern, sondern auch den Dörflern einiges bringen würden.

Im Ort ist man dabei, das 1773 erbaute Häuschen einzurichten. Weiß getüncht ist es schon, auch die alte, dem Bibelwort aus dem Markus-Evangelium entlehnte Inschrift "Lasset die Kindlein zu mir kommen" prangt in schönen Lettern an der Giebelseite. Frisch aufpoliert ist ebenfalls das Grab des Lehrers Bruns, ebenso ein **Gedenkstein** am Planeufer. Völlig verwahrlost dagegen das **Rochowsche Erbbegräbnis** im alten Gutspark. Hier hat der Vandalismus stolze Blüten getragen! Hier ist nichts mehr reparabel!

Stele für Heinrich Julius Bruns (1746-1794) im Park an der Plane.

Und noch eine Anmerkung: Wenn das Rochow-Museum im Schulhaus eröffnet ist und Touristen nach Reckahn kommen, müssen auch Einkehrmöglichkeiten vorhanden sein. Ein Dorfgasthaus ist da, ein Café wäre auch nicht schlecht. Aber vielleicht ist ein derartiger Gedanke schon ins Auge gefaßt? Der schöne Blumenladen ist leider kein Ersatz für eine gemütliche Rast – außerdem die Preise! Für einen Erika-Topf müssen über fünf Mark bezahlt werden, mehr als in Berlin, und für die Dörfler wohl unrealistisch. Im Café sollte auf jeden Fall anders kalkuliert werden!

Sieht man einmal davon ab, so hat sich inzwischen im Dorf weiteres getan. Das Reckahnsche Schulhaus wird mit einer Geldspende der rheinischen Sparkassen-Kulturstiftung rekonstruiert. Damit erweist man postum dem Lehrer Wilberg eine Reverenz, denn sein pädagogisches Talent hatte sich später in den frühindustrialisierten Städten Bochum und Elberfeld, wo er durchgreifende Schulreformen durchgeführt hatte, bestätigt.

ZWEI DÖRFER IM NUSSWINKEL
KOTZEN UND **NENNHAUSEN**

Anreise:
bis Bf.
Nennhausen
(265), von dort
etwa 6 km bis
Kotzen.

Die B188 führte uns von Briesen nach Südwesten in Richtung Rathenow. Beabsichtigt war jedoch nicht an diesem Tag in der neuen Kreisstadt eine Rast einzulegen, vielmehr standen zwei Orte auf dem Programm, von denen wir annahmen, daß aus deren bewegter Vergangenheit einiges auf unsere Tage gekommen ist.

Zielstrebig steuerten wir zuerst Kotzen an (jawohl, so heißt dieses Dorf tatsächlich!) und landeten wie so oft bei unseren Streifzügen durch die Mark Brandenburg vor der **Dorfkirche**. Der aus dem Mittelalter stammende Feldsteinbau birgt einige Schätze, so eine Rokokoorgel von *Gottlieb Schulze* aus Neuruppin (1764), barocke Wandmalereien in den Brüstungsfeldern der Patronatsloge und ein im Jahr 1712 gebauter Kanzelaltar. Daneben weisen zwei **Sandsteinepithaphien** auf die Stechows hin, denen das Dorf von etwa 1350 bis 1872 gehörte.

Allerdings war Gut und Dorf nicht kontinuierlich im Stechowschen Familienbesitz. Zwischendurch gehörte es den Retzows, einem Zieten und den Knoblauchs. 1912 schloß sich jedoch der Ring: Kotzen fiel noch einmal an die alte Familie zurück, wurde aber bürgerlicher Hand überlassen. Bis 1945 gehörte es der Familie Hinniger. Danach trat eine Herrschaft die Macht im Land an, die nur wenig Verständnis für geschichtliche Überlieferungen hatte. In Kotzen wurde es besonders deutlich: die über Jahrhunderte von den Gutsbesitzern zusammengetragenen Kunstschätze gingen restlos verloren. Der einst sehr gepflegte, 30 Hektar große Gutspark verwilderte und mit dem Einzug der sogenannten Bodenreform wurde das Herrenhaus bis auf die Grundmauern niedergerissen, damit das gewonnene Baumaterial für Neubauernhäuser benutzt werden konnte.

Das war also Kotzen, ein Dorf mit Vergangenheit, die heute nur noch in Geschichtsbüchern nachzulesen ist. Doch eines wollten wir noch wissen: Woher kommt der nicht nur uns stutzig machende Ortsname? Etymologen haben eine Erklärung: das 1352 erstmals mit "Cossym" urkundlich aufgeführte Dorf hat vermutlich seinen Namen von haarigen Pflanzengesellschaften erhalten. Die Sprachforscher leiten den Namen vom polabischen Wort "kosm" ab, das Haar oder Haarbündel bedeutet und das sich auf die Rauh- oder Christbeere übertragen läßt.

Wir wußten nun Bescheid und fuhren in Richtung Dorfausgang. "Sackgasse" verkündete ein Verkehrsschild. Was nun? Einige Spaziergänger bemerkten unsere Hilflosigkeit, winkten und meinten, daß wir ruhig weiterfahren könnten. Wir taten es, waren sprachlos in welche Landschaft wir plötzlich eintauchten! Das flache Land hatte sich gewandelt: Der Hohe Rott lag vor uns,

Ausgebrannt – das 1737 erbaute Schloß von Nennhausen.

92 Meter über dem Meeresspiegel mit einer Steigung von 8,5 Prozent – ein kleiner Paß also, der mit Leichtigkeit ins Mittelgebirge transportiert werden könnte – aber wir waren ja noch immer in Brandenburg, in der "Streusandbüchse des Hl. Römischen Reiches deutscher Nation", und da hat die Landschaft flach zu sein. Sie wurde es dann auch wieder.

Wir traten in Nennhausen ein. Vor uns lag das durch Gutsbildung deformierte Straßendorf, welches 1304 zum ersten Mal als "Neuhusen" aufgeführt worden ist. Bekannt war, daß das Dorf Parallelen zu Muskau und Wiepersdorf besaß, nicht ganz so ausgeprägt, aber dennoch für das Havelland von Bedeutung. Waren nämlich Fürst *Pückler* und *Bettina von Arnim* bestrebt, die geistige Elite ihrer Zeit auf ihren Herrensitzen zu versammeln, so zog *Friedrich de la Motte-Fouqué* gleich. Nennhausen war einst Treffpunkt der gebildeten Gesellschaft.

Aber was war erhalten geblieben von der elitären Clique? Waren auch hier die Spuren verweht? Nun, es sollte sich alsbald zeigen. Zuerst allerdings bekamen wir einen vortrefflichen Eindruck vom Dorf. Nennhausen hatte das DDR-Flair abgestreift, der Ort begann aufzublühen: Rote Verbundsteine haben die alten schiefen Gehwegplatten ersetzt, neue Laternen stehen am Rand der Dorfstraße, die von tadellos hergerichteten Bauernhäusern flankiert wird. Und selbst der Behelfsbau einer Bankfiliale wirkt nicht einfach so dahingesetzt. Das Dorf ist im "Kommen" – man darf die Nennhauser beglückwünschen!

Von der nach Damme oder/und Buckow bzw. Gräningen führenden Dorfstraße schwenkten wir wieder in Richtung **Dorfkirche** ein. Der etwas erhöht stehende Sakralbau aus dem Spätmittelalter, dem 1613 der Ostgiebel und 1783 der Westturm angefügt wurde, ist ebenfalls in Schuß. Auch der langgestreckte, siebenachsige Fachwerkbau am immer noch "Platz der Jugend" heißenden Dorfmittelpunkt. Anders dann das nahebeistehende **Schloß**.

Die zweigeschossige Dreiflügelanlage aus dem Jahr 1737 ist leer – ausgehöhlt und verlassen. Die unteren Fenster sind zugemauert, an einigen Stellen aber durchsichtig und für Abenteurer zugänglich. Wir erfuhren wenig später, daß in dem einst repräsentablen Bau nach 1945 die Gemeindeverwaltung, eine Schule, die Ortsbibliothek und anderes mehr sich hier etabliert hatten. Dann wurde eine durchgreifende Sanierung notwendig zu der u.a. auch neue elektrische Leitungen gehörten. Und diese Baumaßnahme gab dem Haus den Todesstoß. Ein Brand vernichtete das Innere. Das Schloß wurde aufgegeben, bis man sich offenbar seiner geschichtlichen Bedeutung erinnerte und es nun wieder herrichten will. Wann das allerdings geschehen wird, ist ungewiß. Die Gemeinde hat vorerst andere Aufgaben zu bewältigen, so daß die Instandsetzung des gotisch anmutenden Baus noch eine Weile dauern wird.

Beim Anblick des von der Parkseite immer noch respektablen Schlosses griffen wir in die mitgeführte Literatur: Das "Dorp to Nenhusen" wurde 1304 vom Domkapitel zu Brandenburg an die bischöflichen Vasallen Stechow und Lochow vergeben. Es blieb von 1480 bis 1677 im Besitz der Lochows, die Nennhausen dann an *Jakob Friedrich von Briest* veräußerten. Seine in enger Verbundenheit zum Potsdamer Hof stehende Familie genoß wenig später die Gunst *Friedrich Wilhelms I.*, der in ungewohnter Großzügigkeit *Friedrich Christian von Briest* 1735 Holz und Steine zum Bau eines neuen Schlosses schenkte. Zwei Jahre später war der Bau vollendet. Das Briestsche Wappen und das Baujahr erkennt man heute noch oberhalb des Haupteingangs.

Die eigentliche Blüte Nennhausens beginnt schließlich mit *August von Briest*, der nicht nur als Schöpfer des 50 Hektar großen romantischen Parks in die Geschichte des Dorfes eingegangen ist, sondern der auch seine einzige Tochter Karoline Philippine in zweiter Ehe mit dem Dichter *Friedrich de la Motte-Fouqué* (1777-1843) verheiratete. In Nennhausen versammelten sich von nun an bedeutende Zeitgenossen wie *Wilhelm von Humboldt*, *E.T.A. Hoffmann* und *Adalbert von Chamisso* um den adeligen Literaten, der 1811 in der stimmungsvollen Landschaft des **Gutsparks** sein als eines der schönsten Werke der Romantik bezeichnetes Märchen "Undine" schrieb, das dann *E.T.A. Hoffmann* vertonte.

Nach Fouqués Tod fiel Nennhausen an den Enkel des *August von Briest*, *Theodor Heinrich Rochus von Rochow*. 1860 erfolgte dann der entscheidende Umbau das ländlichen Schlosses. Der Hofbaumeister *Ferdinand von Arnim* fügte dem Haus gotische Fensterprofile, vorgesetzte Türmchen und zahlreiche Verzierungen an. Schloß Nennhausen erstrahlte in neuem Glanz – und wieder wurde der stille märkische Ort Treffpunkt der brandenburgischen Gesellschaft.

Nach Rochows Abgang fiel das Gut an die Familie *von Jaeckel*, danach für kurze Zeit an die Bredows. 1911 ist es im Besitz der westfälischen Reichsgrafen *Westerholt und Gysenberg*, die es bis 1945 ihr Eigen nennen. Was danach kam, ist bekannt. Sämtliche Einrichtungsgegenstände gingen einen unbekannten Weg. Erhalten geblieben ist lediglich das Schloß, über dessen sich anschließende Nutzung wir bereits berichtet haben.

Das Ehepaar, das uns im Gutspark entgegenkam, sagte, daß die Grafen sich bereits gemeldet hätten. Jedoch: das Schloß wollten sie nicht, nur den Park. Den Park? Seltsam. Was macht man denn mit einem Landschaftspark, dessen urwüchsige Natur eigentlich jeglichen kommerziellen Nutzen verbietet? Die beiden wußten es nicht, und wir rätselten. Dabei blieb es vorerst. Allerdings: die Eindrücke, die wir von Nennhausen mitgenommen hatten, waren äußerst positiv. Das dörfliche Antlitz beeindruckt – und eines Tages wird auch das Schloß und sein Park wieder so sein, wie zu Fouqués Zeiten. Vielleicht erinnern sich die Nennhausener dann auch ihrer historischen Vergangenheit, machen das Schloß zu einem literarischen Treffpunkt, ziehen dadurch Besucher an und füllen damit automatisch ihr Gemeindesäckel. Nennhausen wäre dann das märkische Gegengewicht zu Muskau und Wiepersdorf.

Inzwischen ist ein Anfang gemacht, denn mit dem nach 1989 einsetzenden Ausflugs- und Reiseverkehr in das Land Brandenburg wurde auch Nennhausen und mit dem Dorf der Romantiker *Friedrich Baron de la Motte-Fouqué* wiederentdeckt. Dies war für die Gemeindeverwaltung der Anlaß, sich des 1777 in Brandenburg geborenen Dichters romantischer Heldenspiele zu erinnern. In der Dorfkirche fand aus Anlaß seines 150. Todestages eine Feierstunde statt, in der Mitglieder der Arno-Schmidt-Stiftung Texte von Fouqué und Auszüge aus seiner Biographie lasen. Eine kleine Ausstellung, zu der als Exponate u.a. eine **Originalhandschrift** und der kurz vor der Schlacht bei Lützen vom damals 36jährigen Leutnant Fouqué in der Nennhausener Kirche geweihte **Reiterdegen** gehörten, begleitete die Festveranstaltung. – Wenige Wochen später wurde der Presse eine archäologische Sensation bekanntgegeben: Während des Baus der Schnellbahntrasse Berlin-Hannover entdeckten die Brandenburger Bodendenkmalpfleger auf der insgesamt 67 Kilometer langen, über die Nauener Platte führenden Strecke bei nachfolgenden Grabungen dreizehn bedeutende germanische Siedlungsplätze. Einer liegt in der Nähe von Nennhausen. Hier konnte der Grundriß eines aus der jüngeren Bronzezeit (1100 bis 700 v.Chr.) stammenden Gebäudes sowie Gußformen eines Beiles und einer Sichel freigelegt werden.

IM SCHATTEN DES KURFÜRSTEN
RATHENOW

Anreise:
direkt bis Bf.
Rathenow (265).

Zwei Dinge hatten uns seit einiger Zeit beschäftigt: Einmal waren es die kontroversen Diskussionen zwischen Nauen und Rathenow um den Kreisstadt-Status, zum anderen die immer wieder vor uns her geschobene Absicht, das rund 80 Kilometer von Berlin entfernte Rathenow nach Jahren wieder zu besuchen. Eine Fahrt in die "Stadt der Optik" war ja inzwischen aktueller denn je geworden, sah man sich nämlich dort "auf die Rolle" geschoben; bangte zusammen mit dem benachbarten Premnitz ums wirtschaftliche Überleben.

Daß die persönliche Neugier dabei auch eine nicht unerhebliche Rolle spielte, war sicher, denn mit geübten Blick hofften wir die Entwicklung nach der Wende – jedenfalls was das Baugeschehen und die Investitionen im gewerblichen und Dienstleistungsbereich betrifft – erkennen zu können. Allerdings hielten wir es dann für nicht opportun, Vergleiche zwischen beiden Kommunen zu ziehen, meinten, daß dabei nur subjektive Erkenntnisse herauskommen würden. Doch gehen wir der Reihe nach:

Wir entschieden uns für den Besuch Rathenows kurzfristig. Es war ein Sonntag, als wir der Stadt an der Havel zustrebten. Am Schleusenplatz hatten wir dann genau 83 Kilometer hinter uns gelassen, standen jetzt in einem der ältesten Teile von Rathenow. Eine Hauszeile fiel sofort auf. Sie steht in der nach 1732 planmäßig angelegten Neustadt, die hier durch zweigeschossige **barokke Typenhäuser** gekennzeichnet ist. Zwischen ihnen und der Schleuse *Friedrich Wilhelm I.* in Sandstein. Nach dem Modell von *Berthold Damart* schuf *Johann Georg Glume* von 1736-38 die überlebensgroße **Figur des Großen Kurfürsten**, der 1675 die Stadt von den Schweden befreit hatte.

In einem der Häuser gleich neben dem reichdekorierten, von den kurmärkischen Ständen gestifteten Denkmal entdeckten wir das städtische Informationszentrum, und dort ein Zettelchen, auf dem die Öffnungszeiten von "Montag bis Freitag von 10-18 Uhr" angegeben waren. Pech für uns. Doch: Warum kein Wochenendverkehr? Für den touristisch interessierten Arbeitnehmer, der bekanntermaßen nur an den arbeitsfreien Wochenenden durch die

Partie an der Schleuse von Rathenow.

Gegend streifen kann, war das kein Service. Die Stadtverwaltung – so resümierten wir – sollte sich hier etwas einfallen lassen, denn selbst ein Gemeinwesen von der Größe Rathenows lebt bekanntlich auch von seinen Besuchern. Der Stadt würde es unter den gegebenen wirtschaftlichen Schwierigkeiten gut tun, wenn sich ihre Gäste auch an jenen Tagen informieren und somit zurechtfinden könnten.

Wir gingen zur Hauptstraße, die als Magistrale die Stadt durchzieht, und entdeckten auf der anderen Seite eine Informationstafel mit großflächigem Stadtplan. Hier konnten wir uns wenigstens mit den Sehenswürdigkeiten Rathenows vertraut machen. Straßennamen und markante Bauten wurden eingeprägt und nun ab in Richtung Bahnhof. Aber bereits an der nächsten Straßenekke stutzten wir: das war ja nicht die Leninallee, sondern die Berliner Straße, auch die abgehenden Nebenstraßen trugen zum größten Teil andere Namen. Wieder waren wir irritiert.

Nun gut, die Rathenower kennen sich ja in ihrer Stadt aus. Und wenn der Tourist sich unbeholfen anstellt, hat er selber schuld. Mit dieser Erkenntnis zogen wir weiter, landeten schließlich am Märkischen Platz. Zurückgesetzt von der Straße erhebt sich das Kreiskulturhaus, ein elfachsiger, von einem großen Dreieckgiebel und einem Säulenportikus besetzter Bau. An der Fassade flatterten zwei Transparente. Eines rief die Bürger auf, sich für die Kreisstadt Rathenow einzusetzen, das andere wies auf ein Konzert der Brandenburger Symphoniker hin. Und dieses Tuch hing diskret über den güldenen Buchstaben "Johannes R. Becher". Wir schmunzelten ob dieser Reminiszenz an die untergegangene Zeit, wußten aber auch, daß fast jedes Kulturhaus im östlichen Teil

In Sandstein überliefert – 1736-38 schuf J.G. Glume das Denkmal für den Großen Kurfürsten.

Deutschlands mit dem Namen des Komponisten und DDR-Kultusministers Becher geschmückt wurde.

Wir liefen weiter über den Platz, vorbei an schmucken Ladengeschäften und dem Restaurant an der Ecke zur Berliner Straße. Nach wenigen Schritten ein graues, langgestrecktes Industriegebäude. Es gehört zu den Betrieben Rathenows, die einst den Ruf der Kommune als "Stadt der Optik" weltweit bekannt gemacht haben. Nach wenigen hundert Metern standen wir dann in der Bahnhofstraße, übersahen zuerst die weggeräumte Straßensperre, wunderten uns aber bald über die leerstehenden Häuser auf der anderen Seite, und wußten nun Bescheid.

Die Wohngebäude stehen der ehemaligen Kaserne des berühmten Husarenregiments von Zieten gegenüber, die nach 1945 von der sowjetischen Armee eingenommen worden war. Längst sind die GUS-Streitkräfte ausgezogen, haben Kasernenbauten und Wohnhäuser verlassen, aber so hinterlassen, daß sich die Alteigentümer die Haare raufen. Das bestätigte uns augenblicklich ein vorbeikommender Spaziergänger, der noch meinte "Na, die werden ihre helle Freude haben".

Er mag Recht behalten. Doch Rathenow hat auch schöne Züge. In dem Teil der Bahnhofstraße, der nicht von den Sowjets besetzt war, ihren Nebenstraßen und auch anderswo sieht man schöne Häuser. Oft herrscht Jugendstil vor, daneben ein bißchen Klassizismus und Neugotik. Auffallend auch das 1893-95 von *Franz Heinrich Schwechten* erbaute Kreishaus und die ringförmige Bebauung am Bahnhofsvorplatz. Hier steht auch in einer halbrunden Pergola die **Büste** des Predigers **Johann Heinrich August Duncker** von *Alexander Calandrelli* aus dem Jahr 1885.

Der "große Sohn" der Stadt – Büste des Predigers und Gründers der optischen Industrie in Rathenow, J.H.A. Duncker auf dem Bahnhofsvorplatz.

Diese Büste, die einmal vor der **Pfarrkirche St. Marien** und **St. Andreas** stand, erinnert an einen Mann, der 1800 die optische Industrie in Rathenow begründete. Duncker, der als Adjunkt seinem als Archidiakonus tätigen, fast tauben Vater behilflich war, den Lebensunterhalt für die Familie aufzubessern, verlegte sich auf das Schleifen von Brillengläsern. Der Erfolg war ihm gewiß. Schon am 10. März 1801 führte seine Werkstatt mit Genehmigung und finanzieller Unterstützung König *Friedrich Wilhelms III.* den Namen "Königl. privilegierte optische Industrieanstalt". Das Ackerbürgerstädtchen Rathenow erlebte mit dem Dunckerschen Betrieb seinen ersten wirtschaftlichen Aufschwung.

Daß in der Nachfolgezeit das Unternehmen ausgebaut und weitere Werke dieser Branche hinzukamen, ließ die Stadt aufblühen. Jedoch nicht nur die optische Industrie wurde seßhaft, auch Ziegeleien, Schiffswerften, Draht- und Schraubenfabriken und andere gewerbliche und industrielle Einrichtungen gaben der Stadt das Gepräge. "In Rathenow" – so hieß es noch um 1900 – "sah man fast nichts von eigentlicher Armut. Mancher tüchtige und ordentliche Fabrikarbeiter hat in der Jugend so viel gespart, daß er im späteren Leben Vermögen und Ansehen erworben hatte."

Aber die Zeiten haben sich geändert. Die "freundliche Lindenstadt", wie Rathenow auch genannt wurde, hat es im Augenblick nicht leicht. Nicht nur der Wiederaufbau der im 15./16. Jahrhundert auf den Fundamenten einer romanischen Basilika entstandenen **Backsteinhallenkirche** belastet die Kommune. Die Last der Vergangenheit ist schwer. Doch man sieht bereits an einigen Stellen den Neubeginn, zum Beispiel in der Wiederherstellung neuen, modernen Wohnraums.

Dies waren unsere Eindrücke; Impressionen, die wir während des Rundgangs durch die Stadt eingefangen haben – negative wie positive. Rathenow ist nun seit April 1993 Kreisstadt, und man darf davon ausgehen, daß mit dieser Aufwertung auch das Stadtsäckel gefüllt wird – und das kommt dann wohl auch dem Informationszentrum zugute. Für die Gäste Rathenows wäre das ein großer Vorteil, könnten sie sich dann vor Ort die nötigen Auskünfte einholen. Aber noch stehen sie ein wenig ratlos im Schatten des Großen Kurfürsten.

IM WERDERSCHEN

Um ins westliche Westhavelland zu gelangen, benutzen wir wieder von Berlin-Wannsee aus den Regionalzug in Richtung Brandenburg. Bis Werder, das für unsere Touren nach Caputh, Petzow, Plessow und Glindow Ausgangspunkt ist, ist uns die Strecke bekannt, dann aber beginnt Neuland: Der Zug durchfährt das um Werder herumliegende Landschaftsschutzgebiet zwischen Großen Zernsee und Großen Plessower See, erreicht die von Nord nach Süd führende A10 (E55), tangiert die Dörfer **Kemnitz** und **Krielow** und das zwischen ihnen liegende, vom Spitzen Berg verdeckte **Derwitz**. Die Landschaft ist hier flach und durch Meliorationsmaßnahmen in ein Schachbrettmuster geteilt. Neben dem Torfgraben bei Kemnitz durchziehen in Höhe von Krielow der Haupt- und Grenzgraben mit ihren zahlreichen Wasseradern das Gelände. Schön ist dieser Flecken. Man genießt aus dem fahrenden Zug märkisches Land, kann auf Pfählen und Baumgipfeln sitzende Bussarde, in der Luft rüttelnde Turmfalken und kreisende Rote Milane beobachten. Vielfältig auch die Wasservogelwelt, die im Vorbeifahren wahrgenommen wird. Stockenten gründeln, Graureiher stehen am jetzt parallel zu den Gleisen vorbeifließenden Hauptgraben. Dann schreckt der Pfiff der Lokomotive uns aus den Gedanken. Groß Kreutz ist erreicht.

Aber schnell geht es weiter. Die Schienen machen bald einen leichten Knick, laufen parallel mit der B1 auf die nächste Station zu. **Götz** heißt das angerartige Straßendorf, das 1193 als "ville Gotiz" erstmals urkundlich in Erscheinung getreten ist. Rechter Hand bestimmt der fast 109 Meter hohe Götzer Berg die Landschaft, die vom Bergrücken aus in Richtung Westen wieder flach wird. Und das bleibt so bis **Jeserig** und **Gollwitz**. Und durch dieses flache Land zieht der Emsterkanal, der die Havel im Norden mit dem im Süden liegenden Rietzer See verbindet. Kanal und Autobahn werden dann überquert und bevor Brandenburg erreicht wird, taucht im Norden **Wust** auf, jenes geschichtsträchtige Dorf, das uns an Effi Briest erinnert.

Wer nun noch Lust auf weiteres Neuland hat, der könnte von Brandenburg in den Fernzug nach Neustadt/Dosse steigen, um dann über Görden, Pritzerbe und Premnitz bis **Rathenow** zu fahren. Die "Stadt der Optik" ist zwar aufgrund ihrer historischen Bauten sehenswert, doch das Umland bietet, zumal wenn man es mit dem Fahrrad durchstreift, unendlich viele Eindrücke – und die sollte man genießen!

Anfahrt:
Vom Bahnhof Wannsee mit dem Regionalzug R 3 bis Werder.

Anreise: direkt bis Bf. Caputh-Geltow (R 24), der über die Bahnhöfe. Wannsee (R 3), Werder (R 1) bzw. Potsdam (R 1 und 24) zu erreichen ist.

IM "CHICAGO DES SCHWIELOWSEES"
CAPUTH

Südlich von Potsdam liegt Caputh, tangiert vom Schwielow- und Templiner See auf der einen, und einem ausgedehnten, vom Caputher See durchbrochenen Waldgelände auf der anderen Seite. Caputh ist, wie wir später hörten, weder Dorf noch Stadt; es ist ein "Ort", dessen geographische Lage bestimmt wird durch die als Seen bezeichneten Havelbuchten und die leichten Höhenrücken, und der nie das Image eines Bauerndorfes besaß.

Obst- und Gartenbau, Fischfang und Flußschiffahrt waren die das wirtschaftliche Leben der Caputher tragenden Elemente. Und noch eines kam hinzu: Die unmittelbare Nähe zur Residenz hat hier, ähnlich wie in Marquart, Bornstedt oder Babelsberg, die länd-liche Kulisse beeinflußt, wenn nicht sogar verändert. Waren nicht Herrenhäuser oder Gutsschlösser entstanden, so zeugten zumindest repräsentative Villen und Landhäuser vom Zuzug einer arrivierten Gesellschaftsschicht.

In Caputh, das Fontane noch als "das Chicago am Schwielowsee" bezeichnete, hatte man beides. Hier war bereits 1662 durch *Philippe de Chieze* ein Schloß entstanden, in dem später die brandenburgischen Kurfürstinnen *Dorothea* und *Sophie Charlotte* rauschende Feste feierten. Capuths Stern sank jedoch schon 1694. Der höfische Glanz war ins neuerbaute Charlottenburger Schloß verlegt worden, das man für die Kurfürstin errichtet hatte. Einen Höhepunkt erlebte das Caputher Schloß 1709, als *Friedrich IV. von Dänemark*, *Friedrich August von Polen* und *Friedrich I. von Preu-ßen* auf einer Jacht nach Caputh segelten.

Was danach kam, ist nur von lokaler Bedeutung. Das **Schloß**, für kurze Zeit in eine Färberei für Türkisches Garn, dann in eine Fabrikationsstätte für Damasttapeten umfunktioniert, fiel 1815 an den General *von Thümen*, dann an den Rittmeister *von Willich* und schließlich an den Baron *von Mahlsen-Punikan*. 1945 wurde der Besitz enteignet. Nach Einquartierung einer Berufsschule wurde der "VEB Elektronische Bauelemente Teltow" neuer Nutznießer der dreiflügeligen Schloßanlage, der 1988 die ersten umfangreichen Sanierungsarbeiten vornahm.

Auch in diesen Tagen ist das Schloß eine Baustelle; und aus dem VEB-Betrieb ist inzwischen die "Elektronik GmbH" geworden, die die Wiederherstellung des historischen Gebäudes weiterführt. Inzwischen sind etwa 85 Prozent der Deckengemälde restauriert worden, darunter auch die 1687 von *Samuel Theodor Gericke* gemalten Portraitbilder des Großen Kurfürsten, *Friedrich Wilhelm von Brandenburg*, und seiner zweiten Gemahlin *Dorothea von Holstein-Glücksburg*. Beide Bilder, die Datum und

Philippe de Chièze baute 1662 das Caputher Schloß.

Signatur des Künstlers tragen, gelten als die einzigen noch erhaltenen Altersdarstellungen des Paares. Ein weiteres Schmuckstück im Schloß ist der 1720 mit nahezu 7000 holländischen Fayence-Fliesen verkleidete Speisesaal im Souterrain, der noch bis vor kurzer Zeit Ziel nächtlicher Souvenirjäger war.

Jetzt ist das Grundstück völlig abgesperrt und wird rund um die Uhr bewacht. So mußten auch wir unverrichteter Dinge (selbstverständlich ohne Kacheln) abziehen, begaben uns deshalb zur gegenüberliegenden **Kirche**. Doch hier erging es uns nicht anders. Das von *Stüler* um die Mitte des 19. Jahrhunderts als neoromanische Pfeilerbasilika erbaute Gotteshaus war verschlossen.

Mitte des 19. Jahrhunderts entstand nach August Stülers Plänen die neoromanische Pfeilerbasilika in Caputh.

Also, auf zur nächsten Caputher Sehenswürdigkeit. Und die heißt: **Sommerhaus** und Laboratorium des Physikers und Nobelpreisträgers **Albert Einstein**.

Aber auch dort war Totenstille. Das hoch am Wald gelegene Holzhaus war zu, die Fensterläden verriegelt und der dichte Baumbewuchs gab ohnehin kaum einen Blick auf das rostrot angestrichene Gebäude frei. Was tun?

Ein vom Nachbargrundstück herüberkommendes Lachen durchdrang die Einsamkeit. Zwischen Wald und See gab es also Leben, das kurz darauf uns in Gestalt einer jungen Frau gegenüberstand. Von ihr erfuhren wir etwas über beide Anwesen, nämlich, daß Einsteins Haus für einige Zeit eine Dependance des jüdischen Kinderheims war, das während der Inflationszeit in der benachbarten Villa sein Domizil gefunden hatte.

Die 1913 für einen Berliner Schokoladenfabrikanten erbaute Villa oberhalb des Templiner Sees, wie auch das Einsteinsche

Haus, stehen unverändert am Hang. Die Vergangenheit beider Gebäude spiegelt aber nicht nur Caputher Geschichte wider. Sie ist ein Synonym für die Zeit, die Deutschlands Seele schwärzte.

Albert Einsteins Haus, das der junge Architekt *Konrad Wachsmann* 1929 auf einem vom Berliner Magistrat dem Gelehrten zu dessen 50. Geburtstag geschenkten Grundstück erbaut hatte, soll wieder der Öffentlichkeit zugeführt werden. Kein Museum im üb-lichen Sinn, sondern eine Begegnungsstätte, in der interessierte Menschen sich über das Wirken des Caputher Ehrenbürgers informieren können und in der deutsch-jüdische Beziehungen gepflegt werden. Bürgermeister Grütte denkt dabei an die bis 1932 stattgefundenen Zusammenkünfte, die nun als "Caputher Gespräche" im Einstein-Haus oder im Schloß wiederbelebt werden sollen.

Einen anderen Kommunikationsort gibt es aber bereits: Es ist das winzige Haus eines Schusters, das seit etwa 15 Jahren die **Ortschronik und Heimatgeschichte Caputh** beherbergt. Engagierte Bürger hatten damals das kleine Heimatmuseum in der Nähe des Kruges ins Leben gerufen und seitdem fleißig Anschauungsmaterial gesammelt.

Bei unserem Besuch trafen wir auf Inge Dallorso und Carmen Hohlfeld. Die eine seit Generationen mit dem Obstbau verhaftet, die andere Archivarin und seit jüngster Zeit als ABM-Kraft im Dienst des Museums stehend. Beide Damen sind die "Seelen vons Janze". Umfangreich ist ihre Kenntnis von der Caputher Geschichte, die uns mit großem Eifer dargeboten wurde. Wie ein Quell, so sprudelte ihr Wissen aus ihnen heraus. Man konnte nicht alles behalten, war jedoch so angetan, daß ein weiterer Besuch der kleinen Schau geplant wurde.

Bevor wir uns verabschiedeten, wurde der geheime Wunsch geäußert, ob nicht West-Berliner Sponsoren 20.000 Mark für ein neues Strohdach aufbringen könnten. Wer weiß? Aber die Caputher sind eine dynamische Gemeinde, die sich auch ihrer Tradition bewußt ist. Man sieht es u.a. auch an dem am 15. Juni 1992 erstmals abgehaltenen "Brandenburger Ost-Produkten-Markt", der von nun an im 14tägigen Rhythmus abgehalten wird.

Mehr als ein Jahr war nach unserem ersten Besuch in Caputh verstrichen, als wir erneut dort eine Rast einlegten. Noch immer herrschte im 3200-Seelen-Dorf Ungewißheit über die Nutzung des Schlosses. Die Gemeinde hatte einen Kommunalisierungsanspruch gestellt; aber sie ist jedoch nur einer von mehreren Interessenten, mit denen die "Treuhand" in Verbindung steht. Vorstellbar ist, daß die Gemeinde Caputh zusammen mit der Stiftung Schlösser und Gärten das Gebäude als Museum ausbaut und es dann auch für kulturelle Veranstaltungen nutzt. Nicht relevant dagegen ist die Einrichtung eines Hotels, für das sich die Nachfahren der früheren Besitzer stark machten.

Ähnliche Schwierigkeiten zeigten sich im selben Zeitraum auch bei der zukünftigen Nutzung des Einstein-Hauses. Allerdings wird hier kein Museum, sondern ein Treffpunkt "hochrangiger Wissenschaftler" in den immer noch geplanten "Caputher Gesprächen" zustande kommen. Außerdem ist daran gedacht, Interessenten in kleinen Gruppen durch das Haus zu führen. Das Nutzungskonzept liegt zwar auf dem Tisch, nicht zuletzt durch das Ende 1992 in Potsdam gegründete "Einstein-Forum", daß das Haus zur internationalen Begegnungsstätte für Wissenschaftler nutzen möchte. Aber, wie gesagt, die Zuständigkeit für das Grundstück ist zu diesem Zeitpunkt nicht geklärt. Sollte das Land Brandenburg Ei-gentümer des umstrittenen Objekts werden, dann wird das Haus wohl in eine Stiftung übergehen.

EIN KLEINOD
IM SCHATTEN VON POTSDAM
PETZOW

Anreise:
a) vom Bf. Werder (R 1 und 3) mit dem Havelbus 631 oder b) mit dem Rad (6 km) ins Dorf.

Als eines der besterhaltenen ländlichen Ensembles aus der ersten Hälfte des 19. Jahrhunderts in der Mark gilt Dorf und Gut Petzow. Die südlich von Werder liegende und als Ortsteil in die alte Fischersiedlung eingemeindete Gemarkung erfreut sich seit dem Tag, als die Gutsherren ihren Besitz verlassen mußten, großer Beliebtheit bei der Bevölkerung. Umgeben von einer traumhaften Naturkulisse, liegt das um 1825 erbaute **Schloß** mit seinen **Wirtschaftsgebäuden**, der **Schmiede** und dem **Waschhaus**, begleitet von den meist eingeschossigen, die Dorfstraße umrahmenden Wohnhäusern, fern jeglicher städtischer Betriebsamkeit. Es wundert also nicht, daß bald nach 1945 der SED-Staat sich des Geländes annahm. Ein Lehrerseminar, später dann über viele Jahre hinaus ein FDGB-Ferienheim waren im Schloß untergebracht. Heute dient das Gebäude wieder als Herberge. Es ist ein Hotel, in dessen Restaurant es sich gut speisen läßt.

Wir waren während der "Hundstage" da, hatten uns im von Kastanien beschatteten Garten niedergelassen, genossen die "Märkische Landente" und beobachteten die Bedienung ebenso wie die anderen Gäste. Ein buntes Völkchen hatte sich hier eingefunden, umwirbelt von vier jungen, freundlichen Kellnerinnen. – "Na, macht Ihnen die Hitze nichts aus?" hörten wir einen Gast einen der dienstbaren Geister fragen. – "Es geht. Aber der große Andrang füllt ja auch meinen Geldbeutel auf". Hallo! Ehrlich ist sie, sagt, was sicher der Wahrheit entspricht. Dann entschwand

Peter Joseph Lenné, der Schöpfer des herrlichen Landschaftsparks von Petzow.

Romantische Kulisse – Dorfstraße und Schloß in Petzow.

sie im Schatten der Bäume, wischte sich dabei verstohlen den Schweiß von der Stirn.

Wir verließen den geselligen Ort und liefen in Richtung Wasser zum **Denkmal für Peter Josef Lenné**. Zwischen dem Haussee und dem Glindower See entdeckten wir die Stele für Preußens berühmtesten Landschaftsarchitekten. In Stein gemeißelt blickt der Gartenkünstler über eines seiner vielgerühmten Werke – und er schaut dabei auch auf ein Stück Zeitgeschichte: auf einen Findlingsblock, der die Inschrift trägt "Hier wurde der Antifaschist Dr. A. Mehlhemmer am 10.5.1943 durch den Gutsbesitzer v. Kähne erschossen".

Der Satz stimmte nachdenklich, vor allem warf sich die Frage auf: Wird dieser Stein auch in der Zukunft hier bleiben? Wir wissen es nicht, auch nicht, welchen Hintergrund das Geschehen hatte. Aber wir hatten etwas anderes dabei erfahren, nämlich, wer die Eigentümer dieses herrlichen Geländes waren.

Es waren die Kähnes. Von 1630 bis 1945 besaß diese aus einem Bauerngeschlecht hervorgegangene und gegen Mitte des 17. Jahrhunderts zu Lehnschulzen aufgestiegene Familie große Ländereien in und um Petzow. 1740 wurde der damalige Träger des Namens nobilitiert und fünf Jahre später sein Besitz zu einem kreistagsfähigen Rittergut erhoben.

Knapp neunzig Jahre später entstand das Schloß, das nach Fontanes Meinung eine Mischung aus italienischem Kastell- und englischem Tudorstil ist. In der Tat, der neugotische, elfachsige Putzbau mit seinen vier runden Ecktürmen, den Staffelgiebeln, Zinnenkränzen und Risaliten, wirkt pittoresk, ebenso die barokken Eisengitter an den Fenstern im Erdgeschoß. Sie hat man aus Pots-dam hierher versetzt.

Und hingestellt, besser: eingefügt wurde auch das Schinkel zugeschriebene Schloß in die märkische Landschaft, die Lenné ab 1820 in einen Schloßpark verwandelte. Einbezogen in den nach klassischen Vorbildern gestalteten Naturraum wurden außerdem drei Tore, eine Fischerhütte und ein Erbbegräbnis sowie die **Dorfkirche**.

Dieser Sakralbau, 1841/42 durch *August Stüler* und *Gustav Emil Prüfer* nach einer Vorlage von *Friedrich Wilhelm IV.* und *Karl Friedrich Schinkel* erbaut, steht der Gutsanlage gegenüber. Das einschiffige neoromanische Backsteingebäude sollte bei einem Besuch von Petzow ebenfalls nicht übersehen werden. Zwar ist der von einer Holzbalkendecke überdachte Innenraum zur Zeit leer, jedoch hat man Gelegenheit, den freistehenden, nur durch eine kleine Bogenhalle mit der Kirche verbundenen Turm zu besteigen.

Aus der Stille des Kirchenraumes schreckte uns eine derbe Stimme auf, ließ den Blick von der Restauratorin gleiten, die hoch oben auf einer Leiter Farbproben abnahm: "Kommt her, Leute, wenn Ihr auf den Turm wollt! Ich will Euch kurz was erzählen." – Wir sahen den Mann nicht – doch unüberhörbar war sein Organ. Eine Handvoll Menschen versammelte sich fast andächtig in der kleinen Halle des Turmes. –"Also: Schinkel und Prüfer haben die Kirche erbaut. Der Eintritt kostet eine Mark. Hier sind noch Post- und Landkarten. Na, dann viel Spaß beim Aufstieg." – Kurz und zackig, so als stünde ein ausgedienter friderizianischer Kürassier oder Ulan vor uns – Potsdam ließ grüßen!

Wir mußten ob der knappen Erklärung schmunzeln, erblickten erheitert die Körbchen, in denen Tomaten und eine geschälte Zwiebel lagen. 2,50 Mark der Korb. Für ein bescheidenes, bei der Hitze aber schönes Abendbrot, langte das selbstgezogene Gemüse, das der burschikose Mensch feilbot. Nun, schweißtreibend war dann der Aufstieg, allerdings auch wunderschön der Ausblick von der Galerie. Weit sieht man ins Land. Unten liegt der Schwielow- und Glindower See, Werder, Geltow und Caputh. Ganz hinten dann Potsdam und die Wannseer Berge, alles eingerahmt von glitzernden Wasserflächen und im Dunst liegenden Waldgebieten.

Auch die Petzower Schloßanlage breitete sich vor uns aus. Menschen füllten die kleine Dorfstraße, Autos allemal. Es wimmelte von Ausflüglern, von Spaziergängern und Radfahrern. Und plötzlich waren wir wieder mittendrin, hörten aus der Ferne das Tuten der Dampfer, die den zum Schloßbereich gehörenden Steg ansteuerten, auch das Lachen der Badenden, denen das grüngefärbte, kühle Wasser des Glindower Sees offenbar noch Vergnügen bereitete. Das war also Petzow, das Dorf im Werderschen, das 1437 erstmals urkundlich genannt wurde und dessen Name sich auf das urslawische Wort "pkt" = Backe, Backofen bzw. Höhle, Grotte bezieht. Eine Höhle gibt es zwar nicht mehr, auch eine Grotte konnten wir nicht entdecken, aber einem Backofen glich Petzow an jenem Julitag, an dem wir Dorf, Schloß, Park und Kirche besuchten. Gleichwohl, die Eindrücke, die wir von hier mitnahmen, blieben uns lange in Erinnerung.

Und die wurde schließlich wenige Monate später aufgefrischt, als es hieß, daß "ein in Europa einzigartiges Kultur-, Freizeit- und Erholungszentrum" nach den Vorstellungen der Potsdamer Wirtschaftsverwaltung und dem Investor, dem Yachthotel Chiemsee, in und um Petzow entstehen soll. Geplant ist nämlich, aus dem ehemaligen Jugendtouristenhotel am Schwielowsee ein Vier-Sterne-Hotel mit einer Aufnahmekapazität von rund 1000 Gästen zu machen. Ferner sollen auf der Halbinsel Hohenwerder Rehabilitationskliniken und Bildungseinrichtungen sowie in unmittelbarer Nachbarschaft des ehemaligen Kaehneschen Rittergutes die "Sport- und Freizeitanlage Löcknitz", ein 18-Loch-Golfplatz und das "Tenniszentrum Grelle" errichtet werden. Mit der Realisierung des Projekts erhoffen sich die Initiatoren die Schaffung von 500 bis 600 neuen Arbeitsplätzen.

Anreise:
a) vom Bf. Werder (R 1 und 3) mit dem Havelbus 632 nach Plessow und Glindow oder
b) mit dem Rad zuerst nach Glindow (6 km), dann am Großen Plessower See entlang nach Plessow (11 km).

ZWISCHEN ÄPFEL UND GURKEN BLÜHT PREUSSISCHE GESCHICHTE
PLESSOW UND GLINDOW

Diesmal bewegten wir uns rund um Werder. Es war Erntezeit, und zu beiden Seiten der B1 standen, oft nur wenige Meter voneinander entfernt, Bauern und Kleingärtner und boten Obst und Gemüse an. Für uns Großstädter, die bislang derartige Einkaufsmöglichkeiten aus dem Helmstedter Raum kannten, hat dieser Direktverkauf gewisse Reize. Man sieht es an den zahlreichen Pkws mit Berliner Kennzeichen, die vor den Ständen halten. Natürlich wurden auch wir schwach, kauften Kohlrabi, Möhren, Tomaten und so manches mehr ein.

Aber es war nicht nur ein Einkaufstrip für uns, denn zwischen all den Äpfeln und Gurken schimmerte an jeder Ecke die Vergangenheit durch. Preußische Geschichte allerorten; über Jahrzehnte vernachlässigt und nun wiederentdeckt. Man findet sie in fast jedem Dorf zwischen Potsdam und Oranienburg, so auch in Plessow, einer nordwestlich von Werder liegenden, nur ein paar hundert Einwohner zählenden Gemeinde.

Die Dorfstraße ist stilvoll-märkisch: schöne alte Bauernhäuser mit Freitreppen, breiten Gesimsen und dekorativen Rund- oder Spitzgiebeln als oberen Fensterabschluß. Daneben die im Quadrat zueinanderstehenden Stall- und Wirtschaftsgebäude, allesamt aus rotbraunen Ziegeln erbaut. Beschattet wird die Idylle von prächtigen Bäumen, die wie ein Dach das Straßendorf beschirmen. In Plessow aber ist die grüne Kulisse vom spitzen Turm der neugotischen Kirche und von der hellen Putzhaut der zweigeschossigen Schloßanlage durchbrochen. Sie sind Markierungspunkte im Dorf, zugleich Ziel unseres Aufenthaltes.

Der aus Feldsteinen aufgebaute **Kirchenbau** wirkt älter als er ist. 1866-70 ist er entstanden, wohl anstelle eines mittelalterlichen Vorgängerbaus. Auffallend an ihm die Wappen und Inschrifttafeln der Rochows, die seit dem 14. Jahrhundert in Plessow saßen, und die in der Dorfkirche ihre letzte Ruhe gefunden haben. Beachtenswert das **Epitaph für Hans von Rochow** von 1660.

Hoheitssymbol – das Wappen der Rochows in der Feldsteinmauer der Dorfkirche von Plessow.

Gegenüber das **Schloß**, dessen Grundsteinlegung auf das Jahr 1712 zurückgeht. Ein stabiles Tor verhindert den Zutritt, bietet Schutz vor ungebetenen Gästen. Seit der Wende untersteht die Anlage der Bundesfinanzverwaltung, die in ihr ein Bildungszentrum unterhält. Hier hat der Staat Besitz vom alten Rittergut ergriffen; zu DDR-Zeiten war es ebenso. Im Schloß hatte sich die Zollverwaltung breitgemacht – jetzt ist es der bundesdeutsche Fiskus.

Von den Rochows war natürlich auch schon jemand im Dorf, hatte sich das Vatererbe angesehen. Wehmütig vermutlich, denn die Zeit der Patrone ist ja längst vorbei. Für das märkische Adelsgeschlecht seit 1872. Damals verlor es die Patronatsrechte, und verbunden damit waren die Ober- und Untergerichtsbarkeit, sowie die Abgabepflicht der Bauern. Jahrhunderte währte diese Vorherrschaft, die sich heute eigentümlich liest. Ein Beispiel von 1541: "... der Pfarrer hat eine wüste Kossätenhofstätte und ein Kohlgärtlein dabei. Einen Hufen hat von Rochow inne, gibt 18 Scheffel allerlei Korn, hat den Kornzehnten samt den 3. Teil des Fleischzehnten von jeder Hufen und von jedem Kossäten erhält er jährlich aus jedem Haus 2 Ostereier und 3 Brote."

1712 entstand das Plessower Schloß, in dem heute die Finanzverwaltung untergebracht ist.

Anders wird es wohl auch nicht im benachbarten Glindow gewesen sein – nur endete hier das Patronat der Rochows bereits 1452. Danach ging das Dorf an das Kloster Lehnin, dann an das Amt Lehnin und schließlich 1809 an das Amt in Potsdam über. Glindow nun, war eine weitere Station auf unserem Weg. Ein schmales, hellangestrichenes Haus hatte die Aufmerksamkeit erweckt. **"Zweirad-Museum Glindow/Mark – MC Blütenstadt Werder/Havel"** steht gut sichtbar an der Giebelseite. Die Tür stand offen – also rein. Ein gemütlicher Dicker mit schwarzem Vollbart lud zur Besichtigung ein.

Sehenswert – das Zweirad-Museum in Glindow.

Wir kamen ins Gespräch mit dem Bud-Spencer-Typ, der Bernd Vaupel heißt und der früher als Verkehrsmeister in einem Straßenbaubetrieb tätig war. Krankheitshalber mußte er seinen Beruf aufgeben, blieb aber mit dem Verkehr verbunden, wenn auch nur als aktives Mitglied des Vereins, der das Haus, das früher eine Obstankauf-Sammelstelle war, angemietet hat. Nach grundlegender Renovierung (in Eigeninitiative versteht sich!) haben die 32 Vereinsmitglieder Fahr- und Motorräder aus den verschiedenen Entwicklungsstufen der zweirädigen Fortbewegungsmittel zusammengetragen. Etwa ein Drittel ihrer Schätze stehen in dem kleinen Haus in Glindow.

Stolz weist Vaupel auf die "Orionette" hin. Es ist das älteste Motorrad der Sammlung. Gebaut 1921 und immer noch fahrtüchtig! Auch die fast komplette Baureihe der D-Räder, die der Volksmund einst "Spandauer Springbock" nannte, gehört zu den Exponaten, ebenso ein Fahrrad aus der Zeit um 1915, das in Belgien hergestellt wurde. Es hat Holzfelgen und keine Kette!

Auch Kuriosa sind zu besichtigen, zum Beispiel mit Isolierband geflickte Fahrradreifen aus den Kriegstagen. Sie gehören zu einem Stahlroß, das ein Bauer in seiner Scheune vor den Sowjets versteckt hatte. Hier stehen noch viele andere Dinge, die Motorrad-Freaks begeistern. Es lohnt sich, das anzuschauen!

In Glindow aber gibt es noch etwas Besonderes: Am 19. Januar 1993 wurde auf dem Gelände der **Glindower Ziegelei GmbH** im 1890 erbauten Aufseherturm das **Märkische Ziegelei-Museum** eröffnet. Die für das Land Brandenburg einmalige Einrichtung zeigt die Geschichte der bis in das 15. Jahrhundert zurückreichenden Tongewinnung und der mit ihr verbundenen Ziegelbrennerei, die seit 1868 in Ringöfen durchgeführt wurde.

Die Ausstellung kann zur Zeit von Mittwoch bis Sonntag (10-16 Uhr) besichtigt werden.

Anreise:
direkt vom Bf.
Werder (R 1 und 3)
in den Ort.

ZWISCHEN REUSE UND RÄUCHEROFEN
WERDER

Über Potsdam führte der Weg auf Werder zu. Kurz vor der historischen, inzwischen aber längst zu einem Damm aufgeschütteten Baumgartenbrücke ging der Blick auf die bewaldete Höhe des Franzenberges. Dort hat ein alter Baum die realsozialistische Zeit überstanden. Eine Linde gedenkt der Rast *Ferdinand von Schills*, der vor dem Kampf gegen die napoleonischen Truppen mit seinen Männern vom 2. Brandenburgischen Husarenregiment unter ihr sich zu einer Lagebesprechung versammelte.

Nach dem Ausflug in die Vergangenheit ging es weiter über die Berliner Chaussee, dann über die Strengbrücke und die Potsdamer Straße zur Straße Unter den Linden. In der Inselstadt wurde Halt gemacht.

Es war ein traumhafter, schneefreier und von dicken Knospen an den Fliederbüschen begleiteter Wintertag. Leise strich der Wind über das Wasser, kräuselte die graublauen Fluten, ließ sie am Ufer zu kleinen Schaumkronen sich auftürmen. Werder – so dachten wir – hatte also auch in dieser Jahreszeit seine Reize. Stimmungsvoll war die noch erstarrte Natur, die die Sicht auf Haus und Hof, auf Platz und Straße freigab und deren Fassaden

Kirche (1857) und Rathaus (18. Jahrhundert) der Inselstadt Werder.

pastellfarben im fahlen Licht der Wintersonne leuchteten. Wir griffen zur mitgeführen Literatur. Aber was stand da? – "Ein Blütenausflug nach der märkischen Obstkammer darf nicht fehlen. Wir geben unsere Ratschläge nicht denjenigen, die sich auf die Bahn setzen, in Werder aussteigen, sich dann bei den dort beliebten Fruchtweinen festkneipen, um schweren Kopfes und leichten Geldbeutels wieder nach Hause zu dampfen."

Nun, dies war nicht unsere Absicht. Außerdem war die Baumblüte und die ihr nachfolgende Weinkelterei noch lange nicht in Sicht. Und überdies stand eine Verabredung auf dem Tagesplan. Am Havelufer wollten wir uns mit Joachim Ramdohr treffen, einem Werderschen Fischer, der über seine Zunft sicherlich einiges zu erzählen hatte.

Gummistiefel und Südwester hatte er nicht angelegt. Nur seine Prinz-Heinrich-Mütze wies in die norddeutsche Küstenregion,

Joachim Ramdohr, ein Werderscher Fischer aus Leidenschaft.

assoziierte für uns Fischfang und Schifferei. Ein breites Grinsen ging über Ramdohrs Gesicht, als wir ihm unser Anliegen vortrugen. Doch ein wenig verlegen wurde er schon. Ungewohnt waren für ihn, den jetzt freien, marktwirtschaftlich orientierten Fischer, unsere neugierigen Fragen. Aber schnell verfielen wir in einen Plauderton.

So erfuhren wir, daß vor der Wende rund 50 Personen bei der Fischerei-Genossenschaft Potsdam-Werder beschäftigt waren, darunter Maurer, die Leute von der Nerzfarm und 14 ehemals selbständige Fischer. Jetzt ist natürlich alles anders. Acht Fischer haben sich in Werder wieder selbständig gemacht; Joachim Ramdohr gehört zu ihnen.

Der 57jährige, der 1952 anfing, den Beruf von der Pike auf zu erlernen, erzählt, daß er zehn Jahre lang in einem privaten Fischereibetrieb gearbeitet hat, bis 1960 die Genossenschaft gegründet wurde. Seine weitere berufliche Entwicklung trägt bis zur Wende realsozialistische Züge. Dann machte er sich selbständig.

Werdersches Filigran.

Wir sprachen Ramdohr auf die Fischereiberechtigung an, und erfuhren dabei, daß das Werdersche Fischereirecht einen Einheitswert von 5100 Mark hat. Es gilt für den Bereich Caputher

Gemünde-Großer Schwielowsee-Glindowsee-Havel-Zernsee, die Wublitz bis nach Ütz-Marquart. Früher befischten 32 Fischer die Gewässer, jetzt sind es etwa die Hälfte. Nebenbei sagte er, daß auch die Potsdamer hier ihre Rechte ausüben können, nur dürfen sie nur diejenigen Gewässer nutzen, die von der Havel durchflossen werden. Ihre Rechte gelten vom Roten Stein bei Kladow bis zum Mühlendamm bei Brandenburg. 12.700 DM kostet das Potsdamer Fischereirecht.

Zwischen beiden Sozietäten gibt es keine Probleme. Jeder Fischer hat mit einem Buchstaben versehene Markierungen. Sie sind an den Kähnen und an den Reusenstangen angebracht. Das ist die Kontrolle. Und zu den Fangquoten meinte er, daß bis zu 38 Tonnen Aale pro Jahr gefischt werden. Einigermaßen erstaunt waren wir ob dieser uns hoch erscheinenden Zahl, doch Ramdohr fügte hinzu, daß man immer neue Jungfische einsetzt, um den Bestand zu erhalten. Im vergangenen Jahr waren es zwei Tonnen, die die Potsdamer und Werderschen eingebracht haben. Und diese dürfen nicht mit Zugnetzen während der Laichzeit gefischt werden.

Wir erfuhren noch viel mehr. Auch, daß Joachim Ramdohrs größter Fang ein Wels von 40 Kilo war und daß 16pfündige Karpfen und zehnpfündige Zander keine Seltenheit sind. Die Fische werden in Werder verkauft. Aale sind die Haupterwerbsquelle – geräucherte hauptsächlich. Man sieht auf und an den Fischergrundstücken viele Räucherkammern – und die waren es dann, die uns vorerst von einem intensiven Rundgang durch die Inselstadt abhielten.

Anreise:
a) vom Bf. Werder
(R 1 und 3) mit dem
Havelbus 636 oder
b) mit dem Rad
(5 km) ins Dorf.

GESCHICHTEN AUS DEM PLESSOWER WINKEL
KEMNITZ

Wer glaubt, daß man als Ortsunkundiger jedes Dorf im Havelland mühelos erreichen kann, ist auf dem Holzweg. Und auf demselben befanden wir uns, als es hieß, Kemnitz anzufahren. Wir kamen von Werder her, hatten in der Inselstadt Zander gegessen, und wollten so gestärkt neue Eindrücke in uns aufnehmen. Was wir jedoch als erstes feststellen mußten, war unsere eigene Ratlosigkeit: Der Weg, den wir eingeschlagen hatten, führte nicht ins Dorf Kemnitz, sondern immer wieder an ihm vorbei. Trotz eifrigen Kartenstudiums und nicht weniger intensiver Befragung gelang es vorerst nicht, Einzug in den Ort zu halten. Ein mit verschmitztem Lächeln empfohlener Wirtschaftsweg wurde von uns dankend abgelehnt –der Räder wegen.

Da aber Kemnitz nicht am Ende der Welt, sondern nur nord-westlich von Werder liegt, mußte es doch gelingen, dort hinzu-kommen. Schließlich war auch uns das Glück hold. Auf Schleich-wegen gelangten wir durch dichten Wald zum Dorfeingang, sahen den Hinweis auf einen Golfplatz, ebenso die parallel zur Straße verlaufenden Schienenstränge. Linker Hand öffnete sich die Dorfstraße, deren Eingang vom Bürgermeisteramt und einer Gastwirtschaft flankiert wird.

Nur wenige Meter weiter auf der rechten Seite des Weges die kleine **Kirche** des Dorfes. Ihre äußere Erscheinung wirkt ernüch-ternd: schadhaft die Außenhaut des im Spätmittelalter erbauten und dann 1755 in barocker Manier veränderten Sakralbaus, des-sen verputzter Fachwerkturm scheinbar auf wackligem Funda-ment steht. Auch der umliegende Friedhof machte am Tag unse-res Besuches keinen gepflegten Eindruck, lediglich eine **Grab-lage** hatte man wiederhergestellt. Und die war es, die dank der Privatinitiative eines Herrn Michaelis unsere Blicke auf sich zog.

Alt und wackelig – die aus dem Spätmittelalter stammende Dorfkirche von Kemnitz.

Die an einem Findling befestigte in Sandstein gehauene Wappenkartusche zeigt in ihrem Mittelfeld einen Stern, darüber einen von drei Federn geschmückten Harnisch. Das Wappen gehört dem uradeligen märkischen Geschlecht derer *von Brietzke (Britzke)*, die von 1735 bis 1945 in Kemnitz begütert waren. Daß die zu Stein gewordene Geschichte sofort unser Interesse erweck-te, war jetzt selbstverständlich. Was lag also näher, als sich im Dorf umzusehen und nach Relikten preußischer Gutsherren-Herrlichkeit zu suchen?

Am anderen Ende des Sackgassendorfes – als solches wird die 1375 erstmals urkundlich genannte Siedlung bezeichnet – fanden wir das, was unsere Neugierde befriedigte: den rechteckigen, zweigeschossigen Putzbau des **Herrenhauses**, den 1702 der Rittergutsbesitzer *von Görne* erbauen ließ. Doch auch dieses Haus zeigte mehr als deutlich, wie wenig pfleglich man in der Vergangenheit mit ihm umgegangen war. An jeder Fassadenseite fiel großflächig der Putz von den Wänden, an Fenster und Türen blätterte die Farbe ab, und auch das Umfeld ließ zu wünschen übrig. Nicht anders sah es im Hof zwischen den alten Stallungen aus, aus denen uns leere Fensterhöhlen angähnten.

Die Nachlassenschaft einer maroden Wirtschaft – auch wenn sie hier im Dorf durch Pflanzen- und Tierproduktion seit einigen Jahren noch eine reelle Chance gehabt hatte – zugleich aber das seinerzeit ausgeprägte Desinteresse an historischer Bausubstanz, sind in Kemnitz mehr als sichtbar. – Einigermaßen enttäuscht betrachteten wir die sich uns offenbarende Realität, hatten dabei das Gefühl, daß das heruntergekommene Anwesen kaum, und wenn, dann überhaupt nur durch einen ungeheuren finanziellen Aufwand zu retten sei. Und das sollte sich alsbald bestätigen!

Gutshof von Kemnitz – rechts das 1702 erbaute Herrenhaus.

Auf dem alten Gutshof trafen wir auf einen Mann. Er stand einfach da, tat nichts, nahm die Fremden wohl wahr, aber sie schienen ihn nicht zu interessieren. Den "schönen, guten Tag", den wir ihm wünschten, registrierte er dann doch mit einem freundlichen Kopfnicken, gab uns unbewußt ein Signal zur Gesprächsbereitschaft. So erfuhren wir, daß die alte Gutsanlage durch einen Herrn Groth, der der Enkel des Majors von Brietzke ist, wiederhergestellt werden soll. Er will den alten Familienbesitz retten, indem er im Herrenhaus ein Hotel einrichtet.

Doch unvorhergesehene Schwierigkeiten hatten sich plötzlich aufgetan: die Treuhand-Gesellschaft hatte dem Enkel den Besitz für 750.000 Mark verkaufen wollen. Wenige Monate später hieß es dann, daß das gesamte Gut nun 4,9 Millionen Mark wert sei. Der Treuhand war eingefallen, daß der alte Brietzkesche Besitz unmittelbar an der Eisen- und Autobahn liegt, daß auch ein Golfplatz vorhanden ist und überhaupt: Kemnitz liegt bei Werder, also in der Nähe der Hauptstadt. Dies alles machte den neuen Preis aus.

Zusammen mit einem schwedischen Unternehmen will der Brietzke-Nachfahr trotz völlig veränderter Finanzsituation bauen. Das Herrenhaus und die umliegenden, früher landwirtschaftlich genutzten Gebäude sollen in die Hotelanlage integriert werden. Und für diejenigen, die zur Zeit noch im Gutsschloß wohnen, will er ein separates Haus errichten.

Eine Weile plauderten wir noch, erfuhren dabei, daß zu DDR-Zeiten das Gut 350 Hektar umfaßte und daß hier zuerst Milchvieh, dann Bullen gehalten wurden. Aus der Vergangenheit von Kemnitz erzählte er noch die Geschichte von einem zugemauerten Gang, der einmal das Herrenhaus mit der Burg Zolchow am anderen Ende des Plessower Sees verbunden haben soll. Abschließend meinte er, daß das eigentlich keine Burg, sondern ein Vorwerk des Gutes war. Die Russen haben die Anlage schließlich demoliert, so daß nur noch Mauerreste vorhanden sind.

Tatsache aber ist, daß bereits 1290 eine "curia quadam, quae Zolgowe dicitur" genannt wurde, von der bei Grabungen bronzezeitliche und früheisenzeitliche Keramiken sowie frühdeutsche Tonscherben gefunden wurden. Die "Burg Zolchow" war offenbar doch eine befestigte Wehranlage, nur dürfte der unter dem See gegrabene Gang der Fantasie der Kemnitzer entsprungen sein. Macht nichts. Derartige Erzählungen gehören zum Kolorit einer jeden Gemeinde – und erst recht zu einem 853-Seelen-Dorf, wie Kemnitz es ist.

Vom mysteriösen Gang, vom noch desolaten Gutshaus, auf dessen Renaissancegiebel eine wappengeschmückte Wetterfahne windschief in ihrer Aufhängung hängt und letztlich auch von unserem Informanten verabschiedeten wir uns und gingen in Richtung Plessower See. Das diesem Fleckchen seinen Namen gebende Gewässer breitete sich in voller Schönheit vor uns aus. Stockenten, Bleßrallen und Haubentaucher schwammen ihre Bahnen, nahmen kaum Notiz von den Eindringlingen. Dafür aber öffnete sich eine Gartenpforte. Heraus trat eine fast achtzig Jahre alte Frau, schaute freundlich zu uns auf, und fing sofort ein Gespräch an.

Für sie – so dachten wir – waren wir eine willkommene Abwechslung. Und es war so. Das Weiblein hieß Frau Michaelis. Sie war nicht nur die Mutter des Grabpflegers, sondern auch die Nachfahrin eines der ältesten Kemnitzer Geschlechter. Über dreihundert Jahre saß ihre Familie auf der Scholle, hatte Auf und Nieder der Kommune erlebt. Sie selbst fühlt sich auf ihre alten Tage wohl, kann einiges nachholen, was ihr jahrzehntelang verwehrt blieb. Daß sie für uns ein neuer Quell war, schien sich zu bestätigen. Neben Alltäglichem erfuhren wir, daß der Major *Hans von Brietzke* (den sie natürlich persönlich gekannt hatte) ein außerordentlich beliebter Gutsherr gewesen ist, der Freud und Leid mit seinen Leuten teilte. Und als sein Stammhalter geboren wurde, gab es im Dorf ein Fest.

Zum Schluß der Unterhaltung kam dann noch ein "Knaller": Auf dem Gut wurde in den 1930er Jahren ein Film gedreht, dessen Hauptdarstellerin *Erna Morena* (1885-1962) war. Wie der Film hieß und wer noch mitgespielt hatte, konnte Frau Michaelis nicht mehr sagen. Dennoch, diese kleine Information nahmen wir dankend auf, denn auch sie gehört zur Vergangenheit von Kemnitz.

Erna Morena, Ufa-Star und personifizierte Legende von Kemnitz.

Nach draußen verbannt – eherne Grabplatten der Gutsbesitzer von Groß Kreutz.

Anreise:
direkt vom Bf. Groß
Kreutz (R 1 u. 3) ins
Dorf.

HOLZKREUZE WURDEN ZUM NAMENSPATRON
GROSS KREUTZ

Es ist schon ein Kreuz mit Groß Kreutz, denn einige Ereignisse
aus der jüngsten Geschichte dieses brandenburgischen Dorfes
erscheinen unnötig, wenn nicht sogar überflüssig. Allen voran die
außergewöhnliche Maßnahme des Dorfgeistlichen.

Aber gehen wir chronologisch vor: Groß Kreutz, der Ort des
Geschehens, liegt streng genommen nicht mehr im Havelland,
sondern in der Zauche, also in einer Landschaft, deren historischer Akzent in dem Zisterzienser-Mutterkloster Lehnin zu suchen ist. Doch wer durch die havelländische Region fährt, kommt
irgendwann auch einmal nach Groß Kreutz – entweder über die
von Potsdam und Werder nach Brandenburg verlaufende B1,
oder von der in nördliche Richtung von Lehnin über Ketzin nach
Nauen führenden Straße.

Wir hatten den letzten Weg gewählt, trafen alsbald auf freundliche Menschen und waren darüber hinaus vom Reiz des Ortes
angetan. Auf der Suche nach Informationen steuerten wir zuerst
das Gut an. Aber bevor ein Blick hinter die Kulissen geworfen
werden konnte, klärte man uns über die zumindest bei den älteren
Groß Kreutzern auf wenig Gegenliebe stoßenden Aktivitäten des
Pfarrers auf. Grund des Unmutes war die erfolgte Umsetzung von
sieben ehernen Gedenktafeln, die über Jahrhunderte den Kirchen-
innenraum zierten, und die nun an einer Außenwand der Kirche
ihren neuen Platz gefunden hatten.

Auf die erstaunte Frage nach der Ursache der Aktion sagte man uns, daß der Pfarrer die Meinung vertrat, daß eine neue Zeit angebrochen sei, in der für die alte Gutsherren-Herrlichkeit kein Bedürfnis mehr besteht, und wer an der historischen Vergangenheit interessiert sei, könne sich die Tafeln ja auch von Außen ansehen. Dies war für uns neu, hatten wir doch in nahezu allen märkischen Kirchen feststellen müssen, daß überlieferte Dokumente – gleich welcher Art – gehütet und mit Stolz bewahrt werden. Doch in Groß Kreutz war es offenbar anders.

Hier schleppte man die zentnerschweren Erinnerungsstücke nach draußen, ließ sie an der Rückwand der Kirche anbringen, wo sie Wind und Wetter ausgesetzt waren. Daß die bronzenen und eisernen Tafeln bald der Korrosion unterlagen, wußte wohl auch der Pastor. Denn heute sind sie wieder im Kircheninnern – zur Zufriedenheit der Groß Kreutzer. Einen Vorteil hatte die Umsetzung allerdings: Man konnte jederzeit die reichhaltigen Inschriften studieren, ohne Gefahr zu laufen, daß man in der Kirche eingeschlossen wurde – sofern man überhaupt außerhalb der Gottesdienste Zugang fand. Bedauerlicherweise wird auch diese Kirche aus Angst vor unliebsamen Ereignissen die meiste Zeit des Tages zugesperrt bleiben.

Wir hatten jedoch Glück. Die aus Feldsteinen erbaute, dem 13. Jahrhundert zugeordnete **Dorfkirche** war offen. Es roch nach Farbe; die letzten Pinselstriche waren noch nicht getrocknet, am aus dem zweiten Viertel des 18. Jahrhunderts stammenden **Kanzelaltar** fehlten die letzten Feinarbeiten. Der helle Raum war schlicht. Von den sieben im Kunstführer erwähnten Bildnissen der Gutsbesitzerfamilie *von Arnstedt* und den 32 gemalten Wappen sahen wir nichts. Ob sie wieder nach der Renovierung in die Kirche kommen, oder ob sie des Pastors Aktion unterlegen waren, blieb uns vorerst verborgen.

Aus alter Zeit – die Dorfkirche aus dem 13. Jahrhundert in Groß Kreutz.

Vom 1775 querschiffartig erweiterten Sakralbau mit seinem im Westen angebauten Breitturm und den aus der Vergangenheit des Dorfes erzählenden Inschriften auf den Tafeln gingen wir zum gegenüberliegenden Gut. Die Anlage ist imposant. Hinter der würdevollen Einfahrt öffnet sich ein großer fast viereckiger Hof, dessen Begrenzung Stall- und Wirtschaftsgebäude unterschiedlichen Alters bilden. Im Schatten eines Baumes standen mehrere Männer, offenbar Landarbeiter. Auf die Frage, wer über den Betrieb Auskunft geben könnte, wurde lakonisch auf einen langgestreckten Bau verwiesen, in dem sich "der Chef" aufhalte.

Wir trafen ihn, leider zu einem ungünstigen Moment. Er war gerade in einer Diskussion mit Gewerkschaftlern. Wir sollten noch einmal vorbeikommen. Mit Genehmigung des Betriebsleiters durften wir uns jedoch im Gelände umsehen.

*Stabil und beständig –
Wirtschaftsgebäude auf
dem Groß Kreutzer Gut.*

*Wohlproportioniert ist das 1765 vermutlich von Friedrich Wilhelm Dietrichs
erbaute Schlößchen von Groß Kreutz.*

Die Landwirtschaftsgebäude waren schon beeindruckend, was sich aber hinter ihnen vor uns auftat, war zauberhaft. Begleitet von mehr als zweihundert Jahre alten Eichen, Kastanien und Linden liegt das über hohem Souterrain 1765 erbaute **Gutshaus.** Außerordentlich formschön, tadellos in Schuß und wie wir hörten, auch kulturell genutzt, hat das dem Baumeister *Friedrich Wilhelm Dietrichs* zugeschriebene Gebäude die Zeiten anscheinend unbeschadet überstanden. Das im Stil der Knobelsdorff-Nachfolge errichtete Schlößchen gefiel uns sehr und es erinnerte an Fontanes Schilderungen.

Gut und Schloß Groß Kreutz hat eine lange Vergangenheit. Hier saßen einst die *Streithorsts* und *Hackes*; 1801 folgten die *Arnstedts*, dann die *von der Marwitz-Fredersdorf*, denen der Besitz bis 1945 gehörte. Und diese sind wieder im Kommen, streben ihr Familienerbe an, das 1960 in ein volkseigenes Lehr- und Versuchsgut mit Berufsschule und Internat umgewandelt wurde. – Auch dieses Dorf, das der Sage nach seinen Namen bei der ersten Verbreitung des Christentums nach 948 durch aufgestellte Holzkreuze erhalten haben soll, gehört zum langfristigen "Havelland-Programm", das wir im Stillen bereits konzipiert haben.

ZWISCHEN **BERLIN** UND **POTSDAM**

VOM MUSTERGUT IST NICHTS MEHR GEBLIEBEN
GROSS-GLIENICKE

Anreise:
Von der Stadtgrenze Berlin-Spandau/ Kladow mit dem Rad ins Dorf (2 km).

"Der betagte Rittmeister a.D. Otto von Wollank und seine Frau Else befanden sich mit der Krankenschwester Auguste Wiese in dem Wollankschen Auto, das von Groß-Glienicke nach Berlin unterwegs war. An der Ecke der Küstriner Straße wurde das Auto von einem anderen Kraftwagen angefahren und mit ungeheurer Wucht gegen ein Geschäftsauto geschleudert, das an der Bordschwelle hielt. Der Wollanksche Wagen wurde durch den Anprall völlig zertrümmert, und die drei Insassen wurden unter den Trümmern des Autos begraben. Die Feuerwehr brachte die Schwerverletzten in das Achenbach-Krankenhaus, wo Frau von Wollank nach kurzer Zeit starb. Otto Friedrich von Wollank erlag drei Stunden später seinen Verletzungen ..." – so lautete ein Polizeibericht, den der "Berliner Lokalanzeiger" 1929 zitierte.

Die Notiz über die zur damaligen Zeit Aufsehen erregende Tragödie ließ uns noch einmal an den südlichen Rand Spandaus fahren, um von der Wegekreuzung Ritterfelddamm-Potsdamer Chaussee jenes Terrain zu durchstreifen, das jahrzehntelang durch Mauer und Stacheldraht geteilt war. Wir wollten Dorf und Gut Groß-Glienicke endlich näher kennenlernen, wollten wissen, was aus dem einstigen Mustergut des Rittmeisters geworden ist, und dabei aber gleichzeitig unsere Aufmerksamkeit auf die Dorfkirche lenken, von der uns bekannt war, daß sie bemerkenswerte Dokumente aus Ribbeckscher Zeit enthält.

Vorher allerdings ließen wir die historische Vergangenheit des Geländes an uns vorüberziehen – und die beginnt mit dem Jahr 1300, als das spätere osthavelländische Straßendorf "major Glynecke" zum ersten Mal urkundlich erwähnt wurde. Für die lokale Geschichtsschreibung besitzt das Jahr 1572 die größte Bedeutung, denn zu diesem Zeitpunkt übernahm der Oberhauptmann *Georg von Ribbeck* (1523-1593) das vor den Toren Spandaus liegende Gut. Seine Nachfahren hielten den Besitz bis 1788.

Georg von Ribbeck, in späteren Jahren zum kurbrandenburgischen Geheimen Rat und Oberhofmeister aufgestiegen, wurde zum Begründer der "Glienicker Linie" seines Geschlechts, die bald an Besitz und Bedeutung die Stammlinie Ribbeck auf Ribbeck übertraf. Dazu trugen diejenigen Söhne, Enkel, Urenkel usw. bei,

Kulturhistorisch interessant – die Dorfkirche von Groß-Glienicke aus dem 13. Jahrhundert. 1680 erhielt sie ein neues Antlitz.

Hans Georg III. von Ribbeck (1639-1703).

die der Tradition des Hauses folgend, alle den Vornamen Hans Georg besaßen.

Zu den bekanntesten Glienicker Ribbecks gehörten der 1647 als Erbherr auf Groß-Glienicke verstorbene Hans Georg I., dessen Sohn Hans Georg II., der als Festungskommandant von Spandau, später als kurbrandenburgischer Marschall die Nachfolge seines Vaters auf Groß-Glienicke antrat und dort 1666 verstarb und schließlich dessen Sohn Hans Georg III.

Dieser Ribbeck (1639-1703) war im Gegensatz zu seinen Vorfahren ein Mann der Kirche und der Wissenschaft. Er bekleidete das Amt eines Domherrn und Dekans der Stiftskirche zu Brandenburg und war außerdem Landrat und Direktor der Kurmärkischen Ritterschaft. Vier Jahre nach seinem Tod entstand für die Groß-Glienicker **Dorfkirche** ein **Sandsteinepitaph**, der den Verstorbenen als Relieffigur darstellt. Darüber hinaus existiert von Hans Georg III. ein von *H.J. Otto* gefertigter Kupferstich, der den Domherrn in vollem Ornat zeigt.

Sein ältester Sohn, der Landeshauptmann der Herrschaft Beeskow-Storkow, Hans Georg IV. (1685-1729), starb kinderlos, so daß Groß-Glienicke an seinen jüngeren Bruder Hans Ludwig fiel. 1755 übernahmen dessen Söhne Hans Georg V. (1728-1784) und Friedrich Ludwig (1734-1796) den Besitz. Doch bereits 1788 veräußert *Friedrich Ludwig von Ribbeck* das Gut an die Familie *von Winning* und tilgt damit eine mehr als zweihundertjährige Familientradition.

1836 werden die *Landefelds* für zehn Jahre Eigentümer des Groß-Glienicker Rittergutes. Ihr Nachfolger wurde der Schneidergeselle *Haberlandt*, von dem folgende Geschichte überliefert ist: Durch Bauernschläue und Glück hatte dieser um 1806, als das ausgegebene Papiergeld auf den niedrigsten Wert gesunken war, seine Ersparnisse in Geldscheine angelegt. Die einige Jahre später erfolgte Aufwertung des Geldes brachte Haberlandt einen dermaßen hohen Gewinn, daß er Ausschau nach einem in der Zwischenzeit in seinem Wert gesunkenen Gut hielt. Seine Wahl fiel auf Groß-Glienicke, das er für einen Spottpreis kaufte und dem er in kurzer Zeit durch geschickte Bewirtschaftung zur Blüte verhalf. Da auch er kinderlos war, setzte er den Sohn seines Schwagers *Berger* aus Schulzendorf bei Tegel als Erben ein. Vorerst allerdings verwaltete der alte Berger den Besitz, und zwar so vortrefflich, daß er für seinen zweiten Sohn noch 200.000 Taler als Mitgift herauswirtschaftete.

1890 fiel der alte Ribbeck-Besitz an den Rittmeister *Otto Friedrich Wollank*. Der neue Rittergutsbesitzer, der vom auf 35 Millionen Mark geschätzten Vermögen seines Vaters Carl Friedrich einen beachtlichen Teil geerbt hatte, verwandelte das Gut in eine Musterwirtschaft. Dadurch und wohl auch durch die auf seinem Besitz praktizierten vorbildlichen sozialen Leistungen zog er bald die Aufmerksamkeit des preußischen Hofes auf sich. Die Folge war, daß er 1913 in den erblichen Adelsstand erhoben wurde.

Nachdem der bereits durch einen Schlaganfall gezeichnete Rittmeister dem oben zitierten Autounfall zum Opfer gefallen war, setzte um seinen Nachlaß ein Familienstreit ein. Das Erbschaftsproblem wurde jedoch auf eine völlig undramatische Weise gelöst: Die deutsche Wehrmacht übernahm große Teile der Gutsländereien, legte dort einen Flugplatz an und quartierte in die Gutsgebäude ihre Offiziere ein. Hinzu kam das Interesse von Siedlungsgesellschaften, die ihrerseits das Land als Baugrund begehrten. 1945 kam der endgültige Schlußstrich unter das Groß-Glienicker Gut: der jenseits der Grenze liegende Teil wurde enteignet und in Neu-Bauernhöfe aufgeteilt, während der auf West-Berliner Terrain vorhandene Gutsanteil überwiegend zur Schweinemast genutzt bzw. später einem Schäfer als Weideland zur Verfügung gestellt wurde.

Grabstätte der Wollanks in Groß-Glienicke.

GLOCKENKLANG ÜBER HAVELWELLEN
SACROW

Jahrzehntelang blickte man mit Wehmut vom südlichen Havelufer nach Sacrow, sah so manche DDR-Grenzer durch die am Ufer stehende Säulenhalle der Kirche laufen, ahnte, daß im Kirchturm ein Beobachtungsposten stand. Der Besuch des Gotteshauses blieb verwehrt, und selbst, wenn man einen Passierschein hatte, kam man nicht an den Bau heran – er lag im Sperrgebiet.

Dennoch wurde vom Westen aus der kleine Sakralbau nicht vergessen. Die evangelische Kirche Berlin-Brandenburg sammelte eifrig Geld zur Rettung des Hauses, auch eine private Stiftung setzte sich für den Erhalt ein. Doch es war nicht einfach. Die Kirche geriet immer mehr in Verfall. Den DDR-Oberen war das architektonische Juwel am Havelstrand gleichgültig – und der Einfluß der Kirche war gering.

Seitdem Mauer und Stacheldraht gefallen, Grenztruppen abgezogen und die Stasi in die Wüste geschickt sind, konnte man den desolaten Zustand der "Heilandskirche am Port" erkennen. Risse im Fundament sprachen eine ebenso deutliche Sprache wie bröckelnder Putz, den der Schwamm verursachte. Die unmittelbare Nähe des Flusses trug darüber hinaus zusammen mit mutwilliger Vernachlässigung zur Zerstörung der Bausubstanz bei.

Ein Jahr vor dem Mauerbau, 1960, erfolgte zwar eine Renovierung, die ausgelöst war durch den bevorstehenden Einsturz der

Anreise:
a) vom Bf. Potsdam (R 1, 3 und 24) über Bornstedt bis Krampnitz, dann am Ostufer des Krampnitzer Sees entlang (18 km),
b) von der Stadtgrenze Berlin-Spandau/Kladow/ Groß-Glienicke über Krampnitz ins Dorf (9 km) oder mit der Fähre von der Glienicker Brücke nach Sacrow.

Kirche, doch danach durfte das Haus nicht mehr für Gottesdienste genutzt werden. Es wurde aus bekannten Gründen zweckentfremdet. Heute aber ist die Heilandskirche für jedermann offen und der amtierende Pfarrer freut sich wieder über jeden Besucher. Er erkennt sofort, woher seine Schäflein kommen, weiß auch, ob sie aus Gottesfurcht oder aus Neugier dem Gottesdienst beiwohnen.

Auch wir hatten diese Erfahrung gemacht. Waren kurz vor 15 Uhr an der Kirche eingetroffen und wollten eigentlich nur den Bau betrachten. Doch dann wurde zum Gottesdienst geläutet. Der Klang der aus dem Jahr 1412 stammenden Glocke tönte über die Havel, rief die Gläubigen zum Gebet. Wir setzten uns in die angewiesene erste Reihe, folgten dem Seelenhirten mit Aug' und Ohr'. Und es kam, wie wir vermutet hatten; der Pfarrer nahm kurz Stellung zur politischen Lage, erinnerte und zog Vergleiche, bat um Verständnis für seinen Ministerpräsidenten. Kirche und Staat sind zwar offiziell voneinander getrennt, jedoch seit Menschengedenken ebenso miteinander verbunden – dies wurde auch in der Heilandskirche deutlich.

Nach einer knappen Stunde war der Gottesdienst vorbei. Wir hatten ihn nicht bereut, waren jedoch völlig durchgefroren, da Feuchtigkeit und Luftzug durch das sichtbare Ziegelmauerwerk getreten war und unsere Körper steif werden ließ. Draußen in der Frühlingssonne genossen wir dann die Idylle der Landschaft, konnten jetzt in Muße die kleine Kirche betrachten, die nach Abschluß der Renovierungsarbeiten zum Osterfest 1995 mit einem Festgottesdienst ihrer Gemeinde erneut übergeben worden ist.

Die **Heilandskirche am Port**, auch "St. Salvator am Port" genannt, liegt auf einer Landzunge zwischen Havel und Jungfernsee. Entstanden ist sie 1841-44 nach einer Ideenskizze *Friedrich Wilhelms IV.* durch dessen Baumeister *Ludwig Persius*. Des Königs tiefreligiöser Sinn war für den Bau altchristlicher Basiliken in der Mark bestimmend. Seine Lieblingsidee, den Neubau eines Berliner Doms als Haupt- und Kathedralkirche für die preußische Christenheit errichten zu lassen, ist zwar nie verwirklicht worden, jedoch entstanden unter seiner Leitung mehrere Gotteshäuser in diesem Baustil, zu denen u.a. die Peter-und-Paul-Kirche von Nikolskoe und die Potsdamer Friedenskirche, für die die Heilandskirche eine Vorstudie war, gehörten.

Auf einem mit einer Mauerbrüstung versehenen oblongen Platz erhebt sich die von einem **Säulenumgang** umschlossene Basilika mit einem freistehenden **Glockenturm**. Der Innenraum ist durch das Wandgemälde "Christus auf einem Throne, von vier Evangelisten und herniederschwebenden Engeln umgeben" geschmückt. Die auf Goldgrund in byzantinischem Stile gehaltene Darstellung stammt vom Maler *Aibl* und wurde nach einer Zeichnung von *Karl Begas d.Ä.* ausgeführt. Die Malerei hat die Zeiten

*Durchblick zur Havel –
Säulenumgang der
Heilandskirche.*

Sakraler Blickfang – Heilandskirche in Sacrow.

einigermaßen überstanden. Verschwunden jedoch ist der alte
Altar aus Zedernholz wie die nach *Peter Vischers* Originalen in
der Nürnberger Sebalduskirche von *Alberty* geschnitzten zwölf
Apostelfiguren. Das marmorne Altarkreuz wurde versetzt. Es
steht jetzt am Havelufer.

Von dort ging es durch den Ort. Die kleine Siedlung mit ihren
Wassergrundstücken ließ neugierige Blicke über den Gartenzaun
zu. Recht propper waren die in traumhafter Lage liegenden Häuser, denen man eine langjährige Pflege ansah. Und gepflegt war
auch das **Schloß** Sacrow, dessen Geschichte auf das Jahr 1764
zurückgeht. In jenem Jahr wurde das Gut vom schwedischen
Grafen *von Hordt*, einem Offizier aus der Armee Friedrichs II. für
13.000 Taler von der *Gräfin Virmont* erworben. Das von ihm
erbaute, inmitten eines herrlichen Parks gelegene Herrenhaus fiel
1799 an *Heinrich Karl Baron de la Motte-Fouqué*, den Vater des
uns durch Nennhausen bekannten Romantikers. 1828 wechselte
das Gut erneut seinen Besitzer. *Friedrich Wilhelm III.* wollte es
zur Verschönerung der Potsdamer Umgebung kaufen; der Plan
scheiterte jedoch am Kaufpreis, den der damalige Besitzer, der
Bankier *Johannes Magnus* verlangte. Kurz nach dem Regie-
rungsantritt *Friedrich Wilhelms IV.* fiel Sacrow schließlich an die
Krone. Für 60.000 Taler erwarb der König 1840 das Gut und ließ
das barocke Schloß von *Ludwig Persius* in italienisierendem Stil
umgestalten. 1938 wurde der preußische Generalforstmeister
neuer Hausherr von Sacrow. Bis zur Wende nutzte dann die
Zollverwaltung das Schloß, das zur Zeit noch den Verein "Pro
Brandenburg e.V." beherbergt. Doch auch hier wird eine andere
Nutzung erfolgen. Nach umfangreichen Restaurierungsarbeiten

und ebensolchen Renaturierungsmaßnahmen im Park soll das weitgehend erhalten gebliebene Inventar aus dem ostpreußischen Schloß Schlobitten der Grafen *zu Dohna* hier ausgestellt werden. Die museale Einrichtung, die die Wohnkultur eines der bedeutendsten preußischen Landsitze widerspiegelt, wird dann der Potsdamer Schlösser-Stiftung übertragen.

Potsdams Nähe ist in Sacrow spürbar. Die Heilandskirche und das Schloß, das alte Rittergut im von *Peter Joseph Lenné* gestalteten Park und das Fährhaus "Zum Doktor Faust" – Vorposten zur ehemaligen preußischen Residenz; sie sind Perlen im märkischen Sand, nicht pompös, doch von vollendeter Architektur.

Im Schatten dieses Ensembles liegt der **Sacrower Friedhof**, unscheinbar und überschaubar. Und hier entdeckten wir einen **Grabstein**, der uns nach Spandau verwies: "Johann Ludewig Graf von Hordt/Königlich Preuss. General-Lieutenant und Gouverneur von Spandow/geb. 1720, gest. 1798" steht auf der Vorderseite des mit einer Urne bekrönten Steins. – Gedanklich waren wir also wieder in der Havelstadt, überlegten, welchen Weg wir zurücknehmen wollten.

Über Potsdam waren wir nach Sacrow gekommen, in Richtung Groß-Glienicke sollte der Heimweg angetreten werden. Es gab ja nur diese beiden Möglichkeiten, die Havel zu überqueren. Aber man nahm ja den Weg in Kauf, dankbar, daß man problemlos durch's Land fahren und ungestört sich all jenen Kulturdenkmälern widmen kann, die so viele Jahre verborgen geblieben sind.

Verwitterte Inschrift –
Grabstein des Grafen
von Hordt auf dem
Sacrower Friedhof.

Das Sacrower Gutsensemble, das heute zusammen mit den Potsdamer Schlössern auf der UNESCO-Welterbeliste steht, befindet sich jetzt im Besitz der Bundesvermögensverwaltung. Neben dem Verein "Pro Brandenburg", der aus dem Schloß in das benachbarte Adjudantenhaus umgezogen ist, und dem "Sacrower Kreis", einer Vereinigung Berlin-Brandenburger Autoren, hat nun der Frauenverein "Pömps" sein Domizil im Persius-Bau eingerichtet. – Ostern 1993: auf dem ehemaligen Grenzstreifen nahe der Heilandskirche wurden von der Deutschen Waldjugend 3800 Eichen und Linden gepflanzt, die die seit 1992 begonnene Aufforstung mit 130.000 Kiefern, 60.000 Eichen, 3000 Lärchen und 2000 Linden des 30 Hektar großen Geländes komplettieren.

Aus einem Waisenhaus hervorgegangen – das von Ludwig Persius um 1865 erbaute Gebäude wird als "Feierabendheim" genutzt.

AUS PREUSSENS NACHLASS
KLEIN-GLIENICKE

Anreise:
von der Stadtgrenze Berlin-Zehlendorf/ Wannsee direkt ins Dorf.

Diese Geschichte beginnt an zwei verschiedenen Ecken, nämlich in einer Kneipe und in einer Kirche. Beide Häuser haben Tradition. Das eine für das "gemeine Volk", das andere für Preußens Gloria. Die Gebäude stehen dicht beieinander, kurz vor der Glienicker Brücke, zwischen Königstraße und Glienicker Lake am Hang des Böttcherberges.

Es ist noch nicht lange her, da war das zum Wasser abfallende Gelände von einer Mauer umgeben. Über Mauerkrone und Stacheldraht konnte man jedoch einige Häuser der kleinen Kolonie erkennen. Man sah das auf eine reiche Vergangenheit zurückblickende "Feierabendheim", die **Schweizerhäuser** und das rote Backsteinkirchlein. Die Klein-Glienicker Idylle blieb nicht verborgen – sie war nur unerreichbar.

Nach dem Fall der Mauer strömten auch hierhin wieder die Berliner, begleiten die aus den alten Bundesländern zu Besuch weilenden Bekannten und Freunde. Daß dabei ein Rundgang, zumal dann, wenn er ausgiebig verlief, eine Rast abverlangt, ist ebenso klar, wie das Bedürfnis, sich an einer "kühlen Blonden" zu laben. Und in Klein-Glienicke hat man dazu Gelegenheit.

"Bürgershof" steht auf dem von einer Berliner Brauerei spendierten Schild. Wir strebten der Kneipe zu, zogen dabei unseren Wanderführer zu Rate: "An das Schloß (gemeint ist das bislang zu West-Berlin gehörende, 1683 erbaute Jagdschloß) schließt sich das Dorf Klein-Glienicke (mit Neubabelsberg, 1.558 Einwohner) an. Nördlich in der Karlstraße das Kirchlein und ein ursprünglich im Jagdschloß vom Geh. Rat von Türk gegründetes Waisenhaus. Östl. an der Kurfürstenstraße links Schweizerhäuser für die prinzliche Dienerschaft; rechts die Restaurants Havelschlößchen und Bürgershof (Dampferanlegestelle), beide zugleich Hotels an der Glienicker Lake. Die Straße endet am Griebnitzsee ..."

Also rein in die gute Stube vom "Bürgershof". Wirtshausatmosphäre empfing uns. Der kleine Raum war gut besucht. Ausflügler und Neugierige saßen an den Tischen oder standen vor der winzigen Theke. "Rex-Bier" gibt es, auch recht gutes Essen – und Musik! Aus dem Nebenraum erklangen Berliner Weisen. Jemand spielte gekonnt Klavier.

Wir gehörten plötzlich zu den Neugierigen, schauten in den Raum, der sich als ein ziemlich großer Vereinssaal entpuppte. In der Ecke stand ein Flügel, davor saß ein kleines Männlein, den Schal wie ein Opernsänger um den Hals geschlungen. Und es spielte mit Inbrunst, ohne Noten selbstverständlich, denn: *Helmuth Wernicke* ist Komponist. Aber nicht irgendeiner! Der 82jährige hat viele bekannte Melodien geschrieben, darunter auch "Ist sie nicht süß, ist sie nicht nett, das Fräulein Gerda ..."

Wir waren begeistert. Wernicke jedoch nicht. – "Der Flügel müßte gestimmt werden, dieses schöne Stück." – "So?" – Nun, das Instrument war aufgeklappt, man konnte das Siegel der Herstellerfirma erkennen, und die setzte uns in Erstaunen: "Kgl. Hoflieferant C. Bechstein" und "für S.K.H. Prinz Friedrich Leopold von Preußen etc. etc." ist zu lesen. Donnerwetter!

Was uns so verblüffte, war die Tatsache, daß laut Auktionskatalog der Firma *Leonor Joseph* aus Berlin-Wilmersdorf vom Februar 1931 sämtliches Mobiliar, einschließlich Equipagen und Kunstgewerbe, aus den Glienicker Schlössern unter den Hammer gekommen sein müßte. Doch dieses Schmuckstück, wenn im Moment noch mit Disharmonien behaftet, steht nahezu unberührt in der hintersten Ecke einer Dorfkneipe.

Hatten da einmal Vopos drauf gespielt – auf diesem kapitalistischen Nachlaßstück? Was wird aus dem Flügel? Bestimmt gibt es jemanden, der ihn sich "an Land ziehen" würde.

Die Musik war verklungen, *Helmuth Wernicke* (†1994), längst entschwunden. Wir traten nach draußen, sahen die Kirche, deren Tür offenstand. Davor mit einer großen, bauchigen Weinflasche für die Kollekte eine junge Frau. Mopsfidel, mit einem entwaffnenden Lächeln bat sie uns zum Eintritt.

Die Klein-Glienicker **Kapelle** – so Claudia Genesis-Hannig – bedarf dringend finanzieller Hilfe, damit eine bauliche Rekonstruktion durchgeführt werden kann. Der im Juli 1990 gegründete Bauverein möchte bald die Kapelle neu einweihen, möglichst am kommenden Reformationstag, denn dann besteht das von *Reinhold Persius* erbaute Gotteshaus 110 Jahre. Spenden sind stets willkommen. Man kann sie an den Vereinsvorstand in Potsdam-Babelsberg, Turmstraße 26, oder auf das Konto der Evang. Darlehnsgenossenschaft Kiel (Konto-Nr. 143308) entrichten. Es wäre schön, wenn dieses Kleinod märkischer Neugotik wieder ein integraler Bestandteil des Klein-Glienicker Ensembles sein würde. Aber noch ist viel Luft in Frau Genesis-Hannigs dicker Kollektenflasche.

Ein Anfang ist gemacht: Am 1. November 1992 fand in der Kapelle von Klein-Glienicke ein Kirchweihtag statt, der den Auftakt zu umfangreichen Sanierungsarbeiten gab. Die vorläufig geschätzten Kosten für die Wiederherstellung der kleinen Kirche belaufen sich auf rund zwei Millionen Mark.

Durchblick – ein kunstvoll geschmiedetes Tor versperrt den Weg zum Jagdschloß Glienicke.

REMINISZENZEN AN EINE LEGENDE POTSDAM

"Der frommen Andacht aller unser Getreuen, der gegenwärtigen sowohl als auch der zukünftigen, sein kund: Daß wir auf Veranlassung und Wunsch unserer geliebten Großmutter Adelheid, der erhabenen Kaiserin ..., unserer lieben Tante Mathilde, der ehrenwerten Äbtissin der Quedlinburger Kirche, von unserem Eigentum zwei Plätze gegeben haben, Poztupimi und Geliti genannt, gelegen in der Hevellon genannten Provinz und auf der Insel Chotiemvizles, und daß wir eben diese Plätze mit allen rechtmäßig zugehörigen Nutzbarkeiten ... aus unserem Recht in ihr Recht für immer übertragen haben ..."

Im Jahr 993 wurde dieser in der Übersetzung wiedergegebene Text niedergeschrieben. Eintausend Jahre später nahm man ihn zum Anlaß, eine Stadt zu feiern, die sich nach ihrem politischen, kulturellen und wirtschaftlichen Neuanfang auf den Weg gemacht hat, die historische, lange Zeit aber in der Versenkung verschwundene Tradition wieder aufblühen zu lassen. Daß hier von Potsdam die Rede ist, bleibt ohne Zweifel. Daß die genannte Schenkungsurkunde aber von einem 13jährigen Knaben unterschrieben wurde, verwundert schon; ebenso, daß sie angeblich nicht das erste Dokument sein soll, das auf die Existenz des damals von den slawischen Lutizen beherrschten Burgwalls am Havelübergang hinweist. Auch wenn es zwischen gestandenen Historikern hinsichtlich des Alters von Potsdam Divergenzen gibt, so ist doch sicher, daß der unmündige, von seiner Mutter *Theophano* gelenkte König *Otto III.* irgendetwas mit "Poztupimi" vorgehabt hatte. Gleichwohl, die brandenburgische Landeshaupt-

Anreise:
die brandenburgische Landeshauptstadt hat Anschluß an die S-Bahnlinien S3 (Potsdam/Stadt-Erkner) und S7 (Potsdam/Stadt-Ahrensfelde) sowie an die Linien der Regionalbahnen R3 (Werder-Potsdam/Stadt), R4 (Nauen-Potsdam/Stadt) und R24 (Pirschheide-Potsdam/Stadt).

Reminiszenz an den Alten Fritz – das Holländische Viertel, ein Teil der 1742 vollendeten zweiten Potsdamer Neustadt.

Klare geschweifte Formen – Eingang zu einem Haus in der Kupferschmiedegasse.

stadt und mit ihr eine ungeheuer große Zahl von Gästen hat das Stadtjubiläum gefeiert – unabhängig von allen Irritationen.

Für den im nachhinein durch die Stadt schreitenden Zeitgenossen ist der terminus ad quo Nebensache, ihn begleitet das Tatsächliche, das über die Zeiten erhalten Gebliebene, also die Bausubstanz. Ihr zur Seite stehen die Erinnerungen alteingesessener Bürger oder jener Mitmenschen, die aus irgendwelchen (wohl meist politischen) Gründen ihre Heimatstadt verlassen haben oder verlassen mußten. Für eine umfangreiche Betrachtung Potsdams sind die Architekturzeugnisse wie auch die Zeitzeugen von größter Bedeutung, für einen Streifzug durch die Geschichte muß man sich aber zwischen den Dingen bewegen. Doch vielleicht gelingt es dabei, ein wenig vom Wesen der Stadt, ihrer außerordentlich ereignisreichen Vergangenheit, ihrer Architektur und ihren Bewohnern einzufangen.

Daß Potsdam sich um eine Rückbesinnung auf seine jahrhundertealte Tradition bemüht, spürt wohl auch der flüchtigste Betrachter. Man sieht es an vielen Ecken, wo die schöne alte, barocke wie klassizistische Bausubstanz wieder hergerichtet wird. Fantasiebegabten könnte dabei ein Ausspruch des ersten Hohenzollern in der Mark, Burggraf *Friedrich von Nürnberg*, einfallen, der 1412 gesagt haben soll, daß "... unseren armen leuten zu postamp mit keinerlei neuerungen beschweren noch beschweren lassen soll, als von Alters herkommen ist ..." Transportiert man den Satz in unsere Tage, so fällt auf, daß neben dem Erhalt und der Rekonstruktion der historischen Architekturen auch der soziale Standard und eine sich neuorientierende Wirtschaft den Weg zu einer soliden Infrastruktur bahnen, die in vielfältiger Weise den Wünschen der Menschen gerecht werden kann.

Und da berechtigte Hoffnungen bestehen, daß sich ein baldiger Erfolg auf all diesen Gebieten abzeichnet, ist man geneigt, wieder in die literarische Vergangenheit zu greifen: "Das gantze Eylandt muß ein Paradies werden" und "Mein Herr Vater hat Potsdam sehr lieb. Es ist ein lustiger Ort, ich bin gern da und mein Bruder auch." Nur zwei Jahre liegen zwischen beiden Bemerkungen: 1664 vertrat der als Militäringenieur ausgebildete *Johann Moritz Fürst von Nassau* die Meinung vom "Paradies", zwei Jahre später folgte Kurprinz *Friedrich*, der spätere Große Kurfürst, der Meinung seines Vaters.

Es sind Anachronismen, gewiß, denn vom Paradies haben wir heute sicherlich eine andere Vorstellung. Aber um Potsdam zu lieben, bedarf es wenig Anstrengungen. Deshalb folgen wir eher den Worten des großen *Friedrich*, der 1758 dem Baron *de Catt* zurief: "Potsdam! Potsdam, das brauchen wir, um glücklich zu sein. Wenn Sie diese Stadt sehen, so wird sie Ihnen sicher gefallen!"– Selbst wenn es sich hierbei nur um eine Liebeserklärung des Königs an seine Residenz handelt, so hat sie doch inhaltlich mehr Gewicht, als es auf den ersten Blick scheint. Und dies gilt, obwohl viele Zeugen der Vergangenheit im Zweiten Weltkrieg zerbombt und anschließend von den DDR-Behörden restlos beseitigt wurden, immer noch. Potsdam ist ein Freilicht- museum der preußischen Geschichte, ein zu Stein gewordenes Geschichtsbuch, dessen einzelne Kapitel uns auf Schritt und Tritt begleiten.

Es ist schwer, in der Kürze dieses Beitrages einen repräsenta- tiven Überblick von der Stadt zu geben, selbst wenn das zum Weltkulturdenkmal erklärte Ensemble von Sanssouci ausgespart bleibt. Denn: Wo soll man anfangen? In der Brandenburger Straße, dem Herzen Potsdams? Im Holländischen Viertel oder in der russischen Kolonie Alexandrowka, am Nauener Tor, am alten Marstall oder, oder?

Wagen wir aber den Versuch einer Kurzbeschreibung: Nach- dem Albrecht der Bär um 1160 den Havelübergang befestigen ließ und zu Beginn des 13. Jahrhunderts eine deutsche Besiedlung an dieser Stelle erfolgte, waren im "oppidum" (1317) bezeichne- ten Gemeinwesen drei Siedlungskerne entstanden – die Burg mit einer Marktsiedlung, östlich davon die Burgfischerei und west- lich der Kiez. Nach Plänen des Ingenieur-Baumeisters *Johann Gregor Memhardt* (1607-1678) ließ Kurfürst *Friedrich Wilhelm* um Burg und Markt die 1660 zur Residenzstadt erhobene Sied- lung ausbauen, der dann im ersten Viertel des 18. Jahrhunderts eine planmäßige barocke Stadterweiterung folgte. Mit Anlage der ersten (1721-1725) und der zweiten Neustadt (1733-1740) und der nach 1740 eingeleiteten Planung für eine dritte Neustadt, schließlich der Ausbau zur Garnisonstadt unter *Friedrich Wil- helm I.*, brachten der Stadt eine wichtige Reputation. Diese wurde durch *Friedrich II.*, der 1742 das Holländische Viertel als Teil der zweiten Neustadt sowie 1744 das Schloß Sanssouci als Sommer- residenz erbauen ließ verstärkt. Potsdam bestand jetzt aus insge- samt fünf Vorstädten: der Brandenburger, Jäger-, Nauener, Ber- liner und Teltower Vorstadt, die dann im darauffolgenden Jahr- hundert mit der Innenstadt verschmolzen.

Wer heute durch die Stadt bummelt, wird den historischen Aufbau trotz neuer städtebaulicher Konzepte erkennen. Markan- te Bauten stehen am Weg. Das Nauener (Erweiterung 1755 durch *Johann Gottfried Büring*), Jäger- (1733) und Brandenburger Tor (1770 von *Karl von Gontard* und *Georg Christian Unger*) sind ebenso richtungsweisend wie das 1753 von *Johann Boumann* und *Carl Ludwig Hildebrandt* erbaute Rathaus am Alten Markt oder die 1738/39 nach Plänen von *Peter von Gayette* errichtete Große Stadtschule in der Friedrich-Ebert-Straße. Vergebens suchen aber wird man die Garnisonkirche, das Stadtschloß und den

Vom Barock zur Gotik – das Nauener Tor aus dem Jahr 1755.

Stadtkanal. Sie wurden wie viele andere, weniger geschichtsträchtige Objekte vernichtet bzw. zugeschüttet.

Dennoch bietet Potsdam eine Fülle alter, sehenswerter Bausubstanz. Ob Kaserne "Semper talis" (Bauhofstraße 2-8), Ratswaage (Neuer Markt 12), Armen- und Freischule (Jägerstraße 3/4), die als Hauptpfarrkirche der Stadt von *Karl Friedrich Schinkel* und dem Kronprinzen *Friedrich Wilhelm* entworfene Nikolaikirche aus den Jahren 1826-29 oder aber die aus dem 18. Jahrhundert stammende Wohnhausbebauung der nahezu vollständig erhaltenen zweiten Neustadt, zu der ja auch das Holländische Viertel gehört – allesamt beherrschen die Stadtquartiere, lassen mit ihnen Geschichte erleben. Die gewaltige Anhäufung barocker und klassizistischer Architekturen würde, wenn man sie eingehend betrachtet, jedem von uns Tage abverlagen.

Potsdam, dieses steinerne Ensemble preußischer Vergangenheit, mit seiner aus allen Fenstern und Türen uns entgegenströmenden Geschichte, ist ein Juwel, historisch wie städtebaulich. Auch wenn noch vielfach wegen maroder Bausubstanz Abstriche gemacht werden müssen, so schimmert doch überall der Glanz früherer Zeiten durch. Glanz und Gloria, preußische Tugenden und Traditionen werden damit zwar nicht wieder zurückgeholt, es bleibt aber die Erwartung, daß die Stadt in absehbarer Zeit mit ihren aufpolierten Fassaden wieder zu ihrer alten Schönheit zurückfindet.

Und wenn das geschehen ist, wird man keinen Anlaß mehr finden, Goethes Worten zu folgen, der anläßlich eines Potsdam-Besuches im Jahr 1778 gesagt hatte, daß er "... sein (des Alten Fritzens) Gold, Silber, Marmor, Affen, Papageien und zerrissene Vorhänge gesehen hat, und über den großen Menschen seine eigenen Lumpenhunde habe räsonieren hören". Vielmehr stünde man dann der testamentarischen Bitte *Friedrich Wilhelms I.* gedanklich näher, dessen Wunsch es war, "die Stadt Potsdam zu erhalten, sie größer zu bauen wofür Gott seinen Segen spenden wird."

LITERATUR

Albrecht, E.: "Wanderbuch für die Mark Brandenburg" in der Reihe "Kießlings Reisebücher" aus den Jahren 1895-1925. Verlag Alexius Kießling, Berlin.

Enders, Lieselott: "Historisches Ortslexikon für Brandenburg", Teil 3: Havelland, 1972. Verlag Hermann Böhlaus Nachfolger, Weimar.

Enders, Lieselott u. Beck, Margot: "Historisches Ortslexikon für Brandenburg", Teil 4: Teltow. Verlag Hermann Böhlaus Nachfolger, Weimar.

Engel, Hans-Ulrich: "Schlösser und Herrensitze in Brandenburg und Berlin", 1961. Verlag Wolfgang Weidlich, Frankfurt/M.

Fischer, Reinhard E.: "Brandenburgisches Namenbuch", Teil 4: Die Ortsnamen des Havellandes, 1976. Verlag Hermann Böhlaus Nachfolger, Weimar.

Fontane, Theodor: "Wanderungen durch die Mark Brandenburg", Band "Havelland", 1971. Nymphenburger Verlagshandlung München.

Hohenstein, Erhart: Potsdamer Neueste Nachrichten - Sonderausgabe zum Stadtfest 1000 Jahre Potsdam. Potsdam 1993.

Loeff, Wolfgang: "Der Königin letztes Erntefest". In: Havelländischer Heimatkalender 1927. Verlag Edmund Stein, Potsdam.

Meyer, Alexander: "Die Teltower Rübe". In: Teltower Kreis-Kalender 1912. Verlag Rob. Rohde, Berlin.

Neumann, Hellmuth: "Das Steinkreuz von Kleinmachnow". In: Teltower Kreis-Kalender 1920. Verlag Rob. Rohde, Berlin.

Rehbein, Arthur: "Ein zerfallenes Kulturdenkmal im Kreise Teltow". In: Teltower Kreis-Kalender 1934.

Verlag Rob. Rohde Nchflg., Berlin.

Schlimpert, Gerhard: "Brandenburgisches Namenbuch", Teil 3: Die Ortsnamen des Teltow, 1972. Verlag Hermann Böhlaus Nachfolger, Weimar.

Ders.: "Brandenburgisches Namenbuch", Teil 5: Die Ortsnamen des Barnim, 1984. Verlag Hermann Böhlaus Nachfolger, Weimar.

Schwarz, E.: "Die Familie von Ribbeck". In: Havelländischer Heimatkalender 1926. Verlag Edmund Stein, Potsdam.

Siegerist, Georg: "100 Ausflüge um Berlin", 1908. Verlag Eli Spiro, Berlin.

Trost, Heinrich et al: "Die Bau- und Kunstdenkmale in der DDR, Bezirk Potsdam", 1978. Henschelverlag Berlin.

Den Routen wie auch den Bahn- und Busverbindungen durch das Havelland liegen folgende Quellen zugrunde: **ViBB-Atlas Berlin-Brandenburg** (Ausgabe Mai 1994), **ADAC-Karte** "Rund um Berlin", (1:150.000) o.D., "Rund um Berlin", Kartenteil West, SLV-Stadt & Land Verlag, o.D. und **Netzspinne** "Regionalverkehr Berlin und Umland", Hrsg. BVG und Deutsche Bahn AG (Kursbuchstelle Berlin/Brandenburg, Ausgabe April 1994).

PERSONENVERZEICHNIS

ORTSVERZEICHNIS

SERVICE

AUSKÜNFTE, BUCHUNGEN

Brandenburg Information
Hauptstr. 51
14776 Brandenburg
Tel 03381/19433 Fax 223743

**Fremdenverkehrsverein
Schwielowsee e.V.**
Lindenstr. 56
14548 Caputh
Tel/Fax 033209/70886

Bredow > Amt Brieselang

Amt Brieslang
für die Gemeinden Brieslang,
Bredow, Zeestow
Vorholzstr. 57
14656 Brieslang
Tel 033232/39183, 39184, 3320

**Stadtverwaltung
Rathaus Friesack**
Tel 033235/420

**Stadtverwaltung
Rathaus Hennigsdorf**
Tel 03302/8770

**Stadtverwaltung
Rathaus Kremmen**
Tel 033055/9980

**Stadtverwaltung
Rathaus Ketzin**
Tel 033233/7190

Informationen Lehnin
Friedensstr. 3
14797 Lehnin
Tel 03382/73070

Amt Milow
Friednestr. 86
14715 Milow
Tel 03386/280329, 2803404

Tourismus Information
Goethestr. 59/ Eingang
Mauerstr.
14641 Nauen
Tel 03321/403108, 403109,
403143 Fax 33033

Amt Nennhausen
Platz der Jugend 3
14715 Nennhausen
Tel 033878/60210

Potsdam Information
Friedrich-Ebert-Str. 5
14467 Potsdam
Tel 0331/291100 oder 293385
Stadtrundfahrten Tel 2800309
Kartenservice
Tel 0331/293038

TourBu GmbH
Saarmunder Str. 60
14478 Potsdam
Tel 0331/8881012
Zentrale Buchungsstelle für
Quartiersbestellungen im Land
Brandenburg

**Regionaler Fremdenverkehrs-
verband Potsdam, Havelland,
Fläming e.V.**
August-Bier-Str. 9
14482 Potsdam
Tel 0331/7475776 Fax 7475777

**Fremdenverkehrsverein
Westhavelland e.V.**
Informationsbüro
Schleusenplatz 4
14712 Rathenow
Tel/Fax 03385/2336

**Fremdenverkehrsverband
Havelländisches Luch e.V.**
Dorfstr. 5
14662 Senzke
Tel 033238/80205

SERVICE

**Fremdenverkehrsverein
Teltower Land e.V.**
Oderstr. 23-25
14513 Teltow
Tel 03328/447810 Fax 447829

Tourismus Büro
14542 Werder (Havel)
Kirchstr. 6/7
14542 Werder (Havel)
Tel 0161/5606773
oder 03327/43110

Tourismusinformation Töplitz
Dorfstr. 68
14476 Töplitz
Tel 033202/435

**Stadtverwaltung
Rathaus Velten**
Tel 03304/3790

Zeestow > Amt Brieselang

EXKURSIONEN

Buckow
Größte europäische Forschungs-
und Aufzuchtstation für
Großtrappen. Langfristige
Anmeldung erwünscht.
Tel 033878/60257

**Feuchtgebiete in der
Havelniederung**
Führung nach Anmeldung, auf
für größere Gruppen, in der
Naturschutzstation Parey
Dorfstr. 5
Tel 033872/306

Gräninger Wald
Wanderungen mit erfahrtenem
Jäger.
Anmeldung bei
Herrn Brüggemann
Gartenstr. 4
14715 Gräningen
Tel 0161/1324115

**Landesanstalt für
Großschutzgebiete**
Haus am Stadtsee
16225 Eberswalde-Finow
Informiert und organsiert
Führungen durch die
Großschutzgegbiete im Lande
Brandenburg

**Naturschutzbegiet Bollchow
bei Buschow**
Anmeldung bei
Herrn Soechting
Tel 033876/40233

StattReisen Potsdam e.V.
Führungen in Potsdam
Führungen zu folgenden
Themen: Das Potsdam
Friedrichs des Großen. Vom
Alten Markt nach Sanssouci/
Stalin, Stars und Stadi: Die
Villenkolonie Neubabelsberg/
Einstein, Sterne, Diamenaten.

Der Telegraphenberg/
Kasernen, Villen und Veduten.
Die Berliner Vorstadt.
Auskunft über StattReisen
Berlin e.V.
Tel 030/4553028 Fax 3947910

FAHRADVERLEIH

Fahrrad Service Thomas 14656
Brieselang
Gitzel
Wustermarker Str. 1
Tel 033232/39947 oder 39434

A. Horst
14715 Ferchesar
Dorfstr. 4
Tel 033874/508

Fahrzeughaus Peter Behrendt
Friesack
Berliner Str. 43
Tel 033235/1503

MAFZ
Paaren/Glien
Chausseestr. 11a
Tel 0161/13167 oder 033230/
51500

Konrad Fengler
Premnitz
Gartenstr. 2
Tel 03386/280928

Fahrrad Berger
14712 Rathenow
Weidenweg 28
Tel 03385/2255

U. Lemke
14712 Rathenow
Heimstättenweg 4
Tel 03385/2949

Vogeler
14712 Rathenow
Genthiner Str. 23
Tel 03385/3329

J. Wienmeister
14712 Rathenow
Semliner Str. 13
Tel 03385/3477

Arbeitskreis Neues Leben e.V.
14712 Rathenow
Am Schleusenplatz 4
Tel 03385/509979

Schönwalde
Herr Gulich
Lindenallee 31
Tel 03322/201523

Fam. Gulich
14715 Semlin
Dorfstr. 26
Tel 03385/511432

Pension "Am See"
14715 Semlin
Schneidemühle 7
Fam. Budzinski
Tel 03385/509274

MUSEEN

14770 BRANDENBURG a.d. Havel

Dommuseum Brandenburg
14770 Brandenburg a.d. Havel
Tel 03381/224390

Museum im Freyhaus
Heimatmuseum
14770 Brandenburg a.d. Havel
Tel 03381/522048

Museum im Steintorturm
14770 Brandenburg a.d. Havel
Tel 03381/522048

Jagdmuseum Soechting in Buschow
Tel 033876/40233

Heimatmuseum Falkensee
14612 Falkensee
Falkenhagener Str. 77
Tel 03322/22288

Stadtmuseum Friesack
Tel 033235/1537

Märkisches Ziegeleimuseum
14542 Glindow
Tel 03327/42661, 45820

Zweiradmuseum Glindow
14542 Glindow
Tel 03327/40167

Handweberei-Museum
14542 Geltow
Tel 03327/55272

SERVICE

Haus der Bauern in Golzow
14778 Golzow
Tel 033835/292

Heimatmuseum Ketzin
14669 Ketzin
Rathausstr.
Tel 033233/80203 oder 80543

Bienenmuseum Möthlow
H. Kraatz
Altbuschower Str. 2
Tel 033876/40564

Museum der Stadt Nauen
14641 Nauen
Rathausplatz 2
Führungen zur Nauener
Geschichte, Ackerbürger,
Sonderausstellungen
Tel 03321/33010

Galerie Haus Gartenstraße
14614 Nauen
Tel 03321/48512

14467 POTSDAM

Historische Mühle Potsdam
geöffnet 1.4-13.10. 10.18 Uhr,
Mo geschlossen

Moschee Potsdam
geöffnet 1.1.-10.5. 9-16 Uhr,
11.5.-13.10. 9-17 Uhr,
14.10.- Mai 9-16 Uhr
geöffnet nur Sa, So

Potsdam Museum
Breite Str. 13
Tel 0331/2896600
täglich 9-17 Uhr,
Mo geschlossen

Filmmuseum Potsdam
im Marstall
Tel 0331/271810
geöffnet Di-Fr 10-17 Uhr, Sa,
So, feiertags -18 Uhr

Schloß Sanssouci
geöffnet 1.4.-15.10. 9-17 Uhr, 16.-
31.10. Februar / März 9-16 Uhr,
1.11.-31.1. 9-15 Uhr

Neues Palais
geöffnet wie Schloß Sanssouci,
Di geschlossen

Neue Kammern
geöffnet wie Schloß Sanssouci,
Fr geschlossen

Chinesisches Haus
geöffnet 11.5.-13.10. 9-17 Uhr,
Fr geschlossen

Orangerieschloß
mit Aussichtsturm
geöffnet 11.5.-13.10. 9-17 Uhr,
Do geschlossen

Schloß Charlottenhof
geöffnet 11.5.-13.10. 9-17 Uhr,
Mi geschlossen

Römische Bäder
geöffnet 11.5.-13.10. 9-17 Uhr,
Do geschlossen

Schloß Cecilienhof
ganzjährig geöffnet 9-17 Uhr,
Mo geschlossen

Schloß Babelsberg
geöffnet wie Schloß Sanssouci,
Mo geschlossen

Flatowturm
geöffnet 11.5.-13.10.
nur Sa, So 9-17 Uhr

Zinnfigurenkabinett Potsdam
Burgstr. 30/31
Tel 293621

Heimatmuseum Rathenow
Ausstellungen zur Stadtgeschichte
und Entwicklung der Optik
14712 Rathenow
Rhinower Landstr. 19d
Tel 03385/2681

Otto-Lilienthal-Gedenkstätte
14728 Stölln
Tel 033875/30275

Reise(ver)führer im Zeichen der 𝐓:

**Geheimnisvolle Orte
in Berlin**
Spaziergänge zu den
Schatzkammern der
Wissenschaften
160 Seiten, 19,80 DM
erscheint im Mai 96

Wedding
Wege zu Geschichte und Alltag
eines Berliner Arbeiterbezirkes
162 Seiten, 19 DM

Land um Berlin
Reisen zwischen Chorin und
Potsdam, Spreewald und
Neuruppin
164 Seiten, 19,80 DM

Ganz Berlin Ost
Spaziergänge durch die östlichen
Stadtbezirke
286 Seiten, 26 DM

Ganz Berlin West
Spaziergänge durch die westlichen
Stadtbezirke
434 Seiten, nur 19,80 DM

Sonderpreis:
Ganz Berlin Ost und
Ganz Berlin West
für nur 34 DM

**Der Stoff, aus dem Berlin
gemacht ist**
Entdeckungsreisen zu den
Industriedenkmalen Brandenburgs
318 Seiten, 29,80 DM

**Historische Friedhöfe &
Grabmäler in Berlin**
446 Seiten, 44 DM

**Ausflugslokale entlang der
Havel**
159 Seiten, 19,80 DM

**So weit der Fahrschein reicht
- Berliner Umland-ABC**
154 Seiten, 19 DM

**Von Ort zu Ort durchs
Havelland**
192 Seiten, 24,80 DM

Spreewald
Wanderungen durch die
Niederungen und Hochwälder des
Spreewaldes
124 Seiten, 19,80 DM

Rügen und Meer
175 Seiten, 24,80 DM

Informieren Sie sich bei
Ihrem Buchhändler
oder beim

**STATTBUCH
VERLAG**
Gneisenaustr. 2a
10961 Berlin
Tel (030) 6913094/95
Fax 6943354